Das Buch

Seit Jahrzehnten hält der Nahostkonflikt die Welt in Atem. Ein Name ist damit untrennbar verknüpft: Yasir Arafat. Aufgewachsen in Kairo und Jerusalem, studierte Arafat Ingenieurswissenschaften in Kairo und nahm anschließend eine Anstellung in Kuwait an. Dort gründete er 1959 die Fateh-Bewegung. Innerhalb der PLO bestimmte Fateh mit ihrer Strategie des Bewaffneten Kampfs bald die Politik. 1969 wurde Arafat zum Vorsitzenden des Exekutivkomitees der PLO gewählt. Der Befreiungskampf für Palästina führte Arafat nach Jordanien, in den Libanon und nach Tunis. 1994 konnte er im Rahmen der Osloer Verträge zurück nach Gaza. Dort wurde er 1996 zum Präsidenten der Palästinensischen Autorität gewählt. In der Spirale der Gewalt, die den Nahostkonflikt beherrscht, konzentrierte sich Arafat auf den politisch-diplomatischen Weg und versuchte, sein Ziel, einen unabhängigen palästinensischen Staat, durch Verträge und Abkommen zu erreichen. Dafür erhielt er 1994 zusammen mit Shimon Peres und Izchak Rabin den Friedensnobelpreis. Trotzdem ist Arafat immer wieder im Blickpunkt der Kritik: International ist es das Problem des Terrors, innerhalb der PLO sind es seine Zugeständnisse gegenüber Israel und sein autoritärer Führungsstil.

Seit dem Beginn der zweiten Intifada spitzt sich der Nahostkonflikt täglich zu. Und wieder einmal blickt die Welt auf Yasir Arafat. Wird er seine Ziele, einen unabhängigen Staat Palästina und Frieden zwischen Israel und Palästina, verwirklichen können?

Die Autorin

Dr. Helga Baumgarten lebt in Jerusalem und lehrt Politikwissenschaft an der Universität Birzeit (Palästina), von 1993 bis 2001 als DAAD-Gastprofessorin. An der Universität Tübingen bereitet sie derzeit ein Buch zur Demokratisierung in der arabischen Welt vor. Durch ihre Publikationen zu verschiedenen Themen des Nahen Ostens hat sie sich international einen Namen gemacht und Anerkennung als profunde Kennerin der Region erworben.

Helga Baumgarten

Arafat

Zwischen Kampf und Diplomatie

Ullstein

Ullstein Taschenbuchverlag
Der Ullstein Taschenbuchverlag ist ein Unternehmen der
Econ Ullstein List Verlag GmbH & Co. KG, München
Originalausgabe
1. Auflage 2002
© 2002 by Econ Ullstein List Verlag GmbH & Co. KG, München
Konzeption und Realisation: Ariadne-Buch,
Christine Proske, München
Redaktion: Sabine Burkhardt
Umschlaggestaltung: Petra Soeltzer, Düsseldorf
Titelabbildung: dpa, Hamburg
Satz: Gramma GmbH, Germering
Druck und Bindearbeiten: Ebner & Spiegel, Ulm
Printed in Germany
ISBN 3-548-36419-5

Inhalt

Vorwort

Yasir Arafat, der Präsident der Palästinensischen Autorität, sitzt am 29. März 2002 im Kerzenlicht vor laufenden Fernsehkameras und hält eine Rede an die palästinensische Nation, die mit den verzweifelten Worten endet: »Sie wollen keinen Frieden, sie wollen keinen Frieden, KEINEN FRIEDEN!«

Seit dem 29. März, dem Beginn der israelischen Invasion nach Ramallah und in alle anderen palästinensischen Städte auf dem Jordanwestufer, ist er Gefangener der israelischen Armee. Diese hält den Regierungssitz der Palästinensischen Autorität in Ramallah besetzt, ja hat ihn in Grund und Boden geschossen und fast vollständig zerstört. Nur die massive internationale Intervention garantiert überhaupt noch Arafats Leben, stellt sicher, dass er nicht auf Befehl des israelischen Premiers Ariel Sharon erschossen oder wenigstens deportiert worden ist. Was Arafat bleibt, sind einige wenige Räume in seinem zertrümmerten Amtssitz, wo er mit einigen seiner Berater, seinen Sicherheitsleuten sowie inzwischen einer Gruppe von internationalen Friedensaktivisten ausharrt und versucht, inmitten des Horrors der erneuten israelischen Besatzung über das gesamte Westjordanland zu überleben.

Statt eines unabhängigen palästinensischen Staates, wie ihn die Osloer Verträge vorsahen, also wieder das alte israelische Besatzungsregime über Dörfer, Städte und Flüchtlingslager auf dem Jordanwestufer; statt Frieden zwischen Israel und Palästina, zwischen israelischer und palästinensischer Gesellschaft, wieder einmal Krieg der israelischen Armee gegen die Palästinensische Autorität, gegen die gesamte palästinensische Gesellschaft. Statt Entwicklung und Fortschritt nun wieder Zerstörung. Im Frühjahr 2002 stehen wir vor einer Katastrophe, deren ökonomisches, politisches und soziales Ausmaß noch gar nicht voll erkennbar ist.

Warum ist der Osloer Prozess, der mit so großen Hoffnungen aufgenommen wurde, gescheitert? Wer ist dafür verantwortlich? Und, kann es überhaupt den einen Verantwortlichen dafür geben? Konnte eine Person allein dieses Scheitern provozieren? Und ist das wirklich Yasir Arafat, wie es die israelische Propaganda vermittelt?

Ist Arafat der ewig unverbesserliche Terrorist, unfähig zum Frieden? Spricht er wirklich nur die Sprache der Gewalt und nicht die der Politik, wie das sein Erzfeind Ariel Sharon behauptet?

Wer ist Arafat wirklich? Was will er erreichen? Was sind seine Ziele?

Arafats Lebensgeschichte ist untrennbar verknüpft mit der modernen Geschichte Palästinas, mit der Geschichte der palästinensischen Nationalbewegung seit 1948, seit der Staatsgründung Israels. Im Brennpunkt der Nahostpolitik steht Arafat ganz besonders seit 1968/69, als er zum Vorsitzenden des Exekutivkomitees der PLO (Palästinensische Befreiungsorganisation) gewählt wurde, in ein Amt also, das er bis heute innehat.

Wohin wird die erneute Katastrophe im Nahostkonflikt die Welt führen und wer trägt dafür die Verantwortung: Arafat? Die palästinensische politische Elite? Die gesamte palästinensische Gesellschaft? Der Staat Israel? Die Regierung Sharon? Israelische Regierungen vor Sharon unter Barak, Netanyahu, Peres, Rabin, Shamir und wie sie alle hießen? Welche Rolle spielen die USA, die einzig verbliebene Supermacht, und welche Rolle fällt der Europäischen Union zu?

Dieses Buch beginnt zunächst mit einer historischen Einordnung, die versucht, die aktuelle Gegenwart zu erklären. Was steckt hinter der Katastrophe, die sich derzeit wieder vor unser aller Augen abspielt, mit zahllosen Opfern auf beiden Seiten des Konflikts. Gefragt wird, ob es überhaupt einen Ausweg aus dieser Katastrophe gibt und falls ja, wo eine Lösung zu suchen ist. Gefragt wird auch, wer diesen Ausweg aufzeigen und wer die Lösung Wirklichkeit werden lassen kann und muss.

Welche Rolle spielen dabei die zwei unversöhnlichen Konfliktgegner, die Politiker ebenso wie die jeweiligen Gesellschaften? Welche Rolle spielt die internationale Gemeinschaft, die USA und die Europäische Union? Ziel dieses Buches ist es, konkrete Informationen, solides Hintergrundwissen sowie Analysen zu liefern und über eine Konfliktregion aufzuklären, von der viel die Rede ist, über die jedoch nur wenige wirklich Bescheid wissen. Damit versteht sich dieses Buch als politischer Beitrag in einem historisch extrem belasteten Dreiecksverhältnis Deutschland – Israel – Palästina, in das wir Deutschen als Folge unserer Geschichte unentrinnbar verstrickt sind, das uns damit aber auch politische Verantwortung aufbürdet. Diese Verantwortung kann nur der wirklich übernehmen, der auf der Basis von Information Stellung bezieht und schließlich politisch handelt.

Der Band richtet sich an ein breites Publikum, das Hintergrundinformationen und Analysen sucht, um sich in den oft widersprüchlichen Tagesmeldungen zurechtzufinden und um Stellung beziehen und diese Stellung in politisches Handeln umsetzen zu können.

Die Argumentation ist historisch aufgebaut und hat eine chronologische Struktur. Die ersten Kapitel behandeln das Leben Arafats, seine Kindheit, Jugend und sein wachsendes Interesse und Engagement für Politik sowie seine Rolle bei der Gründung der Fateh (Bewegung zur Befreiung Palästinas). Sie untersuchen Arafats Politik im

Kontext der Geschichte der Fateh und der PLO von 1967, als das Jordanwestufer und der Gaza-Streifen von Israel besetzt wurden, bis zur ersten Intifada 1987.

Es folgt eine ausführliche und detaillierte Analyse der ersten Intifada in den besetzten Gebieten, die bis 1993 andauerte, des Zweiten Golfkriegs und seiner Folgen für Arafat und für Palästina, der Madrider Friedensverhandlungen sowie des Osloer Verhandlungsprozesses. Der Schwerpunkt liegt hier auf der Rückkehr Arafats und der PLO in die palästinensischen Gebiete sowie auf dem Aufbau der Palästinensischen Autorität eben dort.

Anschließend stehen der Gipfel von Camp David II vom Sommer 2000 und der Beginn der zweiten Intifada, Ende September 2000, im Mittelpunkt bis hin zum Krieg Sharons gegen Arafat, gegen die Palästinensische Autorität und gegen die gesamte palästinensische Gesellschaft seit Ende März 2002.

Im Schlussteil wird versucht, Arafat als Person, als Politiker, als Staatsmann in einer Gesamtschau zu analysieren und historisch-politisch zu werten. Wie Arafat selbst die erneut dramatische politische Lage in Nahost einschätzt, geht aus einem Briefinterview vom 25. April 2002 hervor, das er mir trotz der in Ramallah herrschenden extremen Umstände gab.

Widmen möchte ich dieses Buch meinen Studentinnen und Studenten in Birzeit. Für sie blieb es immer ein Rätsel, warum das Verständnis für ihre Lage, für die Lage der Palästinenser, für die palästinensische Seite im israelisch-palästinensischen Konflikt so gering ist, in den USA, aber nicht weniger auch in Europa. Warum auf der Basis ungenügender und oft voreingenommener Informationen so kolossale Fehleinschätzungen entstehen.

Zum Schluss ein Dank an alle, die mir mit Rat und Tat zur Seite standen, als dieses Manuskript entstand: Martin Beck, Elisabeth und Stefan Benz, Lola Horowitz, Verena

Klemm und Norbert Mattes. Norbert Mattes hat mir sein Manuskript zur Chronologie des Nahostkonflikts freundlicherweise zur Verfügung gestellt. Ich konnte es als Grundlage für die Zeittafel verwenden. Außerdem haben er und Muriel Asseburg bei der Beschaffung der wichtigsten Landkarten geholfen. Ein besonderer Dank geht an Martin Beck für seine kritischen Fragen, die mich zwangen, klar zu formulieren und die Dinge beim Namen zu nennen. Besonders die beiden Schlusskapitel verdanken seiner Sachkenntnis des Osloer Prozesses sehr viel.

Ohne die Liebe und Unterstützung meiner Familie hätte dieses Buch nie Wirklichkeit werden können. Dafür mein Dank.

Helga Baumgarten, Ost-Jerusalem, 1. Mai 2002

PS: Heute konnte Yasir Arafat zum ersten Mal seit Beginn der Belagerung des palästinensischen Regierungssitzes durch die israelische Armee, also nach 34 Tagen des Eingesperrtseins, seinen Amtssitz verlassen. Auf einer kurzen Fahrt durch Ramallah wurde ihm von den Bewohnern ein wahrer Heldenempfang bereitet. Arafat besuchte das Krankenhaus der Stadt, Verwundete, die dort behandelt werden, sowie das Massengrab für die Opfer des israelischen Angriffs auf Ramallah.

Aber weder der Krieg Sharons noch die Besatzung durch die Armee sind zu Ende.

H. B., 2. Mai 2002

Familiärer Hintergrund und erste politische Aktivitäten

Yasir Arafat wurde im August 1929 in Kairo geboren. Sein Vater, Abdel Rauf al-Qudwa al-Husaini, war ein palästinensischer Handelskaufmann aus dem Gaza-Streifen, seine Mutter Zahwa entstammte der Jerusalemer Notabelnfamilie Abu Saud, also der städtischen palästinensischen Aristokratie. Arafats Vater hatte sich wenige Jahre vor der Geburt seines sechsten Kindes Yasir in Kairo niedergelassen, wo er im Gewürz- und Lebensmittelhandel tätig war.

Kindheit und Jugend

Arafats Geburtsname lautet Mohammad Abdel-Rauf al-Qudwa al-Husaini. Wie und unter welchen Bedingungen er sich den Namen Yasir Arafat zugelegt hat, unter dem er später weltweite Berühmtheit erlangte, bleibt unklar, hängt jedoch zweifellos mit seinem Leben als militanter Aktivist, der jahrelang im politischen Untergrund zu agieren hatte, zusammen.

Im Arabischen ist er als Yasir Arafat bekannt, wird aber auch freundschaftlich-respektvoll Abu Ammar (Vater des Ammar, eine gebräuchliche Anrede im Arabischen) oder in den letzten Jahren al-ichtiyar (der alte Mann) genannt.

Details über Arafats Privatleben sind weitgehend unbekannt. Das betrifft nicht nur seine Kindheit und Jugendzeit, sondern auch die vielen Jahre, die er seit 1969 nun schon im politischen Rampenlicht steht. Auch dies ist sicher Folge einer durch und durch politischen Existenz, die fast nie eine sichere oder gesicherte war und in der sein Leben durch Gegner oft direkt bedroht wurde.

Arafat wuchs in Kairo auf, machte dort sein Abitur und studierte Ingenieurwissenschaften an der Universität Kairo, die damals – vor der ägyptischen Revolution 1952 durch Gamal Abdel Nasser – noch den Namen König-Fuad I.-Universität trug.

Zwei zentrale Erfahrungen in seiner Kindheit und Jugend sollten Arafats weiteres Leben entscheidend beeinflussen: einmal ein von 1933 bis 1937 dauernder Aufenthalt in der Altstadt von Jerusalem bei den Abu Sauds, der Familie seiner früh verstorbenen Mutter Zahwa, und zum anderen seine Teilnahme an den Kämpfen im Ersten Israelisch-Arabischen Krieg von 1948, die den frisch gebackenen Abiturienten nach Gaza führte.

Arafats Mutter Zahwa verstarb im Jahr 1933, als Yasir gerade vier Jahre alt war. Die beiden jüngsten Kinder der Familie, Yasir und sein kleiner Bruder Fathi, wurden daraufhin zur Familie der Mutter nach Jerusalem geschickt, während die älteren fünf Kinder weiter in Kairo bei ihrem Vater blieben.

Aus dieser Zeit datieren die prägenden Erinnerungen Arafats an Jerusalem: Die Atmosphäre der Altstadt und das ganz besondere soziale Leben der verschiedenen religiösen Gemeinschaften dort sowie deren spezifische – geradezu multikulturelle – Interaktion, die es, im palästinensischen Kontext, nur in Jerusalem gegeben hat. Aber hier wurde der kleine Junge auch zum ersten Mal mit dem Konflikt zwischen jüdischen Zionisten und Palästinensern konfrontiert, der sich in den dreißiger Jahren enorm zuspitzte und in der palästinensischen Revolte von 1936 bis 1939 gipfelte. Die britische Mandatsmacht, unterstützt von der schon staatsähnlich organisierten zionistischen Siedlerbewegung (dem Yishuv, wie die jüdische Gesellschaft unter dem Mandat genannt wird), schlug den Aufstand der Palästinenser äußerst brutal und unter extremer Gewaltanwendung nieder. Gerade das soziale Gefüge in der Altstadt von Jerusalem wurde dadurch ganz massiv getroffen und deformiert.

Yasirs dortige Familie verbanden enge Beziehungen mit Hajj Amin al-Husaini (nicht identisch mit der Husaini-Familie aus Gaza, der Arafats Vater angehörte), dem damaligen Repräsentanten des palästinensischen Nationalismus und der palästinensischen Nationalbewegung während der britischen Mandatszeit. Sicher hat schon der Sieben- oder Achtjährige damals in Jerusalem einiges von dem mitbekommen, was sich an politischen Diskussionen und Entscheidungen im Familienkreis abspielte. Später, in der Studentenzeit in Kairo und in den ersten Jahren als Fateh-Aktivist, sollten diese Verbindungen eine wichtige Rolle spielen.

Nachdem der Vater wieder geheiratet hatte, wurden die beiden jüngsten Kinder zurück in die Familie nach Kairo geholt. Die Ehe verlief offensichtlich nicht sehr glücklich, weder für den Ehemann noch für die Kinder Zahwas, und dauerte nur kurze Zeit. Schließlich heiratete Abdel Rauf ein drittes Mal. Folgt man den Angaben von Inam, der ältesten Schwester Arafats, war sie es, die ihre jüngeren Geschwister großgezogen hat. Von ihr erfahren wir auch, dass sich bei ihrem kleinen Bruder der Durchsetzungswille des politischen Führers schon sehr früh zeigte, selbst wenn es damals nur darum ging, die Kinder in der Nachbarschaft zu organisieren und zu dominieren.

Yasir Arafat schloss seine Schulzeit in Kairo 1948 mit dem ägyptischen Abitur ab. Sein Studium trat der junge Mann allerdings erst ein Jahr später an, denn nun galt sein Interesse in erster Linie der dramatischen politischen Entwicklung: Im Gefolge der Staatsgründung Israels im Mai 1948 brach der Erste Israelisch-Arabische Krieg aus.

Die Staatsgründung Israels 1948

Sowohl der Teilungsplan, den die Vereinten Nationen im November 1947 beschlossen hatten, als auch die Gründung eines jüdischen Nationalstaates auf dem Boden des historischen Palästina im Mai 1948 erfolgte gegen den ausdrücklichen und deutlich artikulierten Willen der Mehrheit der Bevölkerung im Lande. Aus dem Blickwinkel der Palästinenser und aus dem der Araber in der ganzen Region stellte der Staat Israel ein Produkt des Kolonialismus dar und war in klarer Verletzung aller demokratischen Spielregeln geschaffen worden. Eben dies bildet den Hintergrund für den palästinensischen Widerstand gegen Israel seit 1948.

Den Palästinensern in Palästina war der europäische Antisemitismus unbekannt. Die fast vollständige Vernichtung der europäischen Juden durch die Deutschen unter dem Hitler-Regime lag außerhalb ihres Wahrnehmungshorizonts und konnte für sie auch zu diesem Zeitpunkt nicht relevant werden.

Die Gründung des Staates Israel wurde also vollkommen unterschiedlich wahrgenommen. Europa und die USA sahen diese vor dem Hintergrund der erst jetzt wirklich ins Bewusstsein gerückten Vernichtung der Juden durch den Holocaust. Für die Überlebenden der Shoa und für die zionistische Bewegung in Palästina bedeutete die Schaffung eines jüdischen Staates einen geradezu welthistorischen Akt der Befreiung und Erlösung. Ganz anders dagegen die existentielle Erfahrung des selben historischen Vorgangs für die Palästinenser: Für sie, als Opfer dieser Entwicklung, hatte er die Dimension einer Katastrophe (nakba), die in der Vertreibung und Flucht von einer Dreiviertelmillion Palästinensern und in der Verwehrung der palästinensischen staatlichen Unabhängigkeit gipfelte.

Nachdem Arafat, wie einige seiner Biographen (zum Beispiel Hart) berichten, schon zuvor den palästinensischen Nationalisten beim Schmuggel von Waffen aus Ägypten über die Sinaihalbinsel hinein nach Palästina geholfen hatte, schloss er sich im Kriegsjahr 1948 mit seinen knapp 19 Jahren den ägyptischen Muslimbrüdern an, die im Süden Palästinas für die Freiheit und Unabhängigkeit dieses Landes und gegen den neu geschaffenen Staat Israel kämpften. Die Muslimbrüder waren seit den dreißiger Jahren die engagierteste der pro-palästinensischen Bewegungen in Ägypten. Gekoppelt mit ihrem anti-kolonialistischen Programm machte dieser Einsatz für Palästina sie für junge Palästinenser, egal welcher Einstellung, zur attraktivsten und angesehensten politischen Gruppe im Lande. Dies war sicher auch der wesentliche Grund dafür, dass sich Yasir Arafat ihnen anschloss und mit ihnen schließlich bis Gaza gelangte. Dort musste er eine weitere Erfahrung machen, die seine zukünftige politische Entwicklung in zentraler Weise prägen sollte. Arafat selbst schildert dies folgendermaßen: »Als die arabischen Armeen nach Palästina einmarschierten, war ich in der Gegend von Gaza. Ein ägyptischer Offizier kam und verlangte, dass wir ihm unsere Waffen aushändigten. Zuerst traute ich meinen Ohren nicht. Wir fragten nach dem Grund. Der Offizier sagte, es sei ein Befehl der Arabischen Liga. Wir protestierten, ohne Erfolg. Der Offizier gab mir eine Quittung für mein Gewehr. Er sagte, ich könnte es nach dem Krieg zurückbekommen. In diesem Augenblick war mir klar, dass wir von diesen Regimen verraten worden waren. Ich selbst war von dem Verrat direkt betroffen. (...) Ich werde das nie vergessen.« (Hart 1984, S. 77ff.).

Dass palästinensische Nationalisten von ihren arabischen »Brüdern« daran gehindert worden waren, für ihre eigene Freiheit und Unabhängigkeit zu kämpfen, blieb die entscheidende Lehre, die der junge Arafat aus diesem Erlebnis zog. Daraus leitete er später zwei zentrale politische Folgerungen ab: Nur die Palästinenser selbst können Palästina befreien und arabischen Regimen sollte immer höchstes Misstrauen entgegengebracht werden.

Der studentische Aktivist in Kairo

Zunächst aber begann Arafat nun endlich mit seinem Studium. Der junge Mann immatrikulierte sich in Kairo an der Fakultät für Ingenieurwissenschaften, scheint aber sein Studium nie allzu ernst genommen zu haben. Viel wichtiger wurde für ihn das Engagement in Sachen Politik. Als Verwandter der Abu-Saud-Familie hatte er zum Beispiel jederzeit Zugang zur Führung der alten palästinensischen Nationalbewegung aus der Zeit vor 1948, also zu Hajj Amin al-Husaini.

Die alte palästinensische Nationalbewegung unter Hajj Amin al-Husaini

Den einstigen Führer der palästinensischen Nationalbewegung hatte ein jahrelanges Exil über Beirut, Bagdad, den Iran und die Türkei in das Berlin der Nationalsozialisten geführt. Dort verbrachte er von 1942 bis 1945 drei verhängnisvolle Jahre, die ihn selbst und den palästinensischen Nationalismus wegen seiner Kontakte zur Naziführung unter Hitler diskreditierten. 1946 kam Hajj Amin zurück in die arabische Region, nach Kairo. Im Jahr 1948 verbrachte er eine kurze Zeit in Gaza. Dort versuchten die palästinensischen Nationalisten im Gegenzug zur jüdischen Staatsgründung Israels einen palästinensischen

Staat in ganz Palästina auszurufen und eine Regierung einzusetzen (»Regierung von ganz Palästina«). Zwar wurde eine Unabhängigkeitserklärung verfasst, ein Parlament einberufen, eine Regierung gebildet und Hajj Amin zum palästinensischen Präsidenten gewählt, aber all dies war innerhalb von Wochen wie ein Spuk wieder vorbei. Der jordanische Emir und spätere König Abdallah I. wollte die Entstehung eines palästinensischen Staates um jeden Preis verhindern. Er verfolgte damit dasselbe Ziel wie die britische Mandatsmacht und der neu entstandene Staat Israel. Gegen diese übermächtigen Gegner hatten die Palästinenser keine Chance. Schon Ende 1948 verfrachtete die ägyptische Armee Hajj Amin ohne großes Federlesen zurück nach Kairo, wo er wieder im Exil lebte. Palästina hatte damit aufgehört zu existieren. An seine Stelle war der Staat Israel getreten. Die nicht von Israel eingenommenen palästinensischen Gebiete wie Ost-Jerusalem und das Jordanwestufer wurden von Jordanien annektiert, aus dem in der Folge das haschemitische Königreich entstand. Der Gaza-Streifen stand dagegen bis 1967 unter ägyptischer Militärverwaltung.

Arafat als Präsident
der Palästinensischen Studentenunion

Arafat wurde bald nach Aufnahme seines Studiums in der Palästinensischen Studentenunion aktiv. Diese Vereinigung war vor Jahren von Abdelqader al-Husaini, dem palästinensischen Nationalhelden der Mandatszeit, gegründet worden. Abdelqader al-Husaini, Vater von Faisal al-Husaini, dem späteren PLO-Vertreter von Jerusalem nach 1994, fiel im Kampf gegen die zionistischen Verbände in der Schlacht von Qastel Anfang 1948. Schon 1952 wurde Arafat zum Präsidenten dieser studentischen Organisation gewählt. Er behielt diesen Posten bis zum Abschluss seines Studiums 1956. In diesen Jahren lernte

Arafat einige seiner wichtigsten und getreuesten späteren Mitkämpfer kennen und schätzen. Dazu gehören nicht zuletzt Abu Iyad (Salah Khalaf) und Abu Jihad (Khalil al-Wazir), die beide ebenso wie Arafat im Kairo der fünfziger Jahre studierten.

Der palästinensische Nationalismus war in Kairo – im Gegensatz zum Jordanwestufer oder zu anderen arabischen Staaten, in die Palästinenser 1948 geflüchtet waren – sowohl personell als auch institutionell vertreten: Dort lebte wie bereits erwähnt Hajj Amin al-Husaini, Präsident der kurzlebigen »Regierung von ganz Palästina« und Vorsitzender des Obersten Arabischen Komitees, der Führungsinstanz der palästinensischen Nationalbewegung in den dreißiger und vierziger Jahren. Außerdem wirkte dort bis zu seinem Tode 1963 Ahmad Helmi Pasha, der Premierminister der »Regierung von ganz Palästina« und Vertreter Palästinas in der Arabischen Liga. Offensichtlich hatten Arafat selbst und die Palästinensische Studentenunion enge Beziehungen zu diesen historischen Führungspersönlichkeiten. Die politischen und ideologischen Einflüsse, die hier auf Arafat einwirkten, sind später in den ersten politischen Stellungnahmen und Schriften der jungen Fateh-Organisation klar erkennbar.

Es war jedoch keineswegs der palästinensische Nationalismus, der das Kairo dieser Jahre beherrschte. Zur dominierenden Ideologie und Politik der fünfziger und auch sechziger Jahre wurde vielmehr der arabische Nationalismus, vertreten durch den aufsteigenden arabischen Nationalhelden Gamal Abdel Nasser. Und das nicht nur in Kairo, sondern in der gesamten arabischen Welt.

Mit dem nasseristischen arabischen Nationalismus konnten sich der junge Arafat und seine politischen Freunde allerdings nicht uneingeschränkt identifizieren, zumal Nasser sehr bald einen wahren politischen Feldzug gegen die ägyptischen Muslimbrüder aufnahm, der schnell in brutale Repression und Unterdrückung umschlug. Davon waren zweifellos auch die jungen Palästinenser um Arafat betroffen, die ja alle in der einen oder anderen Weise Beziehungen zu den Muslimbrüdern gepflegt hatten.

Zwar soll Arafat noch an den Kämpfen des 56er Kriegs teilgenommen haben und auch sein späterer Weggefährte Abu Jihad hat sich wohl während und nach der Besetzung Gazas durch Israel 1955 an den ersten von Ägypten unterstützten Guerillaoperationen aus dem Gaza-Streifen gegen Israel beteiligt. Aber spätestens 1957 oder 1958 zogen es die jungen palästinensischen Nationalisten vor, Ägypten zu verlassen und andernorts ein neues Leben zu beginnen. Vor allem aber mussten sie sich Arbeit suchen, nachdem ihre Studentenzeit unwiderruflich zu Ende gegangen war.

Eine wichtige Erfahrung aus der Zeit der Palästinensischen Studentenunion in Kairo, die nicht übergangen werden darf, war der erste Auslandsauftritt Arafats auf einer internationalen Studentenkonferenz in Prag. Auf dieser Konferenz soll er zum ersten Mal mit der später weltweit berühmten Kefiya, dem Palästinensertuch, aufgetreten sein: ein erster Schritt hin zur Schaffung des später so zentralen Symbolismus, der an die bäuerlichen Guerillakämpfer der Revolte von 1936 bis 1939 erinnern und deren Einsatz für ihr Vaterland und dessen Freiheit feiern sollte.

Die jungen palästinensischen Nationalisten formieren sich: von der Gründung der Fateh zum Bewaffneten Kampf

Yasir Arafat verließ Kairo zwischen 1957 und 1958, nachdem er einen Arbeitsvertrag als Ingenieur im Ministerium für Öffentliche Arbeit in Kuwait erhalten hatte. Dort arbeiteten zu diesem Zeitpunkt schon zahllose andere junge Palästinenser.

Kuwait stand bis 1961 unter britischem Protektorat. Das Land wurde von einem Politischen Agenten regiert und verwaltet, der über die herrschende Familie in Kuwait, die Sabahs, operierte. Von 1950 bis 1965 war Scheich Abdallah al-Salim an der Macht, dem es 1961 schließlich gelang, Kuwait in die staatliche Unabhängigkeit zu führen. Die Grundlagen für einen modernen Staat Kuwait wurden jedoch schon in den fünfziger Jahren gelegt und dabei spielten Palästinenser eine zentrale Rolle.

1949, im ersten Jahr nach der palästinensischen »Katastrophe« und der Staatsgründung Israels, hatte der Politische Agent in Kuwait bei den größten Ölgesellschaften im Lande nachgefragt, ob sie palästinensische Flüchtlingsarbeiter einstellen könnten. Die Antwort fiel positiv aus und so wurden über Ägypten – wo ja Großbritannien ebenfalls noch als Kolonialmacht direkt präsent war – viele junge Palästinenser nach Kuwait vermittelt. In der

Mehrzahl handelte es sich hierbei um hoch qualifizierte Fachkräfte, darunter viele Ärzte, Ingenieure, Techniker, Wirtschaftswissenschaftler, Kaufleute, Lehrer, Polizisten und Verwaltungsfachleute. Fast alle besaßen einschlägige Berufserfahrung, die sie zum Teil auch in der britischen Mandatsverwaltung in Palästina erworben hatten.

In einem Großteil der neu geschaffenen Ministerien und Regierungsämter, aber auch in der bestehenden Industrie, der öffentlichen Verwaltung und in den Schulen Kuwaits arbeiteten nun Palästinenser, die 1948 aus ihrer Heimat vertrieben worden waren. Das kuwaitische Amt für Elektrizität wurde im Volksmund sogar Jaffa-Kolonie genannt, weil ein Palästinenser aus Jaffa dort Generalinspektor war und seinerseits ständig neue Landsleute dorthin holte.

Wie er ließen auch die anderen Palästinenser in Kuwait zahlreiche Verwandte, Nachbarn und Freunde nachkommen. Einen Großteil des Geldes, das die Palästinenser hier verdienten, schickten sie zu ihren Familien in den Flüchtlingslagern im Gaza-Streifen, in Syrien und im Libanon, später auch im Westjordanland und in Jordanien. Jüngere Geschwister und Verwandte konnten dadurch Privatschulen und Universitäten besuchen und sich hervorragend qualifizieren, um wenigstens die ökonomische Zukunft ihrer Familien abzusichern.

Die Gründung der Fateh in Kuwait

In Kuwait fanden sich – neben Arafat – auch eine ganze Reihe der ehemaligen Aktivisten der Palästinensischen Studentenunion aus Kairo wieder, darunter Abu Jihad und Abu Iyad. Wie schon zuvor in Kairo, konnte Arafat auch in Kuwait nicht ohne politische Aktivität existieren. Zu sehr drängte in seinen Augen die Zeit. Israel entwickelte sich in einem rasanten Tempo zu einem modernen

Staat, während die Palästinenser ihre Energie in die Entwicklung Kuwaits investierten, also die Modernisierung eines fremden Staates vorantrieben. 1958 feierte der Staat Israel schon sein zehnjähriges Bestehen, während viele Palästinenser unverändert in den Flüchtlingslagern leben mussten. Als Meldungen aus Israel eintrafen, dass die Regierung plane, ein weit gefächertes Kanalsystem zu erbauen, um Wasser aus dem See Genezareth bis in den Süden Israels und in die Wüste Negev zu pumpen, um diese Landstriche bewohnbar zu machen, gab es für Arafat und seine Freunde kein Halten mehr. Sie befürchteten, dass Israel dort weitere Millionen von Neueinwanderern ansiedeln wollte, um Fakten zu schaffen, die es schließlich unbesiegbar machen würden.

Eine kleine Gruppe palästinensischer Gastarbeiter, angeführt von Arafat und von Abu Jihad, beschlossen zwischen 1958 und 1959 die Gründung einer neuen politischen Bewegung, der sie den Namen »Fateh – Bewegung zur Befreiung Palästinas« gaben. Ihr unmittelbares Vorbild war die Algerische Befreiungsfront. Genau wie die Algerier nahmen sie sich vor, für die Befreiung ihrer Heimat zu kämpfen und dort einen eigenen Staat Palästina zu errichten. Dieser Kampf konnte aus ihrer Sicht nur von den Palästinensern selbst geführt werden. Dazu aber mussten die vielen Vertriebenen und Flüchtlinge erst wieder zu einer Nation geeint werden. Voraussetzung hierfür war, dass die Palästinenser sich wieder auf ihre spezifische nationale Identität besannen und auf dieser Basis politisch handelten. Den Angelpunkt, um den sich immer alles drehte, bildete die »Katastrophe« des Jahres 1948. Damals war zwar ein jüdischer, aber kein palästinensischer Nationalstaat gegründet worden, damals hatte man die Palästinenser von freien Menschen zu Vertriebenen und Flüchtlingen degradiert. Die dafür Verantwortlichen konnten nach Auffassung der jungen Fateh-Gründer präzise bestimmt werden.

Fatehs Interpretation der »Katastrophe« von 1948

»Die Katastrophe (nakba auf Arabisch, Anmerkung der Autorin) begann in Wirklichkeit, als das palästinensisch-arabische Volk von seinem Kampf als Ergebnis der vereinten Anstrengungen der zionistisch-kolonialistischen Agenten isoliert wurde. Dadurch waren die kolonialistischen-zionistischen Kräfte in der Lage, die palästinensische Nationalbewegung zu schlagen und von ihrem Kampf und ihrem Schlachtfeld zu isolieren; dazu trug nicht zuletzt der indirekte Einfluss bei, den sie auf die arabischen Herrscher ausübten. Dadurch errangen sie den Sieg und konnten die internationale zionistische Basis in unserem geliebten Land errichten.

Die Isolation begann mit der so genannten ›Rettungsarmee‹, die mit den Briten zusammenarbeitete, die Palästina vor dem 15. Mai kolonisiert hatten. Als der 15. Mai (Proklamation des Staates Israel, Anmerkung der Autorin) kam, waren die palästinensischen nationalen Kräfte zerstreut, gelähmt, ihrer Waffen und aller Mittel für eine Schlacht innerhalb Palästinas beraubt. Parallel führten die Agentenzeitungen eine schmutzige Kampagne, in welcher der palästinensische Kampf falsch dargestellt werden konnte.

Der zweite Teil des kolonialistischen Theaterstücks wurde von den arabischen Armeen gespielt, die unter der Führung von Verrätern standen. Sie übergaben drei Viertel Palästinas den Juden, danach traten die Verschwörer vor die arabische Nation mit Verträgen, die sie je nach Bedarf und Gutdünken als ›vorläufig‹ oder als ›dauerhaft‹ bezeichnen.

In Rhodos (Waffenstillstandskonferenz 1949, Anmerkung der Autorin) wurde die Beute unter ihnen aufgeteilt. Jordanien nahm einen Teil Palästinas, nahm ihm seinen

Namen, nannte ihn Westufer und schloss dieses an das Ostufer an. Faruk (damaliger König Ägyptens, Anmerkung der Autorin) versuchte, mit dem Gaza-Streifen zu schachern.

Was die palästinensischen Flüchtlinge betraf, so wurden viele Versuche unternommen, sie anzusiedeln und ihnen Entschädigung zu zahlen. (...) Aber all diese Versuche schlugen fehl. Weiterhin wurde unser Volk mit Gewalt isoliert, um es daran zu hindern, frei und nach seiner eigenen Methode für die Befreiung seines Vaterlandes zu arbeiten. Die arabischen Führer behandelten unsere Sache individuell und wie es in ihre eigenen Wünsche passte. (...) Auch sie scheiterten.« (Aus der ersten Untergrundpublikation Fatehs, der Zeitung Filastinuna Nr. 11, November 1960, S. 3).

Mit dieser Interpretation schlossen sich Arafat und die anderen Fateh-Gründer direkt an die Erklärung für die palästinensische Niederlage von 1948 an, die Hajj Amin al-Husaini und seine Anhänger in der alten Nationalbewegung aus der Zeit vor 1948 in Kairo verbreitet hatten. Diese unterschied sich wesentlich von der arabisch-nationalistischen Auffassung, die vor allem in Beirut an der dortigen American University of Beirut zirkulierte.

Die Haltung der arabischen Nationalisten

Die arabischen Nationalisten gingen davon aus, dass es die Rückständigkeit der arabischen Welt gewesen sei, die einer modernen Bewegung wie der zionistischen einen so leichten und allumfassenden Erfolg ermöglicht hatte. Nur eine revolutionäre Veränderung der gesamten arabischen Welt in Bezug auf soziale, ökonomische und politische Rahmenbedingungen, also der Eintritt der Araber in die Moderne, könne die Grundlage sein, von der aus die Befreiung Palästinas möglich sein würde. Die BdAN (Bewegung der Arabischen Nationalisten), in den fünfziger Jahren von Palästinensern unter der Führung des jungen Dr. George Habasch in Beirut gegründet, stand in dieser Tradition. Da auch der arabische Nationalismus Gamal Abdel Nassers hier anknüpfte, kooperierte die gesamte BdAN von 1955/56 bis 1967 aufs engste mit Nasser und dem nasseristischen Ägypten. Aus dieser Bewegung ging 1967 die PFLP (Volksfront für die Befreiung Palästinas) hervor, auf die in den folgenden Kapiteln noch eingegangen wird.

Der Aufbau der Fateh

Die kleine Gruppe von Fateh-Gründern um Arafat setzte sich als erstes Ziel, möglichst viele Palästinenser für ihre neue Bewegung zu gewinnen. Dazu nahmen sie zunächst Verbindung mit palästinensischen Gastarbeitern in Qatar auf, darunter zum Beispiel Mahmud Abbas (Abu Mazen), der heutige Generalsekretär der PLO. Doch die Kontakte gingen wesentlich weiter: Sie reichten bis nach Saudi-Arabien – wo Abu Jihad kurzfristig gearbeitet hatte, ehe er nach Kuwait gekommen war – und nach Europa. Hier wandten sich die Fateh-Gründer an palästinensische Studenten in der Bundesrepublik Deutschland, in Österreich und in Spanien. Eine der Kontaktpersonen in Deutschland war unter anderen Hani al-Hassan, heute Berater Arafats für Internationale Beziehungen, der damals an der Technischen Hochschule in Darmstadt studierte.

Diese Beziehungen mussten nun weiter ausgebaut und vertieft werden. Eine unabdingbare Voraussetzung, um neue Mitglieder zu werben und die Bewegung bekannt zu machen, war eine eigene Zeitung oder Zeitschrift.

Yasir Arafat und Abu Jihad gingen aus diesem Grund im Frühherbst 1959 nach Beirut, der damaligen arabischen Pressehauptstadt, um dort eine Publikationsmöglichkeit für das geplante Fateh-Organ zu finden. Bei ihrer Ankunft in Beirut konnten sie alte Kontakte aus ihrer Kairoer Studentenzeit wieder aufnehmen. Hajj Amin al-Husaini hatte sich nämlich in der Palästina-Frage endgültig mit dem ägyptischen Präsidenten Gamal Abdel Nasser überworfen und seine Aktivitäten von Kairo nach Beirut verlegen müssen, wo er bis zu seinem Tode im Jahr 1972 blieb.

Wie wir inzwischen aus verschiedenen Quellen wissen, trafen Arafat und Abu Jihad mit Hajj Amin, dem Vertreter des historischen palästinensischen Nationalismus, zusammen und berichteten diesem dabei sicher über die neu gegründete palästinensische Bewegung in Kuwait. Schließlich waren ihre politischen Ziele und ihr ideologischer Ansatz zu einem beträchtlichen Grade identisch. Offensichtlich stellte Hajj Amin den Kontakt zu Taufiq Huri, einem Aktivisten der winzigen libanesischen, muslimisch-fundamentalistischen Organisation Ibad al-Rahman (Diener Gottes), her. Taufiq Huri besaß die staatliche Lizenz für eine Zeitschrift und eben danach hatten die jungen Aktivisten gesucht. Obwohl die Fateh-Gründer die Hilfe von Hajj Amin al-Husaini gerne annahmen, wollten sie doch ganz explizit ihren eigenen Neuanfang wagen. Den Ballast der historischen Nationalbewegung fanden sie für ihre Ziele eher hinderlich.

Schon im Oktober 1959 erschien die erste Nummer der neuen Zeitschrift Fatehs unter dem Namen Filastinuna (Unser Palästina). Die Zeitung besaß eine offizielle Lizenz und gab im Impressum Taufiq Huri als Herausgeber an, zusammen mit einem Postfach in Beirut. Jede Nummer von Filastinuna, die bis Ende 1964 in unregelmäßigen Abständen erschien, enthielt einen Leitartikel unter der Rubrik »Unsere Meinung«, der mit Fateh unterzeichnet war. Dies war der einzige Hinweis für Eingeweihte, dass es sich bei der Filastinuna um ein Fateh-Blatt handelte.

Taufiq Huri und die Organisation Ibad al-Rahman ermöglichten den jungen palästinensischen Nationalisten zwar die Herausgabe der Zeitschrift, hatten aber ansonsten, so die Aussagen von Taufiq Huri, nichts weiter mit ihnen zu tun.

In den fünf Jahren bis 1964 verbreitete die Fateh-Bewegung ihr politisches Programm über die Filastinuna. Das Postfach in Beirut bot derweil für interessierte Palästinenser die Möglichkeit, mit den Fateh-Gründern Kontakt aufzunehmen.

Die Konkurrenz in Gestalt des arabischen Nationalismus

Die Mobilisierung neuer Mitglieder für Fateh gestaltete sich jedoch äußerst schwierig. Die gesamte arabische Welt war damals vom arabischen Nationalismus dominiert und das Schlagwort der Zeit hieß arabische Einheit. Diese sollte durch Gamal Abdel Nasser hergestellt werden. Einen ersten Schritt in diese Richtung bildete die kurzzeitige Vereinigung von Ägypten und Syrien 1958. Als diese bereits 1961 wieder aufgelöst wurde, war die Enttäuschung umso größer. Doch selbst das konnte den Glauben der Araber an die Fähigkeit Nassers, die arabische Einheit herzustellen, nicht erschüttern. Die Schuld am Scheitern der Einheit wurde auf Syrien abgewälzt und breite Kreise der arabischen Bevölkerung, von den Intellektuellen bis zu den einfachen Bauern, standen weiterhin hinter Nasser.

Der Versuch, unter dieser ideologischen Dominanz des arabischen Nationalismus eine palästinensisch-nationalistische Bewegung aufzubauen und ihre Ausbreitung zu erreichen, mutet deshalb eher wie eine Sisyphusarbeit an.

Aber in den Emiraten des Arabischen Golfs und unter den palästinensischen Studenten in Europa – also relativ weit weg von Nassers direktem Einfluss –, boten sich doch immer wieder Möglichkeiten zu politischer Agitation und zur Anwerbung neuer Mitglieder.

Der Durchbruch der Fateh 1962

Im Sommer 1962, knapp zweieinhalb Jahre nach Erscheinen der Erstausgabe der Filastinuna, war es schließlich so weit. Fateh berief eine erste Mitgliederkonferenz ein, auf der die Bewegung einen entscheidenden Durchbruch erzielte. Eine ganze Reihe kleinerer Gruppen verschiedenster ideologischer und politischer Herkunft schlossen sich Fateh an und ermöglichten damit einen mächtigen Sprung nach vorn, sowohl quantitativ als auch qualitativ.

Zu den neuen Mitgliedern zählten ehemalige Aktivisten der Muslimbrüder und der palästinensisch-islamistischen Tahrir-Partei, darunter Khaled al-Hassan, der einen wichtigen Posten in der Stadtverwaltung Kuwaits innehatte und bis zu seinem Tod vor wenigen Jahren einer der wichtigsten Fateh-Strategen war. Weitere Neuzugänge konnte Fateh auch unter den seit 1961 enttäuschten Mitgliedern der Ba'th-Partei verbuchen, wie zum Beispiel Faruq al-Qaddumi, damals Lehrer in Kuwait und inzwischen seit Jahren »Außenminister« der PLO. Auch Fathi, Yasir Arafats jüngerer Bruder, gehörte nun zu den Fateh-Mitgliedern. Auf dieser Konferenz wurde wohl auch das wichtigste Fateh-Programm der frühen Jahre verabschiedet, ein Grundsatzprogramm überschrieben mit »Plan des revolutionären Aufbaus«: »Mein Bruder, Kampfgenosse: Für unser geliebtes Palästina. Für die Revolution der Befreiung unseres besetzten Landes, bis dass die Morgenröte der Würde nach der langen Nacht der Katastrophe (nakba, also die Ereignisse des Jahres 1948, Anmerkung der Autorin) erstrahlt.«

Arafat und Fateh wollten mit diesem Programm junge Palästinenser, die »Jugend der Katastrophe« (shabab al-

nakba) ansprechen, wo immer diese das Schicksal hinver-
schlagen hatte. Ihnen ging es dabei primär um die Etablierung einer neuen und jungen Führungsschicht, die aus
den Palästinensern wieder eine Nation machen sollte, damit der Kampf für die Befreiung Palästinas endlich aufgenommen werden konnte. »Die shabab al-nakba sind
überallhin verstreut. Sie wissen nicht, wohin sie gehen
sollen. Sie sind überall zu finden, aber sie sind noch immer ihrem Ziel treu und loyal gegenüber ihrem geliebten
Land. (...) Das Leben im Zelt (hier ist das Leben in den
Flüchtlingslagern der fünfziger Jahre angesprochen, Anmerkung der Autorin) wurde genauso elend wie der Tod.
Der Tod, um zu leben, der Tod für unser geliebtes Vaterland, ist angenehmer und edler als ein Leben, in dem wir
unser tägliches Brot unter Demütigungen essen oder es
auf Kosten unserer Ehre als Almosen erhalten. (...)
    Wir, die Söhne der nakba, wollen dieses schmutzige,
verachtungswürdige Leben nicht länger ertragen, das unsere kulturelle, moralische und politische Existenz, ja unsere Würde als Mensch zerstört hat.« (Filastinuna Nr. 2,
November 1959, S. 10).

    Das Ziel der Fateh bestand darin, diese jungen Palästi-
nenser dazu zu bewegen, die verschiedenen arabisch-nationalistischen Organisationen, denen sie sich im Lauf der
fünfziger Jahre angeschlossen hatten, zu verlassen und
sich in und mit Fateh ausschließlich dem palästinensischen Nationalismus zu verschreiben. »Ihr Söhne unseres
großen Volkes, Ihr habt Euch eingesetzt für viele Gruppen
und habt für viele Völker gekämpft. Was war das Ergebnis? Wurde Eure Würde wiederhergestellt? Wurde nur ein
Zentimeter Eures Vaterlandes an Euch zurückgegeben?
Haben all die Slogans Euer Elend gemindert?« (Filastinuna Nr. 15, März 1961, S. 5).

    Die Einleitung zum Grundsatzprogramm der Fateh von
1962 endete mit dem Aufruf: »Vorwärts – Zur Revolution. Es lebe Palästina, frei und arabisch.«

Fatehs Vorstellungen von der Revolution

Doch wie stellten sich die Fateh-Gründer um Yasir Arafat diese Revolution vor? Sie sollte in mehreren Etappen verlaufen:

1. Den Anfang sollte die Etappe der Verankerung machen, in der es vor allem um den soliden Aufbau der Bewegung ging.
2. In der nächsten Phase, der Mobilisierung, sollte der Schritt an die Öffentlichkeit erfolgen, unter anderem durch einen eigenen Radiosender. Außerdem sollte die Bewegung nun in alle Gruppen der palästinensischen Gesellschaft hineinwirken und diese für die Position der Fateh gewinnen.
3. Die dritte Etappe, überschrieben mit Revolution, sollte zum Bewaffneten Kampf überleiten, der überall öffentlich proklamiert werden sollte. Das Ziel des Bewaffneten Kampfs bestand in der Befreiung Palästinas und der Errichtung einer palästinensischen Entität, sprich eines eigenen souveränen palästinensischen Nationalstaates.

Fateh orientierte sich auch hier am Beispiel der Algerischen Befreiungsfront, die ja 1961 die algerische Unabhängigkeit von Frankreich hatte erkämpfen können.

Die ersten Sitzungen des Palästinensischen Nationalrates 1964

1963 verstarb Ahmad Helmi Pasha, der ehemalige Premierminister der erfolglosen »Regierung von ganz Palästina« und Vertreter Palästinas in der Arabischen Liga. Wer würde seine Nachfolge antreten? Präsident Nasser schlug Ahmad Shuqairi, Rechtsanwalt aus Akka, vor, der jahrelang in diplomatischen Diensten für verschiedene arabische Staaten gestanden hatte. Schon kurze Zeit später erhielt Shuqairi den Auftrag, einen palästinensischen Nationalkongress vorzubereiten, um mit der Neuorganisation der Palästinenser zu beginnen. Diese Forderung hatte die Arabische Liga schon 1959 – also im selben Jahr, als Fateh die erste Nummer von Filastinuna publiziert hatte! – aufgestellt. Entsprechende Beschlüsse auf der Ersten Arabischen Gipfelkonferenz im Januar 1964 in Kairo führten schließlich im Mai zur Einberufung der ersten Sitzung des Palästinensischen Nationalrates, einer Art von palästinensischem Parlament. Die Sitzung wurde in Jerusalem, im damals noch jordanischen Ostteil der Stadt, abgehalten. Vertreten waren Palästinenser aus allen Teilen der arabischen Welt. Unter den Delegierten der palästinensischen Gemeinde aus Kuwait befanden sich auch einige Mitglieder Fatehs, die sehen wollten, wie ernst es Shuqairi und Nasser mit ihren Plänen meinten. Der Nationalrat beschloss die Gründung der PLO, der »Organisation zur Befreiung Palästinas«. Die Zweite Arabische Gipfelkonferenz in Alexandria schließlich begrüßte diesen Beschluss im September 1964 ebenso wie die Aufstellung einer Palästinensischen Befreiungsarmee, die von den arabischen Staaten unterstützt werden sollte.

Damit stellte sich für die Fateh-Gründer die entscheidende Frage: Sollten sie sich, nur wenige Jahre, nachdem sie ihre eigene breit nationalistisch angelegte palästinensische Bewegung gegründet hatten und nur zwei Jahre nach ihrer ersten Konferenz in Kuwait, wieder auflösen und in und mit der PLO für die Befreiung Palästinas arbeiten? Und das unter der Führung Ahmad Shuqairis, letztlich aber doch unter der Führung von dessen Gönner Gamal Abdel Nasser? Vollblutpolitiker wie Yasir Arafat und seine »Brüder« (so die generelle Anrede von Fateh-Mitgliedern untereinander) schlossen diese Option von vornherein aus.

Da mit der PLO jedoch zunächst eine palästinensische Entität im Sinne von Adresse und Institution entstanden war, ließen die Fateh-Ideologen vorläufig ihre bis dahin zentrale Forderung nach einem eigenen palästinensischen Staat fallen.

Die Forderung der Fateh nach dem Bewaffneten Kampf

Stattdessen rückte ein anderes Schlagwort in den Vordergrund, das neben der Forderung nach einer palästinensischen Entität seit 1959 in der Filastinuna und in der Programmatik der Fateh zu finden war: der Ruf nach einer Revolution, genauer nach der Aufnahme des »Bewaffneten Kampfs zur Befreiung Palästinas«. Seit Anfang 1964 waren die Artikel in der Filastinuna davon bestimmt. Mit diesem Schlachtruf setzten sich Arafat und die anderen Fateh-Gründer auch klar von der neu gegründeten PLO und ihrer Führung ab. Sie wollten keine neue Organisation unter der Führung von Rechtsanwälten, da diese in ihren Augen ebenso wie alle arabischen Regierungen, Nassers Ägypten eingeschlossen, zwar viel redeten, aber nicht zu Taten schritten.

Fateh wollte dagegen den Bewaffneten Kampf vorbereiten, »den einzigen Weg zur Befreiung«. Führen sollte ihn die »revolutionäre vereinte Fida'i-Avantgarde« des palästinensischen Volkes, sprich Fateh (mit Fida'i ist hier der Militante gemeint, der bereit ist, sein Leben für sein Volk zu opfern im Kampf um dessen Freiheit, Anmerkung der Autorin). (Filastinuna Nr. 34, Januar 1964, S. 22 und 31)

Auch hier wird wieder der algerische Einfluss auf Fateh deutlich. 1963 hatte Arafat auf Einladung der algerischen Regierung ein Büro für Fateh in Algier aufgemacht, das jahrelang von Abu Jihad geleitet wurde. Dort kamen die jungen Palästinenser mit dem Gedankengut der revolutio-

nären Organisationen und nationalen Befreiungsbewegungen in Kontakt, die Ende der fünfziger und Anfang
der sechziger Jahre einen beträchtlichen Teil der internationalen politischen Bühne bestimmten; eine wichtige
Rolle spielten Frantz Fanon, Che Guevara, Mao Tse Tung,
Ho Tschi Minh und andere mehr. Auch die Rezeption dieser politischen Denksysteme beeinflusste stark die strategische Verschiebung in Richtung Bewaffneter Kampf, sprich
Guerillakrieg.

Die ersten Anschläge der Fateh

Im Januar 1965 – das israelische Wasserversorgungssys-
tem, durch das Wasser aus dem Jordan und dem See Genezareth ins Land hinein und nach Süden gepumpt wurde,
war kurz zuvor fertiggestellt worden – organisierte Arafat
als Vertreter der Fateh im Libanon die ersten Fateh-Guerillas, um Angriffe auf Ziele in Israel durchzuführen. Nach
einigen Fehlschlägen glückte einem Guerillakommando
schließlich ein Anschlag auf eine Pumpe des Wasserversor-
gungssystems in Ailabun in Galiläa. Damit hatte für Arafat und Fateh die palästinensische Revolution begonnen.
Allerdings führten sie diese ersten Anschläge noch unter
dem Decknamen »Assifa« (Sturmwind) aus, da sie die
Existenz der gerade mühsam aufgebauten Fateh-Organisation nicht leichtsinnig aufs Spiel setzen wollten.
    Die ganze Region wurde in Aufruhr versetzt. Wer wa-
ren diese Guerillas, diese Fida'iyun (Äquivalent im Arabischen für Guerillakämpfer, eigentlich »der sich opfert«)?
Wer steckte hinter Assifa? Der israelische Geheimdienst
lief auf Hochtouren, um die Drahtzieher dieser Guerillaangriffe so schnell wie möglich zu finden. Nasseristische
Zeitungen in Beirut vermuteten gar amerikanische Agenten von NATO und CENTO als Hintermänner. Erst im
Laufe des Jahres 1966, nachdem sich Fateh offen zu As-

sifa bekannte hatte, wurde deutlich, wer für die Terroranschläge verantwortlich zeichnete.

Die Beweggründe für die Aufnahme des Guerillakampfs durch die Fateh

Was bezweckten Arafat und Fateh mit ihrem Guerillakampf? Hofften sie tatsächlich, den Staat Israel mit der-
artigen Operationen, die häufig eher pathetisch als revo-
lutionär anmuteten und nicht mehr als ein Tropfen auf
den heißen Stein waren, besiegen oder gar von der Land-
karte verschwinden lassen zu können? Und warum begannen sie den Guerillakampf gerade im Januar 1965?

Die Gründung der PLO

Die Gründung der PLO und die Schaffung einer Palästinensischen Befreiungsarmee unter deren Führung im
Herbst 1964 waren sicher zwei zentrale Ereignisse, durch
die sich Fateh zum Handeln gezwungen sah. So erinnert
sich Khaled al-Hassan: »Man kann sagen (…), dass wir
zu diesem Kurs gezwungen wurden – einem Kurs, den wir
nicht hatten einschlagen wollen! –, weil die PLO entstanden war. Wegen ihrer Existenz und weil sie nicht das
›Echte‹ war, für das sie viele Palästinenser hielten, beschlossen wir, dass die einzige Möglichkeit, die Idee unseres Kampfs lebendig zu erhalten, die Aufnahme des
Kampfs selbst war.« (Hart 1984, S. 171).

Die Inbetriebnahme des israelischen Wasserversorgungssystems

Die Inbetriebnahme des israelischen Wasserversorgungs-
systems ist als zweiter zentraler Grund zu nennen. Schon
1958/59 hatte der israelische Beschluss zum Bau dieser

Leitungen zur Gründung der Fateh geführt. Für Arafat und Fateh symbolisierte dieses System die wachsende, immer schwieriger einzudämmende Macht und Stärke Israels. Sie musste um jeden Preis bekämpft werden, wenn überhaupt noch ein Rest Hoffnung auf die Befreiung Palästinas Bestand haben sollte.

Die Provokation zum Krieg

Befreiung Palästinas bedeutete damals aber immer gleichzeitig Zerstörung Israels. Nachdem die arabischen Staaten 1948 im Ersten Israelisch-Arabischen Krieg eine schwere Niederlage erlitten hatten, waren sie im Prinzip zum Abschluss eines Friedensvertrags bereit. Israel ging jedoch auf keines dieser Angebote ein. In der Folge waren die Diskussion und vor allem die öffentliche Propaganda in der arabischen Welt bestimmt vom Heraufbeschwören der »nächsten Runde«, in der Israel besiegt werden sollte. Gamal Abdel Nasser bestand in diesem Zusammenhang jedoch immer wieder darauf, dass allein er den Zeitpunkt für diese nächste Runde bestimmen würde. Denn nur mit entsprechender Vorbereitung habe ein erneuter Waffengang gegen Israel Aussicht auf Erfolg.

Anfang der sechziger Jahre aber setzte sich in der arabischen öffentlichen Meinung die Auffassung durch, dass die ägyptische Armee nunmehr gut genug vorbereitet sei, um Israel besiegen zu können. Dass in Israel damals auf Hochtouren am Bau von Atomwaffen gearbeitet wurde, blieb den meisten arabischen Propagandisten verborgen. Auch Arafat und die anderen jungen Fateh-Gründer teilten diese Meinung vom hervorragenden Stand der arabischen und speziell ägyptischen Aufrüstung.

Ein dritter Grund für die Aufnahme des Bewaffneten Kampfs gerade Anfang des Jahres 1965 war deshalb der Versuch, die arabischen Staaten, allen voran Ägypten, in einen Krieg gegen Israel zu zwingen, zu provozieren.

Denn auch in der Fatah meinte man, jedes weitere Zögern Nassers würde die Chancen auf einen militärischen Erfolg gegen Israel nur vermindern.

Die Wiedergeburt der palästinensischen Identität

Das entscheidende Ziel jedoch, das Fateh, aber ganz besonders Arafat, mit bewaffneten Guerillaoperationen verfolgte, war kein militärisches, sondern ein ausschließlich politisches. Es ging um die Wiederherstellung einer eigenständigen palästinensischen Identität, die 1948 zerstört worden war. Es ging um die Mobilisierung der Palästinenser. Es ging um ihre Wiedergeburt als Nation. »Von Anfang an sagte ich (Arafat, Anmerkung der Autorin), dass wir Palästinenser unsere Identität nur durch Kämpfen wiedergewinnen und festigen können.« (Hart 1984, S. 251).

Dieses Ziel erreichten Arafat und die Fateh-Gründer bis 1967 nur sehr langsam und stockend. Doch trotzdem ging es stetig vorwärts bis zum eigentlichen Durchbruch, der Schlacht von Karame, die im folgenden Kapitel im Mittelpunkt stehen soll.

Das Erreichen der palästinensischen Einheit

Eine zweite politische Zielsetzung, die mit dem Bewaffneten Kampf erreicht werden sollte, war die palästinensische Einheit, also die Überwindung der Zersplitterung in unzählige Organisationen verschiedenster Couleur.

Nie, so rückblickend Abu Iyad 1979, hätten die Fateh-Gründer jedoch ernsthaft daran geglaubt, durch einen Guerillakampf Israel besiegen und zerstören zu können. »Unsere Absichten waren bescheiden: die Moral der arabischen Massen aufrichten, den Feind in die Enge treiben. (...) Zu keinem Zeitpunkt haben wir angenommen, dass unsere Aktivitäten die Sicherheit des jüdischen Staates gefährden könnten. Erst durch die arabische – manchmal auch die ausländische – Presseberichterstattung wurden Umfang und Tragweite unserer Operationen so aufgebauscht, dass die gefährliche Illusion entstand, wir seien in der Lage, Palästina zu befreien.« (Abu Iyad 1979, S. 87).

Eben dies war jedoch die Vorstellung, die sich unter den palästinensischen Flüchtlingen im Libanon und in Jordanien bis 1967 nach und nach durchsetzte, die jedoch von Israel mit dessen überwältigendem Sieg im Krieg von 1967 ebenso radikal weggefegt wurde.

Arafat übernimmt die Führung des palästinensischen Widerstands: vom Juni-Krieg 1967 bis zur Flucht aus Jordanien

Der Juni-Krieg 1967 sollte eine Wende in der Geschichte der palästinensischen Nationalbewegung und in der politischen Karriere Arafats mit sich bringen. Von nun an galt es nämlich, eine palästinensische Widerstandsbewegung aufzubauen, die in der Lage war, die israelische Besatzung über die 1967 neu besetzten Gebiete zu beenden. Arafat gelang es, diesen Widerstand aufzubauen und sich an seine Spitze zu stellen.

Der Juni-Krieg von 1967

Mit massiven israelischen Luftangriffen gegen Ägypten, Syrien, Jordanien und den Irak begann am 5. Juni 1967 der Dritte Israelisch-Arabische Krieg oder Juni-Krieg, von Israel selbst gerne als Sechs-Tage-Krieg bezeichnet. Innerhalb weniger Stunden zerstörten israelische Kampfflugzeuge fast die gesamte Luftwaffe der arabischen Nachbarstaaten, über 400 Flugzeuge. Danach folgte der Vormarsch der israelischen Armee, die schon fünf Tage später, am 10. Juni, das Westjordanland mit Ost-Jerusalem, den Gaza-Streifen, die syrischen Golanhöhen und die ägyptische Sinaihalbinsel kontrollierte.

Israel hatte wider eigene Erwartungen mit knapp über 800 Toten relativ wenige Opfer zu beklagen, während die Ägypter mit 10 000 bis 15 000 Gefallenen die höchsten Verluste erlitten hatten. Auf den Golanhöhen starben mindestens 500 Syrer, auf dem Jordanwestufer etwa 800 jordanische Soldaten. Die palästinensische Zivilbevölkerung hatte etwa 500 Tote zu beklagen, viele davon Opfer der ununterbrochenen Luftangriffe und der eingesetzten Napalmbomben.

Mit dem vernichtenden Sieg der israelischen Armee brach eine erneute Katastrophe über die Palästinenser herein: Über 300 000 von ihnen wurden vertrieben, flüchteten über den Jordan in die Gebiete, die von Jordanien noch geblieben waren, und nach Ägypten. 80 000 bis 90 000 syrische Drusen, Angehörige einer muslimischen religiösen Minderheit im Nahen Osten, wurden aus den Golanhöhen nach Syrien vertrieben.

Die veränderte politische Situation nach dem Juni-Krieg

Die »dritte Runde« war beendet, aber nicht mit dem Ergebnis, das die arabische Öffentlichkeit, das Fateh und Yasir Arafat erwartet hatten: Durch den Sieg der israelischen Armee stand das gesamte historische Palästina unter israelischer Kontrolle. Für die Palästinenser hatte die Ära des israelischen Besatzungsregimes begonnen, die bis heute andauert.

Israel ging stärker denn je aus diesem Krieg hervor. Es begann seinen Aufstieg zur regionalen Großmacht. International wurde es zum engsten Verbündeten der USA in der Region.

Die arabischen Staaten und ganz besonders Ägypten hatten in diesem Krieg die schlimmste militärische Niederlage seit ihrer Unabhängigkeit erlitten. Der arabische Nationalismus war am Ende, von der israelischen Armee als Papiertiger entlarvt.

Anfang Juni beriefen Yasir Arafat und seine Mitstreiter in Fateh eine Krisensitzung in Damaskus ein, auf
der wichtige Fragen diskutiert wurden. Seit dem Beginn
des Bewaffneten Kampfs gegen Israel im Januar 1965
hatten Fateh-Guerillas insgesamt über 100 Guerillaoperationen durchgeführt, meist über die jordanische oder
die libanesische Grenze. Ihre Ausbildung und ihre Waffen hat-ten die Guerillas in Algerien und in Syrien erhalten. Was aber hatten sie damit eigentlich erreicht? Hatten
sie gar dazu beigetragen, dass dieser für den gesamten
arabischen Osten so verheerende Krieg ausgebrochen
war? Hatten ihre Guerillaangriffe die Spirale der Ereignisse, die schließlich bis zum 5. Juni geführt hatte, noch
beschleunigt?

Die Ursachen des Juni-Kriegs

Seit Anfang der sechziger Jahre war es an der syrisch-
israelischen Grenze selten ruhig gewesen. Ständig kam es
zu israelisch-syrischen Scharmützeln, die allerdings meist
von Israel provoziert wurden, wie wir inzwischen von
Mosche Dayan, israelischer General und zuletzt Außenminister unter Menahem Begin in den Jahren 1977 bis
1979, wissen (vgl. Shlaim 2000, S. 235).

Bei den Auseinandersetzungen ging es immer wieder
um den genauen Verlauf der gemeinsamen Grenzlinie. Israel wollte die Grenze im eigenen Interesse verschieben,
während Syrien die Nutzungsrechte am Wasser der Jor-
danquellflüsse für sich einforderte. Die neue radikal-so-
zialistische Regierung Syriens unter General Salah Jadid,
die im Frühjahr 1966 an die Macht gekommen war,
wollte dem israelischen Druck nicht weiter nachgeben.
Zuletzt war Syrien in der Wasserfrage im Herbst 1965
unterlegen, als Israel den »Wasserkrieg« klar für sich entschieden hatte. Jetzt wollten die Syrer massiven Druck auf
Nasser ausüben, ihn beim Wort nehmen und zwingen, in

ihrem Sinne gegen Israel vorzugehen. In diesem Kontext erhielten auch Arafat und seine Fateh-Guerillas größere Unterstützung als je zuvor. Die Eskalation an der syrischen Grenze trug zweifellos dazu bei, dass es im Juni schließlich zum Krieg kam.

Dennoch hatte diesen Krieg, so der derzeitige Forschungsstand, ohne dass die 1967 geöffneten Archive schon voll ausgewertet wären, eigentlich keine der späteren Kriegsparteien gewollt. Im Unterschied zu den arabischen Staaten hatte sich Israel jedoch auf den Krieg vorbereitet.

Die israelischen Drohungen gegen Syrien, die den Aschein hatten, Israel wolle das syrische Regime gegebenenfalls mit Gewalt stürzen, zwangen Nasser zum Handeln. Schließlich ging es für ihn darum, seine Führungsstellung in der arabischen Welt aufrechtzuerhalten. Dann schaltete sich auch noch die Sowjetunion ein, mit – wie sich erst später herausstellte – unzutreffenden Meldungen über eine israelische Mobilmachung an der syrischen Grenze. Nasser ließ im Gegenzug ägyptische Truppen auf der Sinaihalbinsel aufmarschieren und forderte die dort stationierten UN-Kontingente zum Abzug auf. Als er schließlich am 22. Mai 1967 die Straße von Tiran für den gesamten israelischen Schiffsverkehr sperren ließ, markierte das den casus belli für Israel. Dennoch war zu diesem Zeitpunkt auch der Regierung in Jerusalem klar, dass Nasser weder Krieg wollte noch darauf vorbereitet war. Man erkannte in Israel sogar, unter welch großem nationalistischen Zugzwang Nasser stand. Aber die Entscheidung zum Angriff war unwiderruflich gefallen.

Auch wenn diese Frage im Sommer 1967 in Damaskus von den Mitgliedern der Fateh eindringlich diskutiert worden war: Fateh und Arafat können als auslösender Faktor für den 67er Krieg ausgeschlossen werden. Auch ohne ihre Guerillaoperationen wäre es unter den bestehenden regionalen und internationalen Bedingungen aller Wahrscheinlichkeit nach zum Krieg gekommen.

Die Reaktion der palästinensischen Nationalisten auf die neue Situation nach dem Juni-Krieg

Wie sollten die palästinensischen Nationalisten nun auf diese zweite Katastrophe seit 1948 reagieren? Welche Handlungsoptionen sahen Arafat und die anderen Fateh-Gründer wie Mahmud Abbas, Abu Iyad und Hani al-Hassan, die in aller Eile aus dem Golf und aus Europa angereist waren, um sich in Damaskus gemeinsam über die neue Situation zu beraten?

Wie schon 1964 in den Debatten um die Aufnahme des Bewaffneten Kampfs plädierte Arafat, unterstützt von seinem engsten Mitstreiter Abu Jihad, auch jetzt ganz entschieden dafür, im Innern der besetzten Gebiete sofort den bewaffneten Widerstand gegen die neu etablierte israelische Besatzungsmacht aufzunehmen.

Direkt im Anschluss an diese Sitzung verließ Arafat Damaskus. Zusammen mit einer kleinen Gruppe von Mitstreitern gelang es ihm, das Westjordanland zu infiltrieren und erste wichtige Kontakte in Nablus, Jerusalem und anderen palästinensischen Ortschaften zu knüpfen. Nach anfänglichen Erfolgen, aus denen Arafat schloss, dass Fateh ihr gesamtes Führungskader ins Westjordanland einschleusen sollte, kehrte er nach Damaskus zurück, um auch die anderen Fateh-Gründer von dieser Strategie zu überzeugen. Hier konnte er sich schließlich gegen den Widerstand von Khaled al-Hassan und anderen, die zur Vorsicht rieten und nichts überstürzen wollten, durchsetzen.

Arafat wurde daraufhin zum ersten Kommandanten des Widerstands im Westjordanland ernannt, eine Führungsposition, die in der Organisationsstruktur der Fateh neu war. Bis zu diesem Zeitpunkt hatte es in Fateh keine

Führungspersönlichkeit gegeben, alle Beschlüsse waren vielmehr von den jeweiligen Komitees gemeinsam gefasst worden. Die Vorbereitung des Widerstands in den neu besetzten Gebieten machte es jedoch notwendig, dass eine Person vor Ort unabhängig und schnell entscheiden konnte: Arafat wollte diese Person sein und er konnte sich mit dieser Auffassung auch innerhalb der Bewegung durchsetzen.

Am 28. August ließ Arafat den erneuten, nunmehr zweiten Beginn des Bewaffneten Kampfs durch Fateh proklamieren. Der Zeitpunkt war taktisch richtig gewählt. Wenige Tage später begann die Arabische Gipfelkonferenz in Khartum, auf der die dort versammelten arabischen Regierungen gezwungen werden sollten, den palästinensischen Widerstand wahrzunehmen.

Arafats Scheitern in den besetzten Gebieten

Der zweite Beginn des Bewaffneten Kampfs endete für die palästinensischen Militanten in den besetzten Gebieten in einem Desaster. Die israelische Armee hatte im Juni-Krieg sämtliche Akten des jordanischen Geheimdienstes erbeutet und konnte auf der Grundlage dieser Informationen die Mehrzahl der politisch aktiven und organisierten Palästinenser im Westjordanland verhaften. Unter diesen Bedingungen ein Widerstandsnetz aufzubauen war aussichtslos, auch wenn Fateh selbst weniger Fehler gemacht hätte. Doch sie spielte ihren Gegnern die Trümpfe auch noch zu: Einem Bericht zufolge hatte ein Fateh-Militanter bei seiner Verhaftung eine vollständige Liste mit den Namen von Kontaktpersonen und Mitgliedern bei sich getragen.

Arafat selbst war die große Ausnahme. Er bewegte sich grundsätzlich mit äußerster Vorsicht und entwickelte sehr schnell eine Art sechsten Sinn für drohende Gefahr.

Dies sollte ihm später nicht nur einmal das Leben retten. Im Dezember 1967, so vertrauenswürdige Informationen, sei er dem israelischen Geheimdienst nur um Minuten zuvorgekommen: In Ramallah, so heißt es, habe man ein noch warmes Bett und ein frisch aufgegossenes Glas Tee gefunden. Arafat aber war in letzter Minute über den Jordanfluss entkommen. Für ihn dennoch ein tragisches Ereignis, denn erst knapp 27 Jahre später, im Sommer 1994, konnte Arafat wieder palästinensischen Boden betreten.

Der Versuch Arafats, den nationalen Befreiungskampf in den besetzten Gebieten zu verankern, gar dort eine revolutionäre Basis analog dem chinesischen, vietnamesischen oder selbst kubanischen Beispiel aufzubauen, war schon in den Anfängen gründlich gescheitert. Es sollte genau 20 Jahre dauern, bis dort im Dezember 1987 mit der Intifada eine neue Widerstandsbewegung entstand, dann aber in Form des zivilen Widerstands.

Arafats aktionistische Haltung

Eine grundsätzliche Debatte darüber, was in der konkreten Situation im Westjordanland und im Gaza-Streifen 1967 und unter den besonderen Bedingungen der israelischen Besatzung möglich und angebracht gewesen wäre, fand weder damals noch zu einem späteren Zeitpunkt statt. Auch die Kritik an den Ideen der Fateh zum Bewaffneten Kampf, die der bekannte palästinensische Journalist und spätere linke Fateh-Aktivist Naji Allush aus Birzeit schon 1964 publiziert hatte, wurde eher arrogant übergangen. Man ließ sich stattdessen von einem oft blind anmutenden Aktionismus vorantreiben. Allerdings wird Geschichte häufig auf eben diese Weise gemacht.

Arafat, der unermüdliche Aktivist, spielte dabei die entscheidende Rolle: Die Dinge mussten im Fluss gehalten werden, die Besatzung durfte sich nicht etablieren, der Status quo musste immer wieder geändert werden. Eben deshalb war nach Arafats Auffassung um jeden Preis Widerstand zu leisten, musste die palästinensische Bevölkerung mobilisiert werden.

Was gebraucht wurde, war eine neue palästinensische Nationalbewegung. Überzeugte und zur Aktion bereite Militante, nicht Advokaten und Salonredner sollten sie anführen. Schließlich ging es für Arafat und Fateh jetzt darum, Palästina zu retten, nachdem das gesamte Land unter israelischer Herrschaft stand. Das aber hieß in den Wochen und Monaten unmittelbar nach dem Juni-Krieg, dass zunächst verhindert werden musste, dass die Palästinenser von der politischen Bühne verschwanden. Und damit nicht genug: Arafat vertrat die Meinung, dass sie vielmehr zum entscheidenden Faktor in der Politik des Nahen Ostens werden sollten.

Von wesentlicher Bedeutung war für Arafat und Fateh in diesem Zusammenhang, dass sich die Palästinenser seit 1958/59 gerade wieder auf sich selbst und ihre eigenständige Identität besonnen hatten. Doch nun, knapp neun Jahre später, war nach der verheerenden Niederlage gegen Israel beim palästinensischen Volk eine erneute, dramatische Flüchtlingsmisere eingetreten. Das Ende einer identifizierbaren Existenz Palästinas schien gekommen zu sein.

Gerade deshalb schien sofortiges politisches Handeln notwendig. Arafat war überzeugt, dass nur Fateh, und zwar unter seiner Führung, in der Lage sei, die Befreiung Palästinas zu erreichen. Der Weg dorthin konnte nach dem Krieg 1967 nur über den Widerstand gegen die israelische Militärbesatzung führen. Dieser Widerstand musste ein palästinensischer sein und konnte nur auf der Basis der Wiederherstellung der palästinensischen Identität organisiert werden. Eben dies hatte das Programm, das Fateh in Filastinuna seit 1959 entwickelt und propagiert hatte, gefordert.

Die Schlacht von Karame

Nachdem der Widerstand im Westjordanland schon in seinen ersten Ansätzen zerschlagen worden war, begann Fateh, die palästinensischen Guerillas im Jordantal östlich des Jordan zu organisieren. Hunderte von jungen Palästinensern, aus Europa, aus dem Westjordanland und aus den Flüchtlingslagern in den arabischen Staaten, kamen nach Jordanien, um gegen die israelische Besatzung zu kämpfen. Sie erhielten ihre, meist rudimentäre, militärische Ausbildung in Algerien, Syrien und Ägypten, einige Auserkorene wie Hani al-Hassan durchliefen in China eine intensivere Schulung.

Doch auch Israel blieb nicht tatenlos. Nachdem das israelische Militär im Westjordanland und auch im Gaza-Streifen alle Regungen von Widerstand problemlos hatte unterdrücken können, sollte dem gesamten Guerillaspuk nun ein Ende gesetzt werden. Dazu mussten nach Ansicht der Militärs die zurückgezogenen Stützpunkte der palästinensischen Guerillas, gleich welcher ideologischer Schattierung und organisatorischer Zugehörigkeit, ein für alle Mal zerstört werden.

Am 21. März 1968 sollte der entscheidende Schlag geführt werden. Das jordanische Militär informierte die Palästinenser im Jordantal über einen unmittelbar bevorstehenden israelischen Angriff, der die kleine Ortschaft Karame zum Ziel hatte.

Karame war nach dem Juni-Krieg 1967 zu einem Flüchtlingslager geworden, in dem die palästinensischen Organisationen, darunter auch Fateh, ihre Stützpunkte hatten. Nach den Regeln des Guerillakriegs hätte Arafat nach dieser Warnung den sofortigen Rückzug der bewaffneten Militanten anordnen müssen. Ahmed Jibril, Militärchef bei der 1967 neu gegründeten PFLP (Volksfront zur Befreiung Palästinas), die unter der Führung von Dr. George Habasch stand, hielt sich an diese Guerillaprinzipien. Er zog sich mit seinen Kämpfern zurück in sichere Stützpunkte in den jordanischen Bergen. Arafat aber demonstrierte zum ersten Mal unübersehbar für jeden, der ihn und seine Aktionen genau verfolgte, dass er kein Militär, sondern vielmehr ein Vollblutpolitiker war. Er ließ unzweifelhaft erkennen, dass der Bewaffnete Kampf für ihn eine politische, keine militärische Strategie war. Mit einer Rede vor den etwa 300 Fateh-Guerillas in Karame, in der er die Geschichte regelrecht herausforderte, legte er den Grundstein für den politischen Durchbruch der Fateh: »Die arabische Nation blickt auf uns. Wir müssen unsere Verantwortung als Männer auf uns nehmen, mit Mut und Würde. Wir müssen den Begriff des Standhaltens in dieser Nation wieder zum Leben erwecken. Wir müssen den Mythos von der unbesiegbaren israelischen Armee ein für allemal zerstören.

Wir wollen endlich beweisen, dass es noch Männer gibt in der arabischen Nation, die nicht bei jedem Angriff den Rückzug antreten oder gar wegrennen. Lieber sterben wir unter Panzerketten, wenn wir dadurch den Lauf der Geschichte in unserer Region ändern können.« (Hart 1984, S. 260; Hani al-Hassan 1972, S. 55).

Arafat forderte, dass die Fateh-Kämpfer, die jungen Fida'iyun, sich dem israelischen Angriff stellen sollten. Ein Rückzug würde, so seine politische Einschätzung, ein für alle Mal das Ende des palästinensischen Widerstands bedeuten. Die Führungsgruppe der Fateh in Karame konnte sich nur noch mit der Entscheidung durchsetzen, dass Arafat selbst die Kämpfe aus sicherer Entfernung verfolgen sollte. Schließlich brauchte der Widerstand auch nach Karame noch einen Führer.

Israelische Panzer begannen früh am Morgen ihren Angriff, unterstützt von Artillerie und Luftwaffe. Erst am späten Abend dieses historischen 21. März zogen sich die Israelis nach beträchtlichen Verlusten wieder über den Jordan zurück: 28 Tote, 70 Verletzte, zerstörte und in Karame zurückgelassene Panzer. Der Mythos der bis dahin in der arabischen Welt als unbesiegbar geltenden israelischen Armee war angeschlagen, wenn nicht gar zerstört. Die palästinensischen Verluste waren aber enorm: über 100 Tote, also über ein Drittel der in Karame stationierten Guerillas.

Die jungen Fida'iyun der Fateh hatten den israelischen Panzern zwar einen heldenhaften Kampf geboten, aber es war doch die jordanische Armee gewesen, die mit schwerer Artillerie aus der Sicherheit der jordanischen Berge heraus den israelischen Vorstoß ganz massiv behindert und zu unerwarteten Verlusten geführt hatte.

Brachte Karame für die palästinensischen Widerstandskämpfer auf der einen Seite verheerende Verluste, so bildete es doch zugleich zweifellos den einschneidendsten Erfolg der Fateh: den Durchbruch der Bewegung zum zentralen Akteur auf der Bühne der palästinensischen und der arabischen Politik. Der palästinensische Fida'i wurde zum neuen Helden der Palästinenser, der Araber generell. »Die Schlacht von Karame wurde in der gesamten arabischen Welt als glänzender Sieg gefeiert und um unsere Heldentaten wurden Legenden gewoben. (...) Die palästinensischen Volksmassen tobten vor Begeisterung. Seit Jahrzehnten hatte man sie verhöhnt und gedemütigt. Der Sieg von Karame, für sie der erste Schritt zur Befreiung, erfüllt sie nun mit Stolz. Zu Tausenden, ja Zigtausenden wollten die Jungen ebenso wie die Alten Fateh beitreten. Schüler und Studenten gaben Schule und Studium auf, um sich unseren Reihen anzuschließen«, erinnert sich Abu Iyad (1979, S. 90 und 92). Und Abu Jihad beschreibt eine der Szenen vor Ort in Jordanien noch im März 1968: »Einen Tag nach der Schlacht saßen wir im Schatten einiger Bäume am Stadtrand von as-Salt (jordanische Stadt auf dem Weg vom Jordantal nach Amman, Anmerkung der Autorin). Vor uns wuchsen die Schlangen der Freiwilligen, die sich der ›Revolution‹ (also Fateh, Anmerkung

52

der Autorin) anschließen wollten. Von morgens sieben Uhr bis abends acht Uhr nahmen wir Aufnahmeanträge entgegen.« (Schu'un Filastiniya 77, 1979, S. 69).

Arafat wird zum Sprecher der Fateh ernannt

Arafats politisches Kalkül, das hinter der Entscheidung für den Widerstand in Karame steckte, war voll aufgegangen. Fateh hatte sich als die führende Bewegung in der sich neu herausbildenden palästinensischen Nationalbewegung durchgesetzt. Sie war von nun an auf der palästinensischen und der arabischen politischen Bühne anerkannt. Und auch Yasir Arafats persönliche Pläne erfüllten sich: Nach der Schlacht von Karame wurde er zum offiziellen Sprecher der Fateh ernannt und vertrat diese nun in der Öffentlichkeit. Um die politische Führung der Nationalbewegung übernehmen zu können, musste sie diesen Anspruch nur noch erheben und formal durchsetzen. »Nach Karama«, so Hani al-Hassan, »blieben wir zwar noch dabei von unserer kollektiven Führung zu reden. Und in gewisser Weise war das auch durchaus richtig. Andererseits war es seit Karama von allen Gründern Fatehs, den historischen Führern, wie wir sie nennen, akzeptiert, dass niemand mehr Arafat würde daran hindern können, die dominierende Führungsfigur zu werden.« (Hart 1984, S. 264).

Arafat wird Chef der PLO

Der Gründer und zugleich erste Vorsitzende der PLO, Ahmad Shuqairi, hatte im Dezember 1967, nach nur drei Jahren, seinen Rücktritt erklären müssen. Seine Führung der PLO und die von ihm vertretene Politik waren gescheitert und er hatte nach und nach alle Anhänger verloren. Als Interimsvorsitzender wurde nun Yahya Hammude, der ebenfalls als Rechtsanwalt tätig war, eingesetzt. Ursprünglich sollte Hammude den Vorsitz nur bis zur geplanten Sitzung des Palästinensischen Nationalrates im August 1968 übernehmen. Er behielt jedoch sein Amt bis zur darauf folgenden Sitzung im Februar 1969.

Im August 1968, unmittelbar nach der Schlacht von Karame und dem Durchbruch, den Fateh mit ihrem Bewaffneten Kampf erzielt hatte, nahmen sowohl Fateh als auch einige kleinere Widerstandsorganisationen zum ersten Mal am Palästinensischen Nationalrat teil. Die palästinensische Nationalcharta von 1964, dem Gründungsjahr der PLO, wurde auf dieser Sitzung geändert. Diese Änderung war notwendig geworden, um der neuen politischen Situation Rechnung zu tragen und den Bewaffneten Kampf in der Charta zu verankern.

Der entscheidende neue Passus in Artikel 9 lautete: »Der Bewaffnete Kampf ist der einzige Weg zur Befreiung Palästinas. Es handelt sich daher um eine strategische und nicht um eine taktische Phase.«

Artikel 21 präzisierte wiederum die Lösung, die mit Hilfe des Bewaffneten Kampfs durchgesetzt werden sollte: »Das arabisch-palästinensische Volk, das sich artikuliert durch die bewaffnete palästinensische Revolution, lehnt alle Lösungen ab, die einen Ersatz für die vollkommene Befreiung Palästinas bilden und verwirft alle Vorschläge, die auf eine Liquidierung des Palästinaproblems oder auf eine Internationalisierung abzielen.« (Harkabi 1979, S. 139 und 142).

Im Frühjahr 1969 konnte sich Fateh auch in der Frage der Vertretung der Fida'iyun-Organisationen im Palästinensischen Nationalrat durchsetzen. Die Bewegung erhielt 33 von 105 Sitzen und war damit zur stärksten Fraktion geworden. Yasir Arafat wurde zum Vorsitzenden des Exekutivkomitees der PLO gewählt und Fateh erhielt vier der damals elf Sitze im Exekutivkomitee, dem höchsten

Leitungsgremium der PLO. Damit war es Arafat innerhalb weniger Jahre gelungen, sich den Weg zur Spitze der neuen palästinensischen Nationalbewegung freizukämpfen und deren Führung zu übernehmen, auch wenn es ihm die Mitbegründer der Fateh in den Jahren 1959 bis 1968 nicht leicht gemacht hatten, die angestrebte Leitung und damit letztlich auch Kontrolle zu erlangen. Von jetzt an vereinte Arafat in seiner Hand die wichtigsten palästinensischen nationalistischen Führungspositionen: Er war zugleich Vorsitzender der PLO und deren nunmehr größten Mitgliedsorganisation, Fateh.

PLO und Fateh fordern einen palästinensischen Staat

Die verheerende arabische Niederlage im Juni-Krieg von 1967 und die daraus resultierende Ausdehnung der israelischen Kontrolle über das gesamte historische Palästina veränderten zunächst das politische Ziel der Palästinenser und ihrer Nationalbewegung nicht. Ihnen ging es weiterhin um die Befreiung Palästinas und die Errichtung eines palästinensischen Staates. Fateh hingegen veröffentlichte ihre Forderung nach der Etablierung eines demokratischen Staates im gesamten historischen Palästina erstmals nach dem Juni-Krieg in einer Presse-Erklärung vom Januar 1968. Noch vor der Schlacht von Karame und bevor sich Arafat an die Spitze der PLO stellte, formulierte Fateh hier ihre Vorstellung von einem friedlichen Zusammenleben von arabischen Palästinensern und Juden in einem palästinensischen Staat. »Heute hat das arabische Volk von Palästina beschlossen, sein Schicksal in seine eigene Hand zu nehmen. Heute stellen sie (sic!) mit Waffen und Mut ihre verlorene Würde wieder her. Morgen, nach einem langen und beharrlichen Kampf, der sich durch nichts erschüttern lassen wird und in dem viele

Märtyrer fallen (…), werden sie ihr geliebtes Vaterland Palästina wieder zum Leben erwecken. Fateh und das gesamte palästinensische Volk glaubt an die Gerechtigkeit ihrer Sache und an ihren unausweichlichen Erfolg. Sie wissen auch, dass an diesem Tag die Flagge Palästinas über einem **befreiten, demokratischen und friedlichen Land** wehen wird, dass dann eine neue Ära beginnt, **in der palästinensische Juden wieder Seite an Seite** leben werden **mit** den ursprünglichen Besitzern dieses Landes, **den arabischen Palästinensern.**« (Presse-Erklärung Nr. 1, Fateh, Januar 1968, Hervorhebungen durch die Autorin).

Wie in der Nationalcharta der PLO von 1968 ausgeführt (Artikel 6), waren mit Juden hier in erster Linie die einheimischen Juden, jedoch nicht die zionistischen Einwanderer, gemeint. Wenn Hart behauptet, Fateh habe sich mit ihrer deklarierten Bereitschaft, in einem demokratischen Staat mit allen Juden zusammenzuleben, bei der Abstimmung über die Nationalcharta nicht durchsetzen können, scheint dies eine eher schönmalerische und rückwirkende Interpretation der damaligen Situation zu sein.

Mit der zitierten Presse-Erklärung vom Januar 1968 trat Fateh als politische Gruppierung zum ersten Mal mit der Forderung an die Öffentlichkeit, im Rahmen des arabischen regionalen Systems einen palästinensischen Staat zu schaffen. Damit knüpften die Fateh-Gründer an ihre Erfahrungen als palästinensische Gastarbeiter in Kuwait an: Nur ein eigener Staat konnte für sie die Palästina-Frage lösen. Doch auch eine andere Lehre aus den Jahren in Kuwait lässt sich hier finden: die absolute Respektierung und Anerkennung der Unantastbarkeit aller arabischer Staaten und damit das Prinzip der Nichteinmischung der palästinensischen Nationalbewegung in die inneren Angelegenheiten der Staaten, in denen sie präsent war.

In den folgenden Jahren stand eben diese Problematik im Mittelpunkt der politischen, militärischen und sozialen Entwicklung der im Exil lebenden Palästinenser, so in

Jordanien von 1968 bis 1971 und im Libanon von 1969 bis 1982. Für Yasir Arafat, der nun zugleich Fateh- und PLO-Chef war, bildete sie die erste große Herausforderung an seine politischen Führungsqualitäten und sein staatsmännisch-diplomatisches Geschick.

Die Probleme der PLO in Jordanien

Die Schlacht von Karame etablierte den palästinensischen Widerstand im haschemitischen Königreich als eine politische und militärische Größe. Der Eindruck von Karame war so stark, dass sich sogar König Husain zu dem Ausruf hinreißen ließ: »Wir werden alle Fida'iyun sein!«

Der palästinensische Widerstand in Jordanien: eine schwierige Koexistenz

In Wirklichkeit ging es aber zwischen 1968 und 1970 um die Frage, wie der haschemitische Staat unter der Führung König Husains sich der Herausforderung durch den palästinensischen Widerstand stellen würde. Yasir Arafat wiederum musste als nun allseits anerkannter Repräsentant der PLO und der Fateh sein politisch-diplomatisches Geschick demonstrieren, und das in einer sich dramatisch zuspitzenden Konstellation.

In Jordanien lebten seit 1948 östlich des Jordan Jordanier und Palästinenser als Staatsbürger desselben Staates. Die entscheidenden Positionen im Staat – die wichtigsten Ämter der Regierung und ganz besonders der Armee und des Sicherheitsdienstes – kontrollierten Jordanier. Der erneute Zustrom von über einer Viertelmillion Palästinensern 1967 erschütterte das sowieso schon zerbrechliche Gleichgewicht: Denn nun, so die Schätzungen, lebten mehr Palästinenser als Jordanier im haschemitischen Königreich. Die Etablierung von Stützpunkten des palästinensischen Widerstands im Jordantal verschärfte diese Problematik weiter. Allerdings handelte es sich dort nur um einige hundert Bewaffnete, die sich außerdem in sicherer Entfernung von der Hauptstadt Amman aufhielten. Nach Karame wurde allerdings aus dieser kleinen Gruppe von Militanten ein ganzes Heer von Fida'iyun, deren Zahl sich täglich erhöhte. Deshalb stellte sich sehr schnell die Frage, wer denn nun in Jordanien wirklich die Macht hätte: der König, gestützt auf die jordanische Armee und den Geheimdienst, oder aber die Palästinenser mit ihrem neu entstandenen Widerstand (al-muqawama), ihrer Revolution (al-thaura).

Für Arafat und die Fateh-Führung gab es darauf nur eine Antwort: Jordanien war ein Staat unter der Herrschaft der Haschemiten und König Husains. Der palästinensische Widerstand genoss deren Gastrecht und wollte von dort aus die Befreiung Palästinas vorbereiten. Eine Einmischung in die inneren Angelegenheiten Jordaniens lag Arafat völlig fern.

Doch was Arafat und die gesamte Fateh-Führung nicht sahen oder nicht sehen wollten, war die Tatsache, dass der Widerstand durch seine bloße Existenz in Jordanien eigentlich tagtäglich die Machtfrage stellte. Denn wer war nun die Armee in Jordanien: der Widerstand oder die Arabische Legion, also die jordanisch-haschemitische Armee? Wer war die Regierung, die PLO- bzw. Fateh-Führung oder Husain und sein Kabinett? Diese Frage stellte sich vor allem für die palästinensischen Bewohner Jordaniens. Wo sollte man von jetzt ab den Militärdienst leisten, wo eine Stelle in der Verwaltung annehmen, in den Medien arbeiten, als Arzt eine Klinik eröffnen: beim Staat oder beim Widerstand? Außerdem darf man sich den palästinensischen Widerstand nicht so vorstellen, als wäre er in gut organisierten und disziplinierten Verbänden auf eigenen Stützpunkten stationiert gewesen, fernab von den großen jordanischen Städten. Ganz im Gegenteil: Die neu bewaffneten

Palästinenser waren überall. Und nicht selten provozierten sie Zwischenfälle mit den jordanischen Ordnungsmächten. Arafat und Fateh gelang es in diesen Jahren auch nicht annähernd, eine feste Kontrolle über die angewachsene Bewegung zu etablieren. Man muss sich den Widerstand in Jordanien wahrscheinlich eher als eine Ansammlung von völlig unübersichtlichen und letztlich unkontrollierbaren Verbänden vorstellen. Die Fateh-Führer und Arafat waren all dem schlicht nicht gewachsen.

Die jordanische Armee und der Geheimdienst schauten diesen Entwicklungen wiederum keineswegs tatenlos zu. Offenbar wurden auch von dieser Seite eine ganze Reihe von Provokationen und Zusammenstößen inszeniert, um ein Vorgehen gegen den palästinensischen Widerstand zu rechtfertigen.

Die radikalen Positionen der linken Flügel der PLO

Eine fatale Rolle in dem aufgezeigten Konflikt spielten die nach dem Juni 1967 neu entstandenen linken palästinensischen Organisationen wie die Volksfront zur Befreiung Palästinas (PFLP) unter Dr. George Habasch, gegründet im Dezember 1967, und die Demokratische Front (DFLP), im Februar 1968 von der PFLP abgesplittert und angeführt von Nayef Hawatme. Sie arbeiteten ganz gezielt auf einen Machtkampf zwischen dem haschemitischen Regime und dem palästinensischen Widerstand hin.

Diese Nachfolgeorganisationen der historisch ältesten palästinensischen politischen Bewegung nach 1948 waren 1969 und 1970 nicht bereit, den Führungsanspruch Arafats und der Fateh in Jordanien und in der PLO anzuerkennen. Sie betrachteten sich immer noch als die eigentlich legitimen Vertreter des palästinensischen Widerstands. Mit ihrer erst nach 1967 neu übernommenen marxistisch-leninistischen Ideologie fühlten sie sich Arafat und Fateh gegenüber weit überlegen. Fateh, so die linken Theoretiker, hatte ja noch nicht einmal eine eigene Ideologie. Die Leute um Arafat waren ihrer Ansicht nach für sie einfach nur primitive Nationalisten!

PFLP und DFLP hatten infolge ihrer historischen Erfahrung in Jordanien eine völlig andere Einstellung zur jordanischen Regierung als Arafat und die Fateh. Habasch war 1952 nach Amman gekommen und hatte dort die von ihm in Beirut gegründete Bewegung der Arabischen Nationalisten weiter aufgebaut. Hawatme kam etwas später als Mitglied hinzu. Die Bewegung hatte die Haschemitenmonarchie als »Hort der Reaktion« bekämpft, war in den Untergrund gedrängt und verboten worden, und schon 1957 hatte Habasch aus Jordanien fliehen müssen. Schon wenige Monate nach Karame forderten Habasch und Hawatme den Sturz der haschemitischen Herrschaft und an ihrer Stelle den Aufbau eines palästinensischen Hanoi in Jordanien.

Der »Schwarze September«: Krieg zwischen den Palästinensern und Jordanien

Die neuen linken Organisationen DFLP und, mit einiger Verspätung, die PFLP versuchten in Jordanien spätestens ab 1970 den Sturz König Husains zu provozieren. Ihr Ziel war es, die Übernahme der Macht durch den Widerstand durchzusetzen. Zugleich mussten die linksgerichteten Agitatoren immer wieder zugeben, dass ihre Stärke dazu nie ausgereicht hätte. Arafats Fateh stellte sich dem in aller Entschiedenheit entgegen und beharrte auf der Politik der Nichteinmischung. Allerdings war Fateh damals nicht in der Lage, die kleineren linken Organisationen effektiv in Schach zu halten. Die Spannungen zwischen Palästinensern und der Monarchie nahmen infolge der provokativen Reden und Schlagworte der Linken mehr und mehr zu.

Die Flugzeugentführungen durch die PFLP sollten die Situation zur Explosion bringen. Sie müssen allerdings viel mehr im Kontext der diplomatisch-politischen Entwicklungen in der Region gesehen werden, als auf der Ebene der jordanisch-palästinensischen Auseinandersetzungen. Nasser hatte nämlich im Juli den (zweiten) Rogers Plan angenommen (s. S. 69).

Schon 1968 hatte die PFLP erste Flugzeugentführungen durchgeführt. Nach ihrer Gründung im Jahr 1969 wurden sie von der DFLP entschieden kritisiert. Nach deren Meinung verwechselte die PFLP nämlich den »Kampf der Massen« mit individuellem Terrorismus. Auch Arafat äußerte im März 1969 scharfe Kritik an diesem Versuch, die Weltöffentlichkeit auf die Palästina-Frage aufmerksam zu machen. »Wir lehnen derartige Angriffe auf Flugzeuge kategorisch ab und verurteilen sie, zumal sie zu einem Zeitpunkt kommen, da wir weltweit politisch Fortschritte machen.« (Jerusalem Post, 19. März 1969).

Anfang September 1970, nachdem Nasser sich zu einer diplomatischen Lösung des Konflikts mit Israel bereit erklärt hatte, führte die PFLP ihre spektakulärsten Flugzeugentführungen durch: Ein Flugzeug der Pan Am nach Kairo sowie Flugzeuge der Swiss Air, der TWA und der BOAC nach Jordanien wurden gekapert; nach der Evakuierung der Passagiere wurden die Maschinen gesprengt. Zusammengenommen gab dies das Startzeichen zum Krieg. Auf diesen hatte sich die jordanische Armee im Gegensatz zu den palästinensischen Widerstandsgruppen gut vorbereitet. Sie war den palästinensischen Fida'iyun zahlenmäßig klar überlegen: Etwa 65 000 Soldaten standen 25 000 (so die Armeeangaben), wahrscheinlich aber nur 15 000 bis 20 000 Guerillas (so private Angaben jordanischer Militärs) gegenüber (vgl. Sayigh 1997, S. 263). Hinsichtlich Bewaffnung, Ausrüstung und militärischer Ausbildung konnten die Fida'iyun den Soldaten der jordanischen Armee ebenfalls nicht das Wasser reichen.

Wider Willen wurden Arafat und Fateh, wurde die PLO überhaupt, in eine Auseinandersetzung gezogen. Bis zuletzt hatte Arafat versucht, dies mit immer neuen Verhandlungsrunden, Stillhalteabkommen und Waffenstillstandsvereinbarungen zu vermeiden. In der sich zuspitzenden Situation hatte König Husain Arafat im Juni 1970 sogar aufgefordert, er solle die Regierung übernehmen und ein neues Kabinett bilden (Sayigh 1997, S. 252), um so eine friedliche Lösung des drängenden palästinensisch-jordanischen Konflikts zu erreichen. Husains Kalkül war es möglicherweise, dass er auf diese Weise Arafat und den Widerstand unter seine Herrschaft hätte einbinden können. Doch Arafat hatte abgelehnt. Anders als die palästinensische Linke war er nicht an der Macht in Jordanien interessiert. Ihm ging es damals ausschließlich um die Befreiung Palästinas. Wer dort nach der Befreiung die Macht übernehmen sollte, stand 1970 noch nicht zur Debatte.

Am 17. September begann die jordanische Armee mit ihrem Angriff auf den palästinensischen Widerstand und auf die riesigen Flüchtlingslager in Amman. In den nun folgenden blutigen Schlachten des »Schwarzen September«, kamen knapp 1000 Bewaffnete und zwischen 2000 und 3000 Zivilisten ums Leben – nahezu ausschließlich in den palästinensischen Flüchtlingslagern. Die Verluste auf der Seite der jordanischen Armee betrugen mehrere hundert Tote und 1500 Verletzte.

Die jordanische Armee konnte Abu Iyad und Abu Lutf (Faruq Qaddumi) verhaften und war fieberhaft auf der Suche nach Yasir Arafat, der endgültig aus dem Weg geräumt werden sollte.

Arafats Flucht aus Jordanien

Und wieder einmal entkam Yasir Arafat seinen Verfolgern nur um Haaresbreite. Eine Delegation der Arabischen Gipfelkonferenz, die in Kairo tagte, war in Amman, um einen Waffenstillstand zwischen König Husain und den Palästinensern zu vermitteln. Der sudanische Präsident Numairi und der damalige Kronprinz von Kuwait, Scheich Sa'd al-Abdallah al-Sabah, waren es, die Arafat aus der Stadt schmuggelten. Der kuwaitische Kronprinz, den Arafat noch aus seiner Zeit in Kuwait kannte, ergriff die Initiative: »Wir stecken beide in dieser Geschichte. Entweder werden wir beide erschossen oder wir überleben zusammen.« (Gowers/Walker 1991, S. 112). Arafat musste sich in die weißen kuwaitischen Gewänder (jalabiya) hüllen, dazu den passenden Kopfschmuck tragen anstelle der palästinensischen Kefiya, die längst zu seinem Markenzeichen geworden war. Als Mitglied der kuwaitischen Delegation verließ er, zusammen mit Numairi und dem Scheich Sa'd al-Abdallah, das Hotel. Ungehindert fuhren sie zum Flughafen, von wo aus die gesamte Delegation, gemeinsam mit dem geretteten Yasir Arafat, nach Kairo flog.

Dort konnte schließlich durch die Vermittlung von Präsident Gamal Abdel Nasser am 27. September ein abschließender Waffenstillstand von Arafat und König Husain unterzeichnet werden. Nur einen Tag später starb Nasser an Herzversagen. Für den palästinensischen Widerstand, für die Fateh, vor allem aber für Arafat selbst war dies ein schwerer Verlust. Denn Nasser war nach dem Niedergang des arabischen Nationalismus 1967 zu einem überaus wichtigen Verbündeten geworden.

Der »Schwarze September« in Jordanien sollte nicht das Ende des palästinensisch-jordanischen Konflikts sein. Die Spannungen bauten sich erneut auf und im Juni 1971 versetzte die jordanische Armee in Ajlun dem palästinensischen Widerstand, der sich inzwischen in den Norden zurückgezogen hatte, den entscheidenden und letzten Schlag. Wieder hatten die Palästinenser Hunderte von Toten zu beklagen, Tausende wurden verhaftet. Wer überlebt hatte und der Verhaftung entkommen war, zog nach

Norden und über Syrien in den Libanon. Dort sollte der Widerstand bis zum Jahr 1982 aktiv sein.

Gründe für Arafats Scheitern in Jordanien

Die jordanische Ära des palästinensischen Widerstands war nun endgültig beendet. Arafat war damit gescheitert, am proklamierten Prinzip der Nichteinmischung in die inneren Angelegenheiten des arabischen »Gastlandes« festzuhalten. Statt in Jordanien eine stabile Basis für einen Guerillakrieg gegen Israel aufzubauen, hatte Arafat sich in sinnlose, kostspielige und letztlich für den palästinensischen Nationalismus irrelevante Machtkämpfe hineinziehen lassen.

Hani al-Hassan meint rückblickend: »Ich glaube, wir haben Jordanien verloren, weil Arafat sich weigerte, die Linken zur Disziplin zu rufen. Ich denke, es war richtig, mit den Linken und den Radikalen eine Debatte zu führen, ohne jeden Druck. Aber als wir uns für einen politischen Kurs entschieden hatten, nämlich den der Zusammenarbeit mit König Husain, hätten wir all die disziplinieren und bestrafen müssen, die diesen Kurs nicht akzeptierten und die einen Waffenstillstand nach dem anderen brachen, den wir zuvor mit dem König ausgehandelt hatten.« (Hart 1984, S. 330).

Mitten in der Krise hatte Hani al-Hassan mit Arafat diskutiert: »Abu Ammar, Du musst etwas tun. Du musst sie liquidieren!« Arafat antwortete mit einem kategorischen Nein. Hani al-Hassan konnte nur noch verzweifelt mit dem Kopf schütteln und sagen: »Abu Ammar, das ist Wahnsinn!« Und dann erinnert sich Hani al-Hassan an die ruhige Antwort Arafats, die dieser ihm mit einem traurigen Lächeln gab: »Hani, Du bist noch sehr jung und musst noch viel lernen. Du hast völlig recht, dass Du gegen diese Linken bist, und gegen unsere Brüder, die sich gegen mich verschworen haben. Ich bin sogar viel entschiedener gegen die als Du. Aber wir können sie nur politisch fertig machen. (...)

Wir können unsere Situation nicht mit der in Algerien vergleichen. Wir können unsere Situation überhaupt mit keiner anderen Befreiungsbewegung vergleichen. Unsere Situation ist einzigartig, weil wir nicht in unserem eigenen Land sind. Und eben deshalb sind unsere Feinde überall, um uns herum und in unserem Innern. Wenn wir anfangen, wirklich untereinander und gegeneinander zu kämpfen, dann gibt dies unseren Feinden die Chance, gegen uns vorzugehen und uns zu zerstören, genau wie sie es 1936 gemacht haben.« (Hart 1984, S. 333).

Dieser kurze Dialog reflektiert sehr genau und äußerst bildhaft den ganz spezifischen Führungsstil von Yasir Arafat. Er ist zuerst und vor allem ein Konsenspolitiker, der harte politische Auseinandersetzungen und die notwendigen Konsequenzen aus diesen vermeidet, wann immer möglich. Sein Prinzip ist das der Einbindung aller politischen Kräfte des palästinensischen Nationalismus, innerhalb der PLO und innerhalb der Fateh – allerdings unter seiner ausschließlichen Kontrolle. Damit hat er sich von 1969 bis heute an der Macht gehalten. Viele sinnlosen Konflikte konnte er auf diesem Weg vermeiden. Aber er konnte, was sicher schwerwiegender ist, Katastrophen wie den »Schwarzen September« und die Vertreibung des Widerstands aus Jordanien im Sommer 1971 damit nicht verhindern. Ob jedoch ein anderer Führungsstil den Ausbruch des Konflikts in Jordanien hätte verhindern können, ist mehr als fraglich. In Jordanien gab es nur Raum für eine einzige politische und militärische Führung.

Für Arafat, für Fateh, für die PLO, für die gesamte palästinensische Nationalbewegung galt es nun, den Blick nach vorne zu richten, um eine neue Basis für ihren Befreiungskampf zu finden und aufzubauen. Eine Minderheit in Fateh und in den linken Organisationen versuchte, dafür die entsprechenden Lehren aus dem Scheitern in Jordanien zu ziehen. Die Führung unter Arafat aber machte sich an den Aufbau des Widerstands im Libanon, wo die PLO mit allen ihren Organisationen bis 1982 präsent sein sollte.

Arafats Weg vom Revolutionär zum Realpolitiker: 1967 bis 1974

Die Reaktion der UN auf die territorialen Besetzungen durch Israel 1967

Die einschneidendste Folge des Juni-Kriegs von 1967 war die israelische Besetzung von ägyptischem, jordanischem bzw. palästinensischem und syrischem Territorium. Die internationale Gemeinschaft antwortete darauf schließlich im November 1967 mit der Resolution 242 des UN-Sicherheitsrates.

Prinzipiell betonte die Resolution, dass der Erwerb von Land durch kriegerische Aktionen nicht statthaft sei (»the inadmissability of the acquisition of territory by war«) und dass eine gerechte und dauerhafte Friedenslösung erarbeitet werden müsse, damit alle Staaten der Region in Frieden und Sicherheit leben könnten (»the need to work for a just and lasting peace in which every State in the area can live in security«). Die spezielle Forderung der UN an Israel lautete in der englischen Version, es solle seine Streitkräfte aus »besetzten Gebieten« zurückzuziehen. In der französischen Übersetzung hieß es an dieser Stelle aus »den besetzten Gebieten«. Erst die ambivalente englische Formulierung, die sowohl »aus allen Gebieten« als auch »aus fast allen Gebieten« bedeuten konnte, garantierte die einstimmige Verabschiedung der Resolution. Implementiert, also konkret umgesetzt, wurde sie jedoch bis heute nicht, weder in der restriktiven noch in der weiter gefassten Auslegung. Die arabischen Staaten, mit Ausnahme Syriens, akzeptierten die Resolution 242 unmittelbar nach der Abstimmung im Sicherheitsrat.

Israel übermittelte dem UN-Unterhändler Jarring schon im Februar 1968 seine Zustimmung, nahm die Resolution aber erst im August 1970 öffentlich an. Mit dieser öffentlichen Akzeptanz signalisierte Israel zwar den Willen zu einer Umsetzung von 242, faktisch kam es aber dazu nie.

Die Palästinenser lehnten die Resolution ab. Der Grund: Die Palästina-Frage tauchte in der gesamten Resolution mit keinem Wort auf. Paragraph II b forderte lediglich eine »gerechte Lösung des Flüchtlingsproblems« (»achieving a just settlement of the refugee problem«). Für die Palästinenser war ihr Schicksal seit 1948 und nach einem weiteren Krieg 1967 jedoch ein politisches, ein nationales Problem und keine bloße humanitäre Frage.

Warum die Resolution 242 nicht umgesetzt wurde

Die israelische Politik bildet den entscheidenden Grund dafür, dass 242 nicht umgesetzt wurde, wie wir heute durch Einsicht in zahllose Dokumente und publizierte Erinnerungen wissen. Israel weigerte sich, auf irgendeines der Friedensangebote der arabischen Nachbarstaaten einzugehen.

Noch bis Ende 1967 hatte König Husain sich dreimal mit israelischen Vertretern getroffen und diesen, auch im Namen Ägyptens, erste Verhandlungs- und Friedensangebote gemacht (Shlaim 2000, S. 258–261). Obwohl während der Arabischen Gipfelkonferenz von Khartum Anfang September drei kategorische Neins gegenüber Israel (Nein zur Anerkennung, Nein zu Verhandlungen, Nein zum Frieden) beschlossen wurden, signalisierte die arabische Seite in der Folge dennoch immer wieder Verhandlungsbereitschaft.

Die endlos wiederholte israelische Klage, es gäbe keine Verhandlungspartner auf der anderen Seite oder der erwartete Anruf aus den arabischen Hauptstädten sei ausgeblieben, hatte keine Basis in der Realität, wie zuletzt der in Oxford lehrende israelische Historiker Avi Shlaim zeigen konnte.

Angesichts dieser Lage entschied sich Nasser dafür, die Implementierung von 242 durch militärische Angriffe gegen Israel durchzusetzen und Israel mit Gewalt zum Frieden zu zwingen. Der Abnutzungskrieg am Suezkanal zwischen März 1969 und Juli 1970 stellte dabei seine wichtigste Strategie dar. Er hatte im März 1969 mit einer groß angelegten Offensive der ägyptischen Armee begonnen. Fast eineinhalb Jahre lang setzte die ägyptische Armee ihre schweren Artillerieangriffe gegen die israelischen Positionen auf der östlichen Seite des Kanals fort. Israel antwortete zunächst mit einer defensiven Taktik und baute eine massive Befestigungslinie, benannt nach ihrem Initiator, General Bar-Lev. Ende Dezember 1969 änderte Israel seine Strategie und begann nun mit Bombenangriffen bis tief ins ägyptische Hinterland. Der Krieg endete erst mit einem Waffenstillstand im August 1970, auf der Basis von Rogers Plan B. Die Unterstützung des palästinensischen Widerstands an den Fronten im Osten (Jordanien, Syrien, Libanon) ist als eine Art Ergänzung dazu zu verstehen.

Die Friedenspläne, die der amerikanische Außenminister William Rogers auf der Grundlage von 242 im Dezember 1969 und, in einer modifizierten Form, im Juni 1970 (Rogers Plan B) vorschlug, wurden von Ägypten sofort angenommen. Rogers Vorschlag bestand im Wesentlichen aus der Aufforderung an Israel, sich auf die internationalen Grenzen von 1967 zurückzuziehen, mit nur minimalen Modifikationen im Interesse der gegenseitigen Sicherheit, sowie einer Lösung der palästinensischen Flüchtlingsfrage. Israel lehnte Rogers ersten Plan ab und stimmte nur mit Vorbehalten Plan B zu. Letzterer ging von drei Stufen aus: einem dreimonatigen Waffenstillstand an der ägyptischen Front, einer Erklärung von Israel, Ägypten und Jordanien zur Zustimmung zu 242 und schließlich der Bereitschaft Israels, sofort nach In-Kraft-Treten des Waffenstillstands Verhandlungen mit Ägypten und Jordanien unter der Vermittlung von UN-Unterhändler Dr. Jarring aufzunehmen.

Auch der Nachfolger von Nasser im Amt des ägyptischen Präsidenten, Muhammad Anwar al-Sadat, setzte den Kurs seines Vorgängers fort und versuchte, ein Friedensabkommen mit Israel, zumindest aber ein Interimsabkommen, durchzusetzen. Golda Meir, von 1969 bis 1974 Premierministerin in Israel, lehnte alle ägyptischen Vorstöße in Richtung Frieden jedoch kategorisch ab. Im Februar 1973 startete Sadat seinen letzten Versuch, indem er mit den USA verhandelte, die dann ihrerseits Druck auf Israel ausüben sollten. Henry Kissinger, der Nachfolger von William Rogers als amerikanischer Außenminister, war dazu allerdings nicht bereit. Was die Palästina-Frage anging, so war Kissingers Außenpolitik von einer Haltung geprägt, die mit der israelischen praktisch identisch war: Ein Stillstand im Nahen Osten, so deren Prinzip, war sowohl im Interesse der USA als auch im Interesse Israels. Auf arabische und sowjetische Interessen wirkte sich dieser Stillstand dagegen negativ aus. Auf dieser Basis wurde Israel zum wichtigsten strategischen Verbündeten der USA in der Region.

Der Oktober-Krieg 1973

Am 6. Oktober 1973 starteten ägyptische und syrische Truppen einen Überraschungsangriff auf Israel. Die arabischen Ölstaaten erhöhten die Erdölpreise um 70 Prozent und begannen, ihre Erdölförderung um monatlich fünf Prozent zu reduzieren, bis Israel sich aus den besetzten

Gebieten zurückgezogen hätte. Gegen Israel wurde ein Ölembargo erhoben. Schließlich beschloss die OPEC im Dezember eine Verdoppelung der Erdölpreise.

Heute wissen wir, dass der Erdölkrieg nur sehr am Rande mit dem israelisch-arabischen Konflikt zu tun hatte. Vielmehr ging es hier um die sich verändernde Struktur des internationalen Energiemarkts und des Energiesystems (Pawelka 1993).

Zu Beginn erlitt Israel schwere Niederlagen, gewann aber bald wieder die Oberhand. Mit den Erfolgen in der ersten Phase des Oktoberkriegs von 1973 hatte Ägypten jedoch sein Ziel erreicht, wieder Bewegung in die Situation zu bringen: »Das arabische Ziel im Oktober-Krieg war es, den toten Punkt zu sprengen, eine internationale Krise zu provozieren, welche die Großmächte zwingen würde zu intervenieren und Druck auf Israel auszuüben, dass es sich aus den 1967 besetzten Gebieten zurückziehe.« (Shlaim 2000, S. 319).

Mit dem Oktober-Krieg verfolgten Sadat und Assad also ein klar formuliertes politisches Ziel. Der Krieg war in ihren Augen, gemäß der klassischen Formulierung von Clausewitz, »die Fortsetzung der Politik mit anderen Mitteln« (Shlaim 2000, S. 319).

Terror als Synonym für die palästinensische Frage

Zwischen 1968 und 1973 berichteten die Medien immer wieder über spektakuläre Aktionen palästinensischer Extremisten, die mit ihren Terrorangriffen (hier im Sinne von Angriffen gegen unbeteiligte Zivilisten, gleich welcher Nationalität, die nach dem Zufallsprinzip zu Zielen dieser Angriffe gemacht werden) die Welt in Schrecken versetzten. Mit den Anschlägen verfolgten die Palästinenser in erster Linie zwei Ziele: Zum einen verstanden sie die Anschläge als Rache für das den Palästinensern von Seiten Israels und Jordaniens zugefügte Schicksal. Zum anderen aber sollten diese Angriffe, Attentate und Terrorattacken die weltweite Aufmerksamkeit auf die ungelöste Palästina-Frage lenken. Drittens sollte dadurch internationale Unterstützung für die Palästinenser mobilisiert werden.

Während die Terrorakte das zweite Ziel zweifellos erreichten, hielt sich die Unterstützung für die palästinensischen Forderungen doch in Grenzen. Im Gegenteil: Jede Chance, weltweit Sympathie für die Palästinenser hervorzurufen, wurde nachhaltig untergraben, ihre Sache durch die Anschläge regelrecht diskreditiert.

Flugzeugentführungen und die Geiselnahme bei den Olympischen Spielen in München

Die dramatische Geiselnahme bei den Olympischen Spielen in München im Sommer 1972 rückte die Palästina-Frage ins Licht der internationalen Öffentlichkeit. Ein achtköpfiges Kommando des »Schwarzen September«, das unter dem Code-Namen Ikrit und Biram[1] operierte, drang im Olympischen Dorf in den Bungalow der israelischen Athleten ein. Zwei Sportler wurden im ersten Handgemenge erschossen, die restlichen neun als Geiseln genommen.

Das Kommando des »Schwarzen September« forderte die Freilassung von 200 verhafteten Palästinensern in Israel. Die israelische Regierung lehnte diese Forderung kategorisch ab. Die damalige Premierministerin Israels, Golda Meir, formulierte ihre Position mit folgenden Wor-

---

1 Namen von zwei christlichen Dörfern im nördlichen Galiläa, nahe der israelisch-libanesischen Grenze. Sie waren nach 1948 zerstört worden, obwohl man den Bewohnern schon damals nach einer ersten Evakuierung versprochen hatte, sie könnten innerhalb kurzer Zeit wieder zurückkehren. Trotz mehrerer Gerichtsbeschlüsse, zuletzt durch das israelische Oberste Gericht, verhindert die israelische Regierung bis heute die Rückkehr der Dorfbewohner. In der Ruine der Kirche halten die Vertriebenen jährlich Gedenkgottesdienste ab.

ten glasklar: »Wenn wir jetzt nachgeben, wird kein Israeli mehr irgendwo in der Welt sicher sein.«

Die deutschen Behörden versuchten einen Kompromiss, gingen dem Anschein nach auf die Palästinenser ein und brachten sie, zusammen mit ihren Geiseln, zum Militärflughafen bei Fürstenfeldbruck. Dort versuchte ein deutsches Kommando-Team, die Geiseln zu befreien, scheiterte damit allerdings kläglich: Alle Geiseln wurden getötet, fünf Palästinenser erschossen, drei von ihnen verwundet und verhaftet. Auch ein deutscher Polizist starb bei dem Einsatz und ein Pilot wurde verwundet.

Wer steckte hinter der Terrororganisation »Schwarzer September«?

Wer waren die Palästinenser, die sich unter dem Namen »Schwarzer September« organisiert hatten, was waren ihre Ziele und was bewog sie, die Olympischen Spiele als Plattform für politische Forderungen zu benutzen und mitten in Europa israelische Sportler anzugreifen?

Den »Schwarzen September« bildete eine im Untergrund operierende extremistische Gruppe innerhalb der Fateh. Als ihr Gründer und Führer trat Abu Iyad auf, einer der Mitgründer von Fateh, mit dem Arafat zu dieser Zeit tief greifende Differenzen hatte und gegen den er einen regelrechten Machtkampf innerhalb der Bewegung führte (Sayigh 1997, S. 306ff.). Die Gruppe plante zunächst Attentate gegen jordanische Politiker, als Rache für die Ereignisse des Schwarzen September 1970 in Jordanien. Wasfi al-Tall, der jordanische Premierminister, wurde im November 1971 ihr erstes Opfer. 1972 entführte ein Kommando des »Schwarzen September« erstmals ein Flugzeug: eine Maschine der Sabena, besetzt mit 100 Passagieren, die sich auf dem Flug von Brüssel nach Tel Aviv befand. Die Entführer landeten mit ihren Geiseln auf dem Flughafen von Lydda (heute Ben-Gurion-Flughafen) und forderten die Freilassung von in Israel inhaftierten Palästinensern. Israel ging auf diese Forderungen jedoch nicht ein. Stattdessen stürmte ein Kommando die Maschine. Dabei wurden zwei Palästinenser getötet und zwei weitere verhaftet, auch ein Passagier kam bei dem Einsatz ums Leben.

Eine Fateh-Zeitung kommentiert den Vorfall folgendermaßen: »24 Stunden lang konzentrierte sich die Aufmerksamkeit von Hundert Millionen von Arabern auf den Flughafen von Lydda. Einen ganzen Tag lang hielten alle Revolutionäre den Atem an, als sie verfolgten, was auf dem besetzten palästinensischen Flughafen passierte. Überall auf der Welt fragte man sich erstaunt, was denn hier passierte.« (Fateh Nr. 338, 17. Mai 1972).

Ziel der Fateh war es, wie Abu Iyad erklärte, »die Welt spüren zu lassen, dass es ein palästinensisches Volk gibt«.

Wie bereits erwähnt begann die PFLP als erste palästinensische Organisation damit, Flugzeuge zu entführen, um international auf das Palästina-Problem aufmerksam zu machen. Die Entführung eines EL-AL-Flugzeugs im Juli 1968 konnte unblutig beendet werden. Alle israelischen Geiseln wurden im Austausch für 15 in Israel inhaftierte Palästinenser befreit. Die spektakulärsten Aktionen der PFLP aber waren die Flugzeugentführungen nach Jordanien im September 1970. Alle Passagiere wurden freigelassen, die Flugzeuge anschließend in die Luft gesprengt. Ihren Höhepunkt hatten die PFLP-Aktionen in den Jahren 1968 bis 1971. Danach dominierten die Terroranschläge des »Schwarzen September« die internationalen Schlagzeilen mit Flugzeugentführungen und Attentaten.

Arafats Haltung zu den Flugzeugentführungen

Arafat kritisierte von Anfang an die Flugzeugentführungen und Geiselnahmen durch die PFLP. Seiner Meinung nach erlaubten derartige Aktionen den Gegnern der Palästinenser, sie als »falsche Revolutionäre und als Leute ohne jegliche Prinzipien darzustellen« (Le Monde, 12. November 1970). Faruq al-Qaddumi, ein weiterer Fateh-Führer der ersten Stunde, führte die Kritik Arafats in der arabischen Presse weiter aus. Er sprach dabei von »infantilen Slogans« der Linken, »fehlgeleitetem Verhalten (...) wie zum Beispiel Flugzeugentführungen«. Schließlich nahm er Bezug auf das Problem des internationalen Terrorismus generell und kritisierte diesen als »nichts mehr als einen Publicity Stunt der uns beinahe die Unterstützung und den Rückhalt der internationalen öffentlichen Meinung gekostet hätte« (Sayigh 1997, S. 270).

Ob Arafat von den Plänen für den Anschlag in München gewusst hat, ist unklar, aber eher unwahrscheinlich. Allerdings gab es keine klare Verurteilung dieser Aktion im Besonderen. Khaled al-Hassan vertrat die Auffassung: »Solange ein Volk Unterdrückung erleiden muss, (...) ist eine Organisation wie der Schwarze September eine natürliche Reaktion.«

Arafat argumentierte in ähnlicher Weise: »Gewaltsame politische Aktionen im Zusammenhang einer breiten Volksbewegung können nicht als Terrorismus bezeichnet werden (...) unter bestimmten objektiven Bedingungen sind sie in einer bestimmten Phase angemessen.« (Sayigh 1997, S. 309).

Nach München jedoch war für Arafat klar: Aktionen wie die des »Schwarzen September« drohten, alle diplomatischen Erfolge der PLO zu untergraben und zunichte zu machen. Abu Iyad musste gestoppt werden.

Distanzierung vom Terror

Spätestens im Frühjahr bzw. im Sommer 1973 distanzierten sich zuerst Fateh, dann die PFLP von Flugzeugentführungen und von dem, was man zu dieser Zeit den »Internationalen Terrorismus« nannte: Gruppen wie die deutsche »Rote Armee Fraktion«, die französische »Action directe«, die japanische »Rote Armee«. Von nun an waren es ausschließlich Splittergruppen unter der Führung von Dissidenten wie Wadi' Haddad von der PFLP und Abu Nidal von Fateh, die überall in der Welt regelrechten Terror verbreiteten. Abu Nidal, der nacheinander in den Diensten des irakischen und libyschen Regimes stand und dessen Organisation zudem vom israelischen Geheimdienst Mossad unterwandert war, suchte sich seine Opfer vor allem unter palästinensischen Fateh-Politikern, die im Auftrag von Arafat politisch-diplomatische Initiativen mit gesprächsbereiten Israelis gestartet hatten.

Israel antwortet auf palästinensische Terrorakte mit Staatsterror

Die israelische Antwort auf die Geiselnahme in München bestand in einem massiven Bombenangriff auf palästinensische Flüchtlingslager im Libanon, bei dem etwa 200 Männer, Frauen und Kinder getötet wurden. Im Anschluss daran begann der israelische Geheimdienst Mossad in einer staatlich sanktionierten Terrorkampagne gegen die PFLP und den »Schwarzen September« vorzugehen. Es ging ausschließlich darum, diese »Terroristen« zu töten; ob dabei wirklich die richtigen »Täter« getroffen wurden, blieb letztlich immer offen. Diesen Eindruck verstärkt schon eine kurze Liste von Mossad-Opfern: Wa'el Zu'aiter, PLO-Vertreter in Italien; Mahmud Hamshari, PLO-Vertreter in Paris; Ghassan Kanafani, Schriftsteller und offizieller Sprecher der PFLP in Beirut; Kamal Nasser, Poet (aus Birzeit) und offizieller Sprecher der PLO in Beirut. Unter den Opfern befanden sich viele intellektuelle Köpfe des palästinensischen Widerstands im Exil, die den Palästinensern heute, als Ergänzung oder als Alternative zu Arafat, fehlen.

In den siebziger und achtziger Jahren setzte der israelische Geheimdienst seinen Rachezug gegen die PFLP, aber

vor allem gegen die wirklichen oder angeblichen Verantwortlichen des »Schwarzen September« fort: Im April
1973 erschoss ein Kommando unter der Führung des späteren israelischen Premierministers Ehud Barak drei Fateh-
Führer in Beirut: Yusuf an-Najjar, Kamal Adwan und Kamal Nasser. Im Januar 1979 wurde Ali Hassan Salameh in
Beirut mit einer Autobombe in die Luft gesprengt. Im Juli
1981 schoss man in Warschau auf Abu Da'ud und verwundete ihn. Im Frühjahr 1988 wurde Abu Jihad vor den
Augen seiner Familie in Tunis im Kugelhagel israelischer
Geheimdienstagenten regelrecht hingerichtet. Im Januar
1991 folgte abschließend der Mord an Abu Iyad in Tunis.
Hier ist unklar, inwieweit die Gruppe um Abu Nidal und
inwieweit der Mossad darin verwickelt sind (Seale 1992).

Eine eindeutige Zuweisung der Verantwortung für einzelne Attentate bzw. Morde ist nicht immer möglich. Eine
Reihe von Untersuchungen über Terrorismus im israelisch-palästinensischen Konflikt weisen darauf hin, dass
alle palästinensischen Organisationen massiv durch den
israelischen Geheimdienst unterwandert sind (Seale 1992;
Black and Morris 1991).

Eine Alternative für Nahost: ein palästinen-
sischer Kleinstaat in Koexistenz mit Israel

In den letzten Monaten vor dem Oktober-Krieg 1973 er-
öffneten sich für die palästinensischen Nationalisten in
der PLO erstmals klare politische Optionen. Sollte Ägypten mit dem geplanten Krieg gegen Israel Erfolg haben,
würde es zu einer Friedenskonferenz kommen, zu der
nunmehr auch die PLO eingeladen werden würde. Diese
günstige Chance ergriff die PLO-Führung, um sich klar
gegen den »Terror« auszusprechen und die Anschläge, die
kontraproduktiv für die palästinensische Sache und für
die politischen Zielen der PLO waren, zu stoppen. Arafat

selbst hatte die Fateh-Bewegung nach dem jordanischen Debakel bis zum Sommer 1972 unter seine direkte Kontrolle bringen können. Zwar war er bereits seit 1967 ihr offizieller Sprecher, doch wie beim Schwarzen September bereits erwähnt, war es schwierig, die verschiedenen Verbände der Widerstandskämpfer zu steuern. Im Januar 1973 setzte Arafat außerdem in der PLO die Etablierung eines Obersten Militärrates durch, über den er seine Kontrolle über die militärischen Aktivitäten aller Guerillagruppen ausbauen konnte. Für Arafat war damit der Weg frei, einen ersten Versuch zu unternehmen, die politischen Ziele der palästinensischen Nationalbewegung auf politisch-diplomatischem Wege durchzusetzen.

Spätestens seit 1968 war, wie gezeigt, das politische Ziel von Arafats Fateh die Errichtung eines demokratischen Staates in Palästina, an der Stelle des Staates Israel. Die reale Entwicklung in der Region ließ diesen Plan jedoch sehr schnell obsolet werden.

Wir erinnern uns: Der Versuch der Fateh, 1967 unter der Führung Arafats einen Volksaufstand in den neu besetzten Gebieten zu starten, war gescheitert. In Jordanien hatte sich König Husain durchgesetzt und die Idee von einem »arabischen Hanoi« als Illusion entlarvt. Alle arabischen Staaten, mit einiger Verspätung im Jahre 1972 auch Syrien, hatten die Sicherheitsresolution 242 und damit die Existenz des Staates Israel akzeptiert. Die USA hatten Israel zu ihrem strategischen Verbündeten in der Region gemacht. Die andere Großmacht in den Jahren des Kalten Kriegs, die Sowjetunion, hatte seit 1948 konsequent an seiner Anerkennung Israels festgehalten. Als Präsident Nasser sich 1970 für die Annahme des Rogers Planes entschied, hatte er mit aller Wahrscheinlichkeit auch seinen neuen Verbündeten Yasir Arafat kontaktiert. Arafat dürfte dabei auch gefragt worden sein, welche Perspektiven die PLO und Fateh unter den neuen Bedingungen nach 1967 für eine Lösung der Palästina-Frage anzubieten hätten.

1972 richtete auch die Sowjetunion eine offizielle Anfrage an Arafat. Im Kreml wollte man wissen, mit welchen Plänen die palästinensische Nationalbewegung zu einer eventuellen Friedenskonferenz kommen würde.

König Husains Vorschlag von einem Vereinigten Königreich

Die offensive Politik der haschemitischen Monarchie unter König Husain brachte schließlich den Ball ins Rollen. Im Frühjahr 1972 proklamierte Husain einen neuen Plan zur Etablierung einer palästinensisch-jordanischen Föderation. Das Königreich Jordanien aus den Jahren vor 1967 sollte umbenannt werden in »Vereinigtes Königreich«. Zwei Regionen – Palästina, bestehend aus Westjordanland und Gaza-Streifen, und Jordanien auf dem Ostufer – sollten darin vereint sein. Jede Region sollte eine eigene Hauptstadt haben, Palästina in Ost-Jerusalem, Jordanien in Amman. Unions-Hauptstadt sollte Amman sein. Israels Antwort auf diese Möglichkeit, auf der Basis der Resolution 242 Frieden mit Jordanien zu schließen, bestand in dem üblichen kategorischen Nein von Golda Meir.

Arafats Chance zur Realpolitik

Die PLO stand nun mit dem Rücken zur Wand, da sie noch keine eindeutige Haltung zu dieser Option eingenommen hatte. Nur die ablehnende israelische Reaktion half ihr zunächst aus diesem Dilemma.

Damit war aber nun endgültig die Zeit gekommen, klare realpolitische Pläne an die Stelle von revolutionären Träumen von der Befreiung Palästinas zu setzen. Dies war die Chance, auf die Arafat gewartet hatte. Fieberhafte politische und diplomatische Aktivitäten begannen, allerdings ausschließlich hinter verschlossenen Türen. PLO-Delegationen nahmen Verhandlungen mit allen arabischen Staaten auf, vor allem mit den Golfstaaten und

Saudi-Arabien, um sich deren Unterstützung, nicht zuletzt finanzieller Art, zu versichern.

Noch im Spätsommer 1972 wurde das Palästinensische Forschungszentrum in Beirut beauftragt, eine Studie über die Lebensfähigkeit eines palästinensischen Kleinstaates im Westjordanland und im Gaza-Streifen zu erstellen.

Arafat begann politische Verhandlungen mit Nayef Hawatme von der Demokratischen Front (DFLP), der wie die pro-syrische palästinensische Guerillaorganisation as-Sa'iqa für den Aufbau einer unabhängigen Palästinensischen Autorität eintrat.

Viel wichtiger sollten jedoch politische Signale aus der palästinensischen Gesellschaft in den besetzten Gebieten, vor allem im Westjordanland, werden. Dort hatte sich seit den Tagen des Schwarzen September in Jordanien immer breitere Unterstützung für die Programmatik eines palästinensischen Staates zwischen Israel und Jordanien herausgebildet. 1974 führte dies zur Bildung der »Nationalen Front«, die sich als »integraler Teil der palästinensischen Nationalbewegung, wie sie in der PLO organisiert« war, verstand (Cobban 1984, S. 172). Infolge des Oktober-Kriegs hatte sich zudem eine Dynamik entwickelt, in der die beiden Krieg führenden arabischen Staaten, Ägypten und Syrien, von der Zustimmung der PLO zu ihrer Strategie des Ausgleichs mit Israel direkt abhängig geworden waren. Nur wenn die Palästinenser bereit waren, einen Staat in den 1967 besetzten Gebieten zu akzeptieren, das heißt auf die 1948 verlorenen Gebiete zu verzichten, hatten Ägypten und Syrien die notwendige Legitimität vor ihrer eigenen Bevölkerung und vor der arabischen Welt generell, ihrerseits auf ein Abkommen mit Israel hinzuarbeiten.

Die Revision der Nationalcharta der PLO von 1974

Während der zwölften Sitzungsperiode des palästinensischen Nationalrates, der im Juni 1974 in Kairo tagte, wurde schließlich ein neues politisches Programm verabschiedet, das die Nationalcharta von 1968 in wesentlichen Punkten revidierte.

Dieses erste Etappenprogramm der PLO wiederholte zwar die Ablehnung der UN-Resolution 242, argumentierte dann aber in Punkt 2 zumindest implizit, dass es neben dem Bewaffneten Kampf noch andere Methoden des Kampfs gebe: »Die PLO kämpft mit allen Mitteln – an erster Stelle durch den Bewaffneten Kampf – für die Befreiung des palästinensischen Landes und die Etablierung einer unabhängigen und kämpfenden nationalen Autorität des Volkes auf jedem Stück befreiten palästinensischen Landes.«

Das Zehn-Punkte-Programm von Kairo wurde von den Mitgliedern der PLO mit großer Mehrheit verabschiedet: 183 von 187 Stimmen. Eine Anekdote aus Kairo kolportiert, Habaschs PFLP habe erst zugestimmt, nachdem der Zusatz »kämpfend« zur geplanten nationalen Autorität aufgenommen worden war. Arafat solle großzügig angeboten haben, auch den Zusatz »mit Überschallflugzeugen kämpfend« zu akzeptieren.

Der Konsens innerhalb der PLO hielt jedoch nur kurze Zeit an. Schon im September kündigte die PFLP ihre Mitarbeit im Exekutivkomitee auf. Wenig später entstand im Irak die so genannte Verweigerungsfront, in der sich Habaschs PFLP, Ahmad Jibrils PFLP-Generalkommando und die vom Irak kontrollierte Arabische Befreiungsfront zusammenschlossen. Sie wollten ihr Ziel, die Befreiung von ganz Palästina, nicht aufgeben und verweigerten ihre Unterstützung für das Programm eines palästinensischen Kleinstaates in den von Israel 1967 besetzten Gebieten.

Sie konnten jedoch dieses von Arafat seitdem konsequent verfolgte politische Programm letztlich weder beeinflussen noch stoppen. Ganz im Gegenteil. Die PFLP rückte gegen Ende der siebziger Jahre Schritt für Schritt von ihrer Verweigerungshaltung ab und kehrte schließlich 1981 wieder ins Exekutivkomitee zurück.

Die politischen Entwicklungen für die Palästinenser, vorangetrieben durch die von nun an wegweisende und durch nichts mehr vom Kurs abzubringende Politik Yasir Arafats, gingen das ganze Jahr 1974 in rasantem Tempo weiter.

Die Anerkennung der PLO durch die Arabische Gipfelkonferenz 1974

Im Oktober 1974 trat in der marokkanischen Hauptstadt Rabat eine Arabische Gipfelkonferenz zusammen. Hier gelang es Arafat, gegen den massiven Widerstand von König Husain, eine Resolution durchzusetzen, in der die PLO »als einzig rechtmäßige Repräsentantin des palästinensischen Volkes anerkannt« wurde. Die Konferenz unterstützte die palästinensische Politik dabei, so die Resolution weiter, »ihre eigene unabhängige nationale Autorität unter der Führung der PLO auf jeglichem befreiten palästinensischen Territorium zu errichten« (Shlaim 2000, S. 333). Dies war eine klare arabische Absage an das Projekt eines Vereinigten Königreiches, das Husain erst im vergangenen Jahr proklamiert hatte. Sollte es zu arabisch-israelischen Friedensverhandlungen kommen, mussten die Palästinenser, vertreten durch die PLO und unter der Führung Arafats, mit eingeladen werden. Eine israelische Umsetzung der Resolution 242 konnte nun ausschließlich zur Etablierung eines palästinensischen Staates in den 1967 besetzten Gebieten Gaza-Streifen und Westjordanland führen.

König Husain hatte zwar den palästinensischen Widerstand militärisch besiegen und aus Jordanien vertreiben können, doch politisch hatte am Ende Arafat den Sieg davongetragen – allerdings unter extrem hohen Kosten für die palästinensische Gesellschaft in Jordanien.

Arafat vor der UNO 1974

Direkt nach dem Arabischen Gipfel von Rabat reiste Arafat im November zur Vollversammlung der Vereinten Nationen nach New York. Er folgte damit einer Einladung der UNO, um als Präsident des Exekutivkomitees der PLO eine Rede vor der Vollversammlung zu halten. Mit unübertroffener Theatralik trat Arafat ans Rednerpult und bot Israel die Alternative an: »Ich bin gekommen und trage mit mir einen Ölzweig und die Waffe eines Freiheitskämpfers. Lasst nicht den Ölzweig aus meiner Hand fallen.« (Hirst 1978, S. 335).

Mit der Resolution 3236 anerkannte die UNO die »unveräußerlichen Rechte des palästinensischen Volkes, darunter a) das Recht auf Selbstbestimmung ohne äußere Einmischung, b) das Recht auf nationale Unabhängigkeit und Souveränität«.

Außerdem wurden die Palästinenser, in direktem Anschluss an die Beschlüsse der Arabischen Gipfelkonferenz von Rabat »als zentraler Partner bei der Herstellung eines gerechten und dauerhaften Friedens im Nahen Osten« akzeptiert.

Die Resolution 3237 verlieh der PLO schließlich den begehrten Beobachterstatus bei den Vereinten Nationen in New York (Cobban 1984, S. 230).

1974: ein entscheidendes Jahr für den Politiker Yasir Arafat

Das Jahr 1974 brachte nach der Schlacht von Karame von 1968 den zweiten Höhepunkt in der politischen Karriere von Yasir Arafat und auch in der Geschichte der Fateh unter seiner Führung.

Die von ihm angeführte PLO hatte innerhalb der palästinensischen Gesellschaft breiteste Legitimität erreicht.

Das Ziel eines palästinensischen Kleinstaates hatte begonnen, Unterstützung von breiten Teilen der Gesellschaft zu erhalten, wenn auch noch in einem zähen, sich über Jahre hinziehenden Prozess. Der entscheidende Anfang war jedoch gemacht. Regional, also in der arabischen Welt, war die PLO zum ersten Mal als eigenständiger Akteur anerkannt. Die Palästinenser hatten endlich, nach den Katastrophen von 1948 und 1967, einen gleichberechtigten Platz im Konzert der arabischen Mächte erworben. Und es war Yasir Arafat gewesen, der dies beharrlich verfolgt hatte – auf der Basis eines breiten Netzes politischer Beziehungen mit allen arabischen Staaten, gleich welcher politischen Richtung. Für jeden dieser Staaten hatte Arafat den passenden Delegierten, der die Beziehungen allen Widrigkeiten zum Trotz pflegen und entwickeln konnte.

International schließlich hatte die PLO einen Erfolg erzielt, den nur wenige nationale Befreiungsbewegungen hatten verbuchen können: die Anerkennung durch die Vereinten Nationen und die Gewährung des Beobachterstatus bei der UN in New York.

Was nun noch fehlte, war die Einladung zu Verhandlungen mit Israel, am besten im Rahmen einer internationalen Konferenz, wie die Sowjetunion es anstrebte. Aber Arafat bekundete schon in diesen Jahren ernsthaftes Interesse an Verhandlungen unter der Obhut der USA, der anderen Großmacht in diesen vom Kalten Krieg bestimmten Jahren. Der damalige US-Außenminister Kissinger ging jedoch nicht darauf ein. Er hatte andere Pläne für die Region, in denen für die Palästinenser kein Platz vorgesehen war.

Der Mythos vom Bewaffneten Kampf

Nach wie vor ungelöst war in der neuen politischen Programmatik der PLO und der Palästinenser generell das Verhältnis zwischen Politik einerseits und Bewaffnetem

Kampf andererseits. Letzterer war ja in der Charta von 1968 als grundlegende Strategie festgelegt worden. Weil die historische Erfahrung vom immer neuen Scheitern der Politik und der Diplomatie geprägt war, waren diese Begriffe in der palästinensischen Tradition eher diskreditiert. Die Begriffe »Bewaffneter Kampf« und »Revolution« waren dagegen positiv besetzt und fest im nationalen palästinensischen Mythos verankert. Jeder, der sehen wollte, konnte jedoch klar erkennen, wohin der Kurs sich seit 1973/74 bewegte. Trotzdem wurde der mobilisierende Mythos des Bewaffneten Kampfs, der Revolution, beibehalten. Diesen Widerspruch hat die Fateh-Führung, vor allem Arafat, einfach verdrängt. Vor allem die Bewohner der Flüchtlingslager im Libanon lebten all diese Jahre über weiterhin in der Illusion, PLO und Fateh würden Palästina durch den Bewaffneten Kampf befreien.

In Wirklichkeit hatte Arafat seinen Kampf schon längst auf die politische Bühne verlegt. Und das Ziel der Befreiung Palästinas war zudem durch das Ziel der Etablierung eines Staates neben Israel ersetzt worden.

Es stellt sich hier die Frage, ob Arafat bereits 1974 vor die im Libanon lebenden Palästinenser hätte treten können, um sie davon zu überzeugen, den Anspruch auf ihre alte Heimat aufzugeben. Arafat war offensichtlich der Auffassung, dass die Flüchtlinge in diesem Falle ihm, Fateh und der PLO jegliche Legitimität entzogen und jeglichen Führungsanspruch aberkannt hätten. Hätte er es trotzdem versuchen müssen? Diese schwierige Frage wird erst die Zukunft beantworten.

Wichtig ist, dass dieser ungelöste Widerspruch zwischen Politik und Gewalt bis heute ein bestimmendes Moment in der palästinensischen Geschichte geblieben ist. Die Rolle Arafats wurde diskutiert. Nicht weniger bedeutend, und dies wird oft übersehen, ist dabei jedoch die Rolle aller israelischen Regierungen seit 1974. Keine war nämlich bis dato bereit, den Palästinensern Frieden anzubieten. Keine, auch nicht die Regierung Rabin, war bereit, auf der Basis von Resolution 242 den Rückzug aus den besetzten Gebieten anzutreten. Keine war bereit, die kontinuierliche israelische Gewalt gegen die gesamte unter ihrer Herrschaft stehende palästinensische Gesellschaft zu beenden.

Vor diesem Hintergrund musste sich das palästinensische Staatsprojekt, das Yasir Arafat an der Spitze von PLO und Fateh seit 1974 systematisch verfolgte, in einem Kontext von ununterbrochener Gewalt und weitgehend unbeweglicher israelisch-amerikanischer Politik entwickeln. Dass er es bis in die neunziger Jahre hinüberretten konnte, erscheint dabei fast als ein Wunder. Ob Arafat und die Palästinenser andere Optionen hätten entwickeln können, ob überhaupt andere Optionen möglich waren, wird auch erst die Zukunft beantworten.

Der Krieg im Libanon 1975 bis 1982

Die Palästinenser im Libanon

Als Folge der palästinensischen Katastrophe (nakba) von 1948 und im Kontext des Ersten Israelisch-Arabischen Kriegs 1948/49 wurden etwa 100 000 Palästinenser aus ihrer Heimat in den Libanon vertrieben. Ihre Ankunft stellte für das prekäre innenpolitische Gleichgewicht im Libanon eine schwere Hypothek dar.

Die politischen Machtverhältnisse im Libanon

Im Libanon hatte die französische Mandatsmacht ein äußerst komplexes System des politischen Konfessionalismus etabliert. Es gründete sich auf ein festgeschriebenes demographisches und politisches Verhältnis zwischen Christen und Muslimen. Auch nachdem im Jahr 1943 die Unabhängigkeit errungen worden war, wurde dieses System beibehalten und durch den ungeschriebenen Nationalpakt übernommen. Die größte Bevölkerungsgruppe, die maronitischen Christen, verfügte über das Amt des libanesischen Staatspräsidenten, also die eigentliche Herrschaft im Staat. Die sunnitischen Muslime, die zweitgrößte Bevölkerungsgruppe, sollten den Premierminister stellen, während die drittgrößte Gruppe, die schiitischen Muslime, mit dem Amt des Parlamentspräsidenten beschieden wurde. Diese Ämterverteilung ist im Libanon bis heute in Kraft. Allerdings verschob sich das innenpolitische Machtgefüge – auf der Basis der neu entstandenen demographischen Realitäten – durch das Abkommen von Ta'if (1989) und die anschließende Verfassungsänderung im Jahr 1990. Die Stellung des muslimischen Premierministers und seines Kabinetts wurde verstärkt, die Macht des maronitischen Präsidenten eingeschränkt, da inzwischen mehr Muslime als Christen im Libanon lebten.

Die Ankunft der 100 000 palästinensischen Flüchtlinge von 1948/49 verursachte im Libanon verständlicherweise Probleme: Die Integration einer so großen Zahl entwurzelter Menschen in einen so kleinen Staat wie den Libanon ist das eine. Das andere und entscheidende politische Problem bestand jedoch in der Verschiebung des Zahlenverhältnisses zwischen Christen und Muslimen im Lande, denn die palästinensischen Neuankömmlinge waren in ihrer großen Mehrzahl sunnitische Muslime.

Da das labile System im Libanon wie gesagt auf dem politischen Konfessionalismus beruhte, war es von vornherein ausgeschlossen, den Flüchtlingen die libanesische Staatsangehörigkeit zu geben, und damit das Gewicht der Bevölkerungsanteile zu verschieben.

Israel war nicht bereit, die palästinensischen Flüchtlinge wieder aufzunehmen, wie dies in der UN-Resolution 194 vom 11. Dezember 1948 vorgesehen war. Die Palästinenser mussten deswegen im Libanon bleiben. Dort wurden sie in den kommenden Jahren sowohl in einer Reihe von Flüchtlingslagern als auch in libanesischen Städten und Dörfern angesiedelt. Bis 1969 standen sie unter strikter Kontrolle durch die libanesische Polizei und den Geheimdienst. Sie genossen keine politischen Freiheiten und die Arbeitsmöglichkeiten waren extrem eingeschränkt.

Diese Situation sollte sich nach dem Krieg 1967 und als Folge der Übernahme der PLO durch Fateh und Arafat schrittweise verändern. Schon 1968 waren die ersten Guerillas in den Südlibanon gekommen, vor allem Angehörige von Arafats Fateh und der von Syrien kontrollierten as-Sa'iqa. Die Entwicklung im Jordantal, wo Guerillaoperationen nach 1968 kaum mehr möglich waren, trug entscheidend zur Verlagerung und zum Ausbau der palästinensischen Stützpunkte im Libanon bei.

Aus den ersten kleineren Scharmützeln im Dezember 1969 an der libanesisch-israelischen Grenze entwickelte sich sehr schnell ein Muster, das bis 1982 die Situation im Südlibanon bestimmen sollte. Palästinensische Guerillas und die israelische Armee bekämpften sich in einem Zyklus von Angriffen und Gegenangriffen, von Gewalt und Gegengewalt. Die Leidtragenden waren von Anfang an die libanesische und palästinensische Zivilbevölkerung in den Dörfern, Städten und Flüchtlingslagern des Landes.

In unvergleichbar geringerem Ausmaß galt dies auch für die Bewohner der israelischen Grenzsiedlungen. Denn sie standen unter dem Schutz eines starken Staates. Der Umfang der palästinensischen Guerillaattacken war zudem sehr begrenzt.

Wie schon früher in Jordanien war unter diesen Bedingungen ein Konflikt zwischen palästinensischen Bewaffneten, vertreten durch Fateh sowie die seit 1969 von Arafat geleitete PLO, und der libanesischen Regierung samt Armee unausweichlich vorprogrammiert. Die ersten Zusammenstöße im Oktober 1969 wurden durch den Abschluss des Kairoer Abkommens zwischen der libanesischen Regierung und der PLO beendet.

Das Kairoer Abkommen zwischen Libanon und PLO

Dieses Abkommen regelte die palästinensisch-libanesischen Beziehungen und legte die Modalitäten der PLO-Präsenz im Libanon fest: Der südöstliche Teil des Libanon, also das Arkub-Bergland, kam unter die Kontrolle der PLO, zusammen mit einem sicheren Verbindungsweg nach Syrien, über den Waffen und Guerillas ins Land gelangen konnten. Sehr bald war hier die Rede vom »Arafat-Pfad«

und vom »Fateh-Land«. Alle Flüchtlingslager wurden der Kontrolle der PLO unterstellt. Diese verpflichtete sich im Gegenzug dazu, Israel nicht vom Libanon aus mit Artillerie zu beschießen. Außerdem musste die PLO die libanesische Regierung über jede bevorstehende Guerillaoperation, die vom Libanon aus gestartet werden sollte, informieren. Das Abkommen von Kairo bildete die Grundlage für den Ausbau eines palästinensischen Proto-Staates, des »Staates im Staate«, in den darauf folgenden Jahren.

Genau wie früher in Jordanien war die Situation jedoch von einem unlösbaren Dilemma geprägt. Das Ziel der Palästinenser, angeführt von der PLO unter Arafat, war die Befreiung Palästinas. Diese sollte durch einen nationalen Befreiungskampf und mit Methoden des Guerillakriegs erreicht werden. Jede Guerillaaktion gegen Israel forderte aber einen unmittelbaren militärischen Gegenschlag heraus, der immer und zuallererst ein Schlag gegen den Libanon war. Oberstes Ziel des Libanon war die Erhaltung der staatlichen Souveränität, die Garantie der Sicherheit seiner Bürger und schließlich die Aufrechterhaltung des sowieso äußerst labilen politischen Status quo zwischen maronitisch dominierter Regierung und muslimisch dominierter Opposition sowie zwischen Muslimen und Christen generell. Daran konnte auch alle Sympathie für das Schicksal der Palästinenser nichts ändern, auch nicht die Hoffnung der Palästinenser auf einen eigenen Staat, der das palästinensische Flüchtlingsproblem im Libanon lösen würde.

Der israelisch-palästinensische Schattenkrieg

Für Arafats politische Pläne war die Präsenz der PLO im Libanon nach der Vertreibung aus Jordanien lebenswichtig geworden. Seit 1972/73 bestand sein Ziel darin, für die PLO einen Platz an jenem Tisch durchzusetzen, an dem ein umfassender Frieden für den Nahen Osten verhandelt würde. Israels politische Strategie war es, eben dies über die Jahre hin systematisch zu verhindern. Im Kontext des israelisch-palästinensischen Schattenkriegs, bestimmt durch gegenseitigen Terror nach der Geiselnahme bei den Olympischen Spielen in München 1972, kam es zum groß angelegten israelischen Angriff auf Beirut (Morris 1999, S. 381f.; Sayigh 1987, S. 311–317). Im April 1973 führte Ehud Barak, damals Offizier einer Elite-Spezialeinheit der israelischen Armee (Sayeret Matkal), eine der gewagtesten und provokantesten Operationen der israelischen Armee im Libanon durch. Drei PLO- bzw. Fateh-Führer wurden mitten in einem vornehmen Wohnviertel der libanesischen Hauptstadt ermordet, mehrere Stützpunkte der PLO angegriffen und zerstört.

Sowohl die libanesische Opposition, die bald unter dem Namen Libanesische Nationalbewegung bekannt wurde, als auch die Palästinenser warfen der libanesischen Armee und Polizei angesichts der reibungslosen und praktisch ungestörten Durchführung des israelischen Übergriffs unverzeihliches Versagen vor. In Beirut brachen schwere Kämpfe zwischen der libanesischen Armee und PLO-Verbänden sowie Guerillas aus. Erst nach etwa einem Monat konnten diese Auseinandersetzungen gestoppt werden. Das PLO-Exekutivkomitee kündigte an: »(...) das Blutvergießen im Libanon zu beenden, solange es nicht auf Kosten der Rechte der Revolution oder auf Kosten des Kairoer Abkommens geschieht. Denn wir betrachten dieses Abkommen als die Grundlage für unsere Beziehungen zur libanesischen Regierung.« (Sayigh 1997, S. 316; Filastin al-Thaura, 13. Mai 1973).

Das Melkart Protokoll: die Stärkung der palästinensischen Position im Libanon

Ein neues Abkommen, das am 17. Mai 1973 von der PLO und der libanesischen Regierung unterzeichnete Melkart Protokoll, regelte die schwierigen palästinensisch-libanesischen Beziehungen erneut auf der Basis des Kairoer Abkommens. Die PLO ging gestärkt aus dieser Runde hervor. Ihre Präsenz im Libanon war wieder bestätigt. Sie hatte ihre Kontrolle über die Flüchtlingslager verteidigt und baute nun im Beiruter Stadtteil al-Fachani ihren Proto-Staat systematisch weiter aus. Die Bewaffneten der diversen palästinensischen Organisationen, im Wesentlichen der Fateh und der PLO-Verbände, waren von nun an verantwortlich für den Schutz ihres Proto-Staates im Libanon. Der Umschwung von Guerillaverbänden zu einer stehenden Armee hatte damit begonnen. Auf der Basis dieser Absicherung der PLO im Libanon konnte sich Arafat in den kommenden Monaten ganz auf sein eigentliches Ziel konzentrieren: die Legitimierung der PLO als regionale und internationale Vertretung des palästinensischen Volkes. Die Erfolge, die er dabei 1974 erzielte, sind im vorigen Kapitel ausführlich analysiert worden.

Die Position der Palästinenser in den libanesischen Machtkämpfen

Aber die Lage im Libanon konnte nicht stabil bleiben. Zu groß waren die immanenten Widersprüche. Da sich zwischen der Libanesischen Nationalbewegung und einigen linksgerichteten palästinensischen Organisationen wie DFLP und PFLP enge Kontakte entwickelt hatten, wurden die Palästinenser sehr schnell in die innerlibanesischen Machtkämpfe verwickelt.

Trotz fortgesetzter Versuche konnte auch Yasir Arafat diese Entwicklung nicht stoppen. Spätestens Anfang 1976 war der libanesische Bürgerkrieg ein Krieg zwischen der christlich-maronitischen Rechten auf der einen Seite und dem Bündnis zwischen der Libanesischen Nationalbewegung und der PLO auf der anderen Seite. Innerhalb weniger Monate gelang es dem libanesisch-palästinensischen

Bündnis, die Oberhand zu gewinnen. Ein Machtwechsel im Libanon stand nun kurz bevor.

In dieser Situation intervenierte Syriens Präsident Assad – noch bis vor kurzem der Verbündete von PLO und libanesischer Nationalbewegung. Er ließ im Mai 1976 die syrische Armee in den Libanon einmarschieren und auf Seiten der libanesischen Christen, angeführt durch die rechts-nationalistische Kata'ib-Partei (Phalangisten), in die Kämpfe eingreifen. Das Machtgleichgewicht im Libanon verschob sich dadurch wieder massiv zugunsten der Phalangisten. Die Kämpfe sollten sich noch über Jahre hinziehen. Eine der schlimmsten und blutigsten Episoden, im Juli und August 1976, war die Belagerung und Bombardierung des Flüchtlingslagers Tell ez-Za'tar in Ost-Beirut durch die syrische Armee und die Phalangisten. Über 4000 Menschen fanden während der fast zwei Monate andauernden Kämpfe in diesem Lager den Tod. Auch noch nach dem Zusammenbruch des Lagers töteten die Phalangisten weitere 1000 bis 2000 Palästinenser.

Waffenstillstand zwischen PLO und Libanon

Der arabische Mini-Gipfel in Riyad, Saudi-Arabien, brachte im Oktober einen Waffenstillstand. Eine 30 000 Mann starke arabische Friedenstruppe, die so genannten Abschreckungskräfte, bestehend aus 25 000 syrischen Soldaten sowie kleineren saudischen, jemenitischen und sudanesischen Kontingenten, sollte vor Ort für Ruhe und Frieden sorgen. Der Waffenstillstand wurde Ende Oktober von der Arabischen Gipfelkonferenz in Kairo abgesegnet. Im Sommer 1977 schließlich schlossen Syrien, der Libanon und die PLO das Schtura-Abkommen. Auf der Basis dieser Vereinbarung wollte man erneut versuchen, das Kairoer Abkommen von 1969 umzusetzen. Die PLO wurde zu Truppenverschiebungen im Libanon verpflichtet: Schwere Waffen sollten aus Städten und Flüchtlingslagern abgezogen werden, die libanesische Armee sollte wieder in den Südlibanon zurückkehren. Der Krieg im Libanon hatte zu diesem Zeitpunkt allen Seiten bereits enorme Verluste beschert: 900 Tote bei Fateh und der Befreiungsarmee der PLO, 900 Tote bei den anderen palästinensischen Organisationen, 700 bis 900 Tote innerhalb der Libanesischen Nationalbewegung. Am schwersten betroffen war wieder einmal die Zivilbevölkerung auf allen Seiten mit etwa 14 000 Toten. Und – wie wir heute aus der Rückschau wissen – der Krieg hatte erst begonnen.

Der Friedensplan von Anwar al-Sadat

In diese Situation hinein platzte am 9. November 1977 die politische Bombe des ägyptischen Präsidenten Anwar al-Sadat. In einer Rede vor dem ägyptischen Parlament verkündete Sadat seine Bereitschaft zu einer Reise nach Israel:

»Für den Frieden bin ich bereit, bis ans Ende der Welt zu gehen, sogar zur Knesset!« (Shlaim 2000, S. 359). Sadat meinte allerdings zuerst und vor allem einen Frieden für Ägypten, nicht einen Frieden für die anderen arabischen Staaten oder gar für die Palästinenser. Yasir Arafat saß auf der Zuschauertribüne des Parlaments in Kairo, nicht ahnend, was ihn da erwartete. Wie alle im Forum des Parlaments, Parlamentarier und Gäste, stand auch er am Ende der Rede auf und applaudierte. Als er nach Beirut zurückkehrte, kritisierte man ihn dafür aufs schärfste. Arafats laue Entschuldigung bestand in der Behauptung, er habe nicht genau verstanden, was Sadat gesagt habe, und habe deshalb nur aus Höflichkeit geklatscht. Doch auch in den kommenden Tagen blieb eine Verurteilung von Sadats Plänen durch Arafat aus. Die Erklärung des Fateh-Zentralkomitees vom 17. November war schließlich äußerst zurückhaltend formuliert und forderte Sadat lediglich auf, seinen Entschluss, nach Jerusalem zu gehen, zu überdenken (Sayigh 1997, S. 423).

Sadats eigenmächtiger Vorstoß für einen Frieden zwischen Ägypten und Israel traf Arafat in einer heiklen Situation. Im Oktober 1977 hatten sich die USA (jetzt unter Präsident Carter) und die Sowjetunion in einer gemeinsamen Erklärung verpflichtet, für die »Lösung der Palästina-Frage zu arbeiten, inklusive der Aufrechterhaltung der legitimen Rechte des Palästinensischen Volkes« (Morris 1999, S. 447). Diese Formulierung hatte es Arafat ermöglicht, einige Zugeständnisse zu machen: Arafat wollte mit der PLO die UN-Sicherheitsresolution 242 akzeptieren. Außerdem erklärte er seine Bereitschaft, auf die Beteiligung der PLO an einer Friedenskonferenz zu verzichten, wenn stattdessen ein Palästinenser mit amerikanischer Staatsangehörigkeit mit der Vertretung der Palästinenser beauftragt werde. Für Arafat bestand also einmal mehr die Chance, in den diplomatisch-politischen Prozess aufgenommen zu werden und diesen im Sinne der Palästinenser voranzutreiben. Doch der massive israelische Druck auf den US-Präsidenten und die Initiative Sadats machten all dies wieder zunichte, ehe sich eine reale politische Entwicklung überhaupt erst entfalten konnte (Sayigh 1997, S. 420ff.).

Der Weg nach Camp David

Die politische Situation zum Zeitpunkt von Sadats Friedensinitiative

Den Oktober-Krieg von 1973 hatten Ägypten und Syrien initiiert, um in die diplomatisch-politischen Fronten, die seit dem Juni-Krieg von 1967 erstarrt waren, wieder Bewegung zu bringen. Mit Hilfe des amerikanischen Außenministers Henry Kissinger waren danach bis 1975 drei Abkommen über Truppenentflechtung geschlossen worden:

1. am 18. Januar 1974 das Erste Sinai-Abkommen zwischen Ägypten und Israel
2. im Mai 1974 das Syrisch-Israelische Abkommen
3. am 4. September 1975 das Zweite Sinai-Abkommen.

Ein Frieden mit Israel – gar noch ein Frieden zwischen allen arabischen Anrainerstaaten und Israel unter Einbeziehung der PLO – lag jedoch in weiter Ferne. Israel zeigte sich unversöhnlich. Diese starre Haltung betraf vor allem die Anwendung von Resolution 242 auf das Jordanwestufer. Zwar hielten alle israelischen Regierungen Beziehungen zu Jordaniens König Husain aufrecht, aber die Bereitschaft zum Kompromiss im Interesse eines Friedensvertrags gab es nie. Die Politik, die Izchak Rabin während seiner ersten Regierungsperiode betrieb, war geprägt durch seine klare Haltung zu folgenden Punkten: sein Nein zur Anerkennung der PLO, sein Nein zur Aufnahme von Verhandlungen mit der PLO, sein Nein zur Etablierung eines palästinensischen Staates (Shlaim 2000, S. 330). Aber auch gegenüber Jordanien war Rabin – zumindest 1974, ein Jahr nach dem Oktober-Krieg – nicht zu Zugeständnissen bereit. Er ging zwar davon aus, dass sich Israel im Rahmen einer israelisch-arabischen Lösung aus den 1967 besetzten Gebieten zurückziehen müsse. Aber dies sollte frühestens in fünf Jahren erfolgen, aus einer Position der Stärke heraus. Auf keinen Fall würde Israel aber aus Jerusalem, dem Jordantal und einigen anderen strategisch wichtigen Positionen abziehen. Was palästinensische Bevölkerungszentren im Westjordanland und im Gaza-Streifen betraf, wollte Rabin irgendwann in der Zukunft mit Jordanien verhandeln (Shlaim 2000, S. 328).

König Husain wiederum konnte auf keinen Quadratzentimeter palästinensischen Landes verzichten: eine unlösbare Situation. Bei ihrem letzten Treffen 1976 beendete Rabin deshalb die Unterredung mit den Worten: »Nun, da kann man nichts machen. Warten wir zehn

Jahre ab. Vielleicht wird sich einiges ändern vor Ort.« (Shlaim 2000, S. 334).

Selbst Henry Kissinger kritisierte Rabin, fast schon verzweifelt über die israelische Unnachgiebigkeit: »Macht um Gottes willen etwas mit Husain, solange er noch im Spiel ist!« (Shlaim 2000, S. 331).

In dieser für sie fast hoffnungslosen politischen Lage mussten Yasir Arafat und die PLO versuchen, ins diplomatisch-politische Spiel zu kommen. Dies war aber auch der politische Kontext, in dem Ägyptens Präsident Anwar al-Sadat versuchte, einen israelisch-ägyptischen Frieden durchzusetzen.

Die Friedensverhandlungen zwischen Ägypten und Israel

Im Juni 1977 löste die erste Likud-Regierung in der Geschichte Israels die altgewohnten Regierungen der Arbeitspartei ab. Letztere hatte immer eine Vorliebe für die jordanische Option signalisiert, ohne diese jedoch in der Realität jemals voranzutreiben. Der neue israelische Premier Menachem Begin vertrat nun andere ideologische Präferenzen und von daher andere außenpolitische Optionen. Für ihn stand an zentraler Stelle der Erhalt eines Groß-Israel – vom Mittelmeer bis zum Jordantal mit einer intensiven Kolonisation des Westjordanlandes, für das er die biblischen Bezeichnungen Judäa und Samaria verwendete. Auf dieser Basis zeigte sich Begin dazu bereit, durch seinen Außenminister Mosche Dayan mit Ägypten über einen Friedensschluss zu verhandeln. Nach mehreren geheimen Gesprächsrunden in Marokko kündigte Sadat schließlich in der Rede, der Arafat applaudiert hatte, öffentlich seinen Besuch in Israel an. Bereits zehn Tage später, am 19. November war es soweit: Sadat flog nach Israel, wo er am 20. November vor dem israelischen Parlament, der Knesset, eine weitere historische Rede hielt, überschrieben mit dem zündenden Slogan: »Nie mehr

Krieg!« In Gesprächen unter vier Augen einigten sich Begin und Sadat auf drei Prinzipien, die den weiteren Verhandlungen zu Grunde liegen sollten:

1. kein Krieg mehr zwischen Israel und Ägypten
2. Wiederherstellung der ägyptischen Souveränität über die Halbinsel Sinai
3. Demilitarisierung fast der gesamten Halbinsel.

Während der folgenden Verhandlungen bestand Sadat auf der Einbindung der anderen arabischen Staaten in einen Friedensvertrag, lehnte also einen bilateralen israelisch-ägyptischen Frieden ab. Außerdem brachte er immer wieder die palästinensische Frage ins Spiel. »Ägypten vertritt die Position, dass ein palästinensischer Staat im Westjordanland und im Gaza-Streifen etabliert werden soll.« Dagegen konterte Begin: »In der israelischen Position sollen die palästinensischen Araber, die in Judäa, Samaria und im Gaza-Distrikt ihren Aufenthalt haben, Autonomie erhalten.« (Shlaim 2000, S. 367).

In weiteren Gesprächen mit ägyptischen Vertretern verstieg sich Begin schließlich zu folgender Position, die für die andere Seite völlig inakzeptabel war: »Die Araber genießen das Recht auf Selbstbestimmung in 21 Arabischen Staaten, und das seit langer Zeit. Ist es zu viel verlangt, wenn Israel darauf besteht, unter all diesen 21 Staaten einen Staat zu haben? Nein, ich erkläre es mit laut erhobener Stimme, Nein zum Rückzug auf die Grenzlinien von 1967, Nein zur Selbstbestimmung für Terroristen.« (Shlaim 2000, S. 368).

Die Palästinenser reagierten darauf und auf ihre Ausschaltung aus allen diplomatischen Verhandlungen am 11. März 1978 mit einem Anschlag auf einen Linienbus von Haifa nach Tel Aviv. Ein Guerillakommando brachte den Bus unter seine Kontrolle und fuhr damit in Richtung Tel Aviv. Bei dem Versuch der Armee, den Bus zu stoppen, wurden neun Guerillas und 36 Passagiere getötet. Die israelische Armee antwortete auf den Anschlag in einer extremen Art und Weise, die in keiner Relation mehr zum Anlass stand.

Furchtbares Ergebnis der israelischen Invasion in den Libanon, die vom 14. bis zum 21. März andauerte: 21 getötete israelische Soldaten und ein Gefangener, 65 getötete palästinensische Guerillas und etwa ein Dutzend Gefangene. Die Zivilbevölkerung bezahlte, wie immer, den höchsten Preis: 1000 bis 2000 Tote sollten es nach ersten Presseberichten gewesen sein, möglicherweise jedoch nur knapp 200, wie genauere Zählungen später ergaben. Fast 300 000 Menschen hatten in den Norden flüchten müssen. Erst am 12. Juni zog die israelische Armee wieder aus dem Libanon ab (Sayigh 1997, S. 426f.).

Sadat ließ sich jedoch von seinem Ziel nicht abbringen und hoffte, US-Präsident Carter werde den notwendigen Druck auf Begin ausüben, um einen Friedensvertrag auf der Basis von 242 durchzusetzen. Als Carter die feindlichen Parteien zu Verhandlungen nach Camp David bat, nahmen sowohl Israel als auch Ägypten diese Einladung an. Vom 5. bis zum 17. September 1978 rangen die Beteiligten in Camp David um ein Abkommen. Am 17. September wurden die Camp-David-Verträge schließlich im Weißen Haus unterzeichnet.

Die Camp-David-Verträge von 1978

Das »Rahmenabkommen für den Abschluss eines Friedensvertrags zwischen Israel und Ägypten« war der einfachere Teil. Hier wurde klar niedergelegt, dass innerhalb von drei Monaten ein Friedensvertrag abgeschlossen werden sollte. Die darin festgelegten Abmachungen sollten innerhalb von zwei bis drei Jahren umgesetzt werden. Am 26. März 1979 wurde dieser Friedensvertrag auch unterzeichnet.

Den sehr viel komplexeren Teil stellte das »Rahmenab-kommen für Frieden im Nahen Osten« dar. Begin akzep-tierte darin zum ersten Mal den Verweis auf »Resolution 242 in allen ihren Teilen«. Außerdem erklärte er sich zu einem Rückzug der Armee aus dem Westjordanland be-reit. Am weitesten wagte er sich jedoch mit seiner »Aner-kennung der legitimen Rechte des palästinensischen Vol-kes« vor.

Trotz allem aber gab Begin die für ihn entscheiden-den roten Linien nie auf: Kein Kompromiss über Jeru-salem, keine Aufgabe der Souveränität über das Westjor-danland und Rückzug aus Sinai nur im Gegenzug für vollen Frieden mit Ägypten. Und diesen Frieden er-reichte er, während gleichzeitig alle Voraussetzungen für den Fortbestand eines Groß-Israel unangetastet blieben. Durch die Neutralisierung Ägyptens, des wichtigsten und größten arabischen Staates, war Camp David in den Au-gen Begins die beste Garantie für Frieden und Sicherheit. Gleichzeitig konnte Camp David die Integrität von »Erez Israel« vom Mittelmeer bis zum Jordantal erhalten und die Souveränität einer fremden Macht, sei es Jordanien oder ein zukünftiges Palästina, über das Westjordanland verhindern.

Die PLO und Arafat nach den Verträgen von Camp David

Nach der Unterzeichnung der Camp-David-Verträge wurde Ägypten aus der Arabischen Liga ausgeschlossen. Auf der Arabischen Gipfelkonferenz von Bagdad 1978 wurden die Abkommen schließlich formal abgelehnt. Al-len verbliebenen arabischen Anrainerstaaten wurde von den Golfstaaten massive Hilfe für die bevorstehenden zehn Jahre zugesprochen: Syrien jährlich 1,58 Milliarden Dollar, Jordanien 1,75 Milliarden Dollar und die PLO 250 Millionen Dollar. Außerdem sollten die besetzten pa-lästinensischen Gebiete jährlich 150 Millionen Dollar erhalten, 50 Millionen direkt durch die PLO, 100 Millionen gemeinsam durch Jordanien und die PLO.

Entgegen seiner Hoffnungen war Yasir Arafat mit der PLO in keiner Weise in die Verhandlungen zwischen Ägypten und Israel eingebunden worden. Die Zeichen der Zeit standen für die Palästinenser überall auf Konflikt und auf Gewalt – ob im Libanon oder in den besetzten Gebieten. Alle Bemühungen, eine diplomatisch-politische Option für die PLO zu eröffnen, waren damit gescheitert. Trotzdem gab Arafat nicht auf. Er ergriff weiterhin jede Chance, die sich bot, mit den USA ins Gespräch zu kommen, sei es mit und über König Husain und Jordanien (September 1978), sei es über Vermittlungsversuche durch amerikanische Kongressabgeordnete wie im Dezember 1978 mit dem damaligen US-Senator Paul Findlay. Findlay wollte damals schon versuchen, eine de facto Anerkennung der PLO durch die USA zu erreichen (Sayigh 1997, S. 441).

Parallel zu den diplomatisch-politischen Bemühungen intensivierte sich wie bereits geschildert der »Verstaatlichungsprozess« der PLO im Libanon. Dort wurden schon in diesen Jahren mit einer quasi-staatlichen Infrastruktur und entsprechenden Institutionen die Grundlagen für den erhofften späteren palästinensischen Staat geschaffen. So entstanden eigene soziale Einrichtungen wie Krankenhäuser und Kindergärten, eine Presseagentur, eine Radiostation, eine Filmabteilung, eine ganze Reihe von Vorläufern für die klassischen Ministerien eines Staates und Ähnliches mehr. Nicht zuletzt die Guerillaverbände wurden in diesen Jahren systematisch in eine Art stehende Armee umgewandelt. »Wir in Fateh und allgemein in der palästinensischen Revolution können das Niveau einer regulären Armee erreichen (...) reguläre Kriegsführung ist in Wirklichkeit die beste Art der Kriegsführung, um eine schnelle Entscheidung herbeizuführen.« (Sayigh 1997, S. 450, zitiert den Fateh-Militärchef Sa'd Sayil).

Hier zeigen sich deutlich die Einflüsse der sowjetischen Ausbildung auf die palästinensischen Militärs.

Trotzdem war auch in dieser Zeit das Militär nicht die Karte, die Arafat ausspielen wollte, um die Befreiung durchzusetzen. Und Befreiung hieß für ihn zu diesem Zeitpunkt eindeutig Errichtung eines palästinensischen Staates in den 1967 von Israel besetzten Gebieten. Er setzte zuerst und vor allem auf diplomatische Verbindungen und auf diplomatische Erfolge.

Aber auch in dieser Periode gaben die Palästinenser den Einsatz von bewaffneten Operationen und auch regelrechten Terroranschlägen nicht auf. Die Frage, welche Position Arafat selbst vertrat, ist schwierig zu beantworten. Möglich ist, dass er selbst den Einsatz von Gewalt als letztes Druckmittel gewählt hat, um Bewegung in ansonsten verfahrene diplomatische Konstellationen zu bringen. Zum anderen kann es auch sein, dass Arafat hier aus rein innenpolitischen Erwägungen dem Druck der Opposition innerhalb der Fateh und der PLO nachgeben musste. Schließlich darf nicht übersehen werden, dass Arafat oft gar nicht die notwendige Macht und Stärke hatte, andere Organisationen oder Splittergruppen aus den eigenen Reihen an der Ausübung von Gewalt zu hindern.

Zunächst erzielte Arafat jedoch wenigstens einen wichtigen Durchbruch: Im Sommer 1981 gelang es ihm, über die Vermittlung des amerikanischen Unterhändlers Philip Habib einen Waffenstillstand mit Israel zu schließen. Dieser Waffenstillstand vom 24. Juli 1981 beendete die schweren Kämpfe zwischen der israelischen Armee, die diese letzte Runde im Juli mit massiven Luftangriffen auf palästinensische Ziele im Südlibanon begonnen hatte, und den Palästinensern, die ihrerseits zehn Tage lang den Norden Israels mit Artillerie beschossen hatten. Auf die palästinensischen Artillerieangriffe hatte Israel wiederum mit Artillerieangriffen auf libanesische Dörfer im Südlibanon geantwortet. Dieser »Artilleriekrieg« hatte in Israel zwar nur sechs Todesopfer gefordert, aber 40 000 Zivilisten aus ihren Wohnungen vertrieben. Auf der palästinensisch-libanesischen Seite dagegen hatte es über 2500 Tote gegeben, 95 Prozent davon waren Zivilisten.

Diesen Waffenstillstand einzuhalten, sollte unter allen Bemühungen Arafats in den kommenden Monaten absolute Priorität genießen. Dass es ihm bis zum Juni 1982 tatsächlich gelang, war einer der größten politischen Erfolge Yasir Arafats – sehr zum Ärger seiner Gegner auf israelischer Seite, die nur auf die Chance warteten, ihn ein für allemal auszuschalten.

Der erste Krieg Ariel Sharons gegen Arafat und die PLO: Israels Libanon-Krieg von Juni bis August 1982

Nachdem der Friedensvertrag mit Ägypten unterzeichnet war, konnte sich Israel, wie von Menachem Begin beabsichtigt, anderen strategisch-politischen Zielen in der Region zuwenden. Unter anderem beanspruchte Israel das Monopol nuklearer Bewaffnung im Nahen Osten. Es hatte deshalb schon seit einiger Zeit mit Misstrauen die irakischen Anstrengungen auf diesem Gebiet verfolgt. Am 8. Juni 1981 führte die israelische Luftwaffe mit der Operation Babylon einen Angriff gegen den Irak durch, bei dem das im Bau befindliche Atomkraftwerk Osirak, in der Nähe von Bagdad, vollständig zerstört wurde. Kritisiert wurde dieser aggressive militärische Akt nur von Shimon Peres, dem Führer der israelischen Opposition, und – was nicht vergessen werden sollte – dem eigentlichen Vater der israelischen nuklearen Bewaffnung. Peres betonte, man hätte den Irak auch auf diplomatischem Weg von dem Versuch, Atomwaffen herzustellen, abbringen können. Ägyptens Präsident Anwar al-Sadat, der in dem Dilemma steckte, in der erneut von Gewalt bestimmten regionalen

Atmosphäre den israelisch-ägyptischen Friedensvertrag aufrechtzuerhalten, konnte nur noch entsetzt ausrufen: »Allah yismahak, ya Menachim!« (Möge Gott Dir vergeben, oh Menachim!). Er kritisierte die alte israelische Arroganz, mit der sich Begin über arabische politische Empfindlichkeiten hinwegsetzte, und appellierte: »Menachim, pflege die Freundschaft Ägyptens!« (Shlaim 2000, S. 388).

Die Annexion der Golanhöhen durch Israel

Nur wenige Monate später, am 6. Oktober 1981, wurde Anwar al-Sadat während einer Militärparade von einem muslimisch-fundamentalistischen Offizier erschossen. Menachem Begin aber hielt es auch in der Folge nicht für nötig, sich an den einstigen Rat des ägyptischen Präsidenten zu halten. Am 14. Dezember 1981 annektierte Israel die 1967 besetzten Golanhöhen: Es verstieß damit klar gegen internationales Recht, die UN-Resolution 242, das israelisch-syrische Truppenentflechtungsabkommen vom Mai 1974 und das Camp-David-Abkommen. Selbst Israels strategischer Partner, die USA, musste in dieser Situation im Sicherheitsrat gegen Israel stimmen. Der neue amerikanische Präsident Ronald Reagan, seit Januar 1981 Jimmy Carters Nachfolger im Weißen Haus, suspendierte das im November 1981 eben erst unterzeichnete »Memorandum zur Strategischen Zusammenarbeit«. Ziel dieser strategischen Zusammenarbeit hätte die Abwehr »der Bedrohung von Frieden und Sicherheit in der Region durch die Sowjetunion oder durch von der Sowjetunion kontrollierte Mächte (…)« sein sollen. (Shlaim 2000, S. 391f.).

Sharon drängt auf Krieg

Ohne Rücksicht auf die regionale und internationale Kritik, machte sich die israelische Regierung, diesmal an entscheidender Stelle vom damaligen Verteidigungsminister

Ariel Sharon zur Handlung getrieben, an die Durchsetzung des übergeordneten Ziels: die Eliminierung des palästinensischen Nationalismus durch die Zerstörung der PLO im Libanon. Gleichzeitig sollte im Verlauf dieses Kriegs der Libanon neu geordnet und unter die Macht der libanesischen Christen gestellt werden, mit denen sich Israel seit Mitte der siebziger Jahre hatte verbünden können. Sharon verfolgte mit dem geplanten Krieg also klare politische und militärische Ziele, durch die Israel zur regionalen Macht aufsteigen sollte.

Begin nahm dabei eine verhängnisvolle Position ein: Er sah den Konflikt ausschließlich als Wiederholung der Entwicklungen, die im Europa der dreißiger Jahre zum Holocaust geführt hatten. In seiner Sicht der Dinge kam Israel die Rolle des Westens zu, die Maroniten verglich er mit der Tschechoslowakei und Syrien ebenso wie die Palästinenser mit den Nazis.

Direkt im Anschluss an die Annexion der Golanhöhen wurden die Pläne für einen Krieg gegen die PLO im Libanon abgeschlossen. Während es Menachem Begin im Wesentlichen darum ging, die PLO-Stützpunkte im Südlibanon zu zerstören und die Guerillas nach Norden zu treiben, hatte Sharon andere Pläne. Er wollte die PLO vollständig zerstören, um damit das Rückgrat des palästinensischen Nationalismus gerade auch in den besetzten Gebieten endgültig zu brechen. Der Strom von Palästinensern, die infolge des Kriegs aus dem Libanon und aus der Westbank nach Jordanien fliehen würden, sollte zum Sturz der haschemitischen Monarchie in Jordanien führen und dadurch einen palästinensischen Staat in Jordanien hervorbringen. Denn auf dieser Basis – so Sharons politisches Kalkül – würde der Druck der internationalen Gemeinschaft auf Israel, sich aus den besetzten Gebieten zurückzuziehen, bald erlahmen.

Zunächst aber ging es darum, einen Grund für die Invasion in den Libanon zu finden. Dies stellte sich als nicht gerade leicht heraus, da Yasir Arafat alles daran setzte, den Waffenstillstand an der libanesisch-israelischen Grenze zu erhalten. Arafat wollte der Welt, und im Besonderen den USA, demonstrieren, dass die Palästinenser unter seiner Führung eine wichtige und verlässliche Größe im Nahostkonflikt waren, mit denen letztendlich auch eine friedliche politische Lösung erzielt werden konnte. Der amerikanische Unterhändler Philip Habib stand diesem Ansinnen positiv gegenüber und er machte in Israel deutlich, dass den USA an der Einhaltung des Waffenstillstands sehr gelegen war. Sharon kümmerte dies wenig, wenn er immer wieder neue Behauptungen aufstellte: »Wenn die Terroristen weiterhin den Waffenstillstand brechen, bleibt uns keine andere Wahl als sie vollständig auszulöschen im Libanon, die gesamte Infrastruktur der PLO dort zu zerstören. Wir werden die PLO im Libanon ausmerzen!« (Shlaim 2000, S. 401). Habib reagierte entsetzt auf die unverstellte Brutalität von Sharons Äußerungen und wagte den Einwand: »General Sharon, wir befinden uns im zwanzigsten Jahrhundert und die Zeiten haben sich geändert. Sie können nicht einfach Länder angreifen, einmarschieren, Menschen töten und alles in Grund und Boden schlagen.« (Shlaim 2000, S. 401).

Am 3. Juni 1982 wurde in London auf den israelischen Botschafter Shlomo Argov geschossen. Argov wurde schwer verletzt. Innerhalb kürzester Zeit war klar, dass für dieses Attentat die Terrorgruppe von Abu Nidal, Arafats eingeschworenem Feind, verantwortlich war. Nidal wurde offensichtlich von irakischer Seite unterstützt, die sich für die Bombardierung von Osirak rächen wollte.

Eine Krisensitzung des israelischen Kabinetts beschloss, sofort zu reagieren. Dass der israelische Geheimdienst darauf hinwies, hinter dem Attentat stecke keineswegs Arafat oder die PLO, sondern Abu Nidal, konnte an diesem Beschluss nichts ändern. Begins Reaktion war eindeutig: »Sie gehören alle zur PLO!« (Shlaim 2000, S. 403).

Die israelische Invasion im Libanon beginnt

Am 4. Juni 1982 bombardierte Israel mit seinen Flugzeugen Beirut und den Süden des Libanon. Der PLO blieb keine andere Wahl, als auf diese Verletzung des Waffenstillstands zu reagieren, was man in Tel Aviv einkalkuliert hatte. Die nun folgende Artilleriebombardierung entlang der gesamten libanesisch-israelischen Grenze durch die PLO sollte für Israel den Auftakt zum Krieg bilden. Fieberhaft eingeleitete diplomatische Aktivitäten versuchten zu retten, was noch zu retten war. Reagan drängte zur Zurückhaltung. Saudi-Arabien, wo Arafat gerade zu einem Besuch weilte, war zum Einlenken bereit. Menachem Begin reagierte fast hysterisch und sprach abermals in Metaphern aus dem Holocaust, den er zusehends für die aktuelle Politik funktionalisierte: »Unser Schicksal im Lande Israel ist es, dass wir dem Kampf im Sinne der Selbstaufopferung nicht entkommen können. Glauben Sie mir, die Alternative zum Kampf ist Treblinka, und wir haben beschlossen, dass es keine Treblinkas mehr geben wird. Dies ist der Moment, in dem eine mutige Entscheidung gefällt werden muss. Die kriminellen Terroristen und die ganze Welt sollen wissen, dass das jüdische Volk, genau wie jedes andere Volk auf der Welt, ein Recht auf Selbstverteidigung hat.« (Shlaim 2000, S. 405).

Israel begann am 6. Juni 1982, also 15 Jahre nach dem Juni-Krieg von 1967 und 20 Jahre vor der Invasion in die palästinensischen Autonomiegebiete im Frühjahr 2002, seinen ersten unprovozierten Angriffskrieg gegen den Libanon, gegen die PLO und gegen die libanesische und palästinensische Bevölkerung im Libanon. Für General Sharon, den damaligen israelischen Verteidigungsminister, war es sein erster Krieg gegen Yasir Arafat.

Die israelische Armee rückte weitgehend ungehindert Richtung Norden vor. Nach Kämpfen mit der syrischen Luftwaffe, bei der 23 syrische Kampfflugzeuge abgeschossen und die gesamte Luftabwehr der Syrer entlang der libanesisch-syrischen Grenze zerstört wurde, kam es am 11. Juni – vermittelt durch die USA – zum ersten Waffenstillstand.

Doch der israelische Vorstoß Richtung Beirut ging weiter. Am 13. Juni hatte die Armee die Verbindung zu den maronitischen Verbündeten im christlichen West-Beirut und in den Bergen nordöstlich von Beirut hergestellt: Beirut war umzingelt, die PLO eingeschlossen. Mit der Abriegelung der Überlandstraße Beirut-Damaskus konnte zudem jeder Nachschub aus Syrien abgeblockt werden.

Aus der ursprünglichen israelischen Operation »Frieden für Galiläa«, die von der israelischen Regierung abgesegnet worden war, war ein groß angelegter Krieg geworden: Krieg mit Syrien, Krieg gegen die PLO und die erste israelische Belagerung einer arabischen Hauptstadt.

Die Belagerung Beiruts und Arafats Rückzug nach Tunis

Die Belagerung Beiruts sollte sich über zwei Monate hinziehen. Die israelische Armee bombardierte Beirut in dieser Zeit systematisch mit allen ihr verfügbaren Mitteln: aus der Luft, vom Meer, durch die Artillerie. Immer wieder wurde der gesamten Stadt das Wasser und der elektrische Strom abgestellt. Die eingeschlossene Bevölkerung wurde über Lautsprecher terrorisiert und durch Flugblätter, die von Flugzeugen abgeworfen wurden, psychologisch unter Druck gesetzt. Angesichts dieser Zustände vermehrte sich nach und nach die internationale Kritik an Israels Vorgehen, selbst von Seiten der USA und von Reagan. Begin jedoch blockte alle Vorwürfe mit seinen Holocaust-Metaphern ab: »Als Premierminister fühle ich mich dazu berechtigt, eine tapfere Armee zu kommandieren, die es mit ›Berlin‹ aufnimmt, wo sich unter unschuldigen Zivilisten Hitler und seine Anhänger in einem Bunker tief unter der Oberfläche verstecken. Meine Generation, lieber Ron (also Ronald Reagan, an den dieses Telegramm gerichtet war, Anmerkung der Autorin) hat auf dem Altar Gottes den Schwur abgelegt, dass jeder, der die Absicht äußert, den Jüdischen Staat oder das Jüdische Volk oder beides zerstören zu wollen, sein Schicksal besiegelt hat. So dass das, was einst auf Anordnung von Berlin geschah, mit oder ohne Anführungszeichen, niemals wieder geschehen wird.« (Shlaim 2000, S. 411).

Auch für Teile der israelischen Öffentlichkeit war Begin mit dieser Rechtfertigung von Sharons Libanon-Krieg zu weit gegangen. Nach der Publikation dieses Telegramms in einer israelischen Zeitung appellierte die Knesset-Abgeordnete Chaike Grossman, die noch im Warschauer Ghetto gekämpft hatte: »Kehren Sie zurück in die Realität! Wir sind nicht im Warschauer Ghetto, wir befinden uns im Staate Israel.« (Shlaim 2000, S. 411). Und der Schriftsteller Amos Oz richtete die Aufforderung an Begin: »Dieser Zwang, Hitler wieder zu erwecken, nur um ihn abermals töten zu können, ist das Ergebnis eines Schmerzes, den sich Poeten nutzbar machen dürfen, aber nicht Staatsmänner (...) Sie müssen sich und die Öffentlichkeit, die Sie gewählt hat, daran erinnern, dass Hitler ein für alle mal tot und zu Asche geworden ist.« (Shlaim 2000, S. 412).

Die PLO verlässt Beirut

Inzwischen signalisierte Arafat, er sei bereit, mit der PLO aus Beirut abzuziehen. Sharon versuchte daraufhin, Arafat über einen ägyptischen Vermittler dazu zu bringen, mit der PLO nach Jordanien abzurücken und ließ erkennen, dass er einem palästinensischen Staat dort nicht im Wege stehen werde: »Eine Rede von mir und König Husain begreift, dass es Zeit ist, die Koffer zu packen.« (Shlaim 2000, S. 412).

In seiner Antwort wich Arafat nicht von seiner ursprünglichen Haltung zu diesem Thema ab, die er schon

1970 eingenommen hatte: »1. Jordanien ist nicht das Heimatland der Palästinenser. 2. Sie versuchen, den Todeskampf der Palästinenser auszunützen, um aus dem libanesisch-palästinensischen Konflikt einen jordanisch-palästinensischen Konflikt zu machen.« (Shlaim, S. 412).

Obwohl inzwischen fieberhafte Verhandlungen in Gang waren, die einen palästinensischen Abzug ermöglichen sollten, setzte die israelische Armee die Bombardierung Beiruts in immer brutalerer Weise fort. Allein am 10. August kamen 300 Menschen im Bombenhagel zu Tode.

Am 30. August war es dann soweit: Arafat und die PLO verließen Beirut auf von Griechenland bereitgestellten Schiffen. Das libanesische Kapitel des palästinensischen Kampfs für Selbstbestimmung und für einen eigenen Staat war zu Ende. 8500 PLO-Leute traten wie Arafat auf griechischen Schiffen den Rückzug an, 2500 weitere verließen den Libanon auf dem Landweg. Ihr neues Exil wurde Tunesien, wo die PLO-Zentrale bis 1994 bleiben sollte. Andere wurden im Jemen, in Algerien, in Tunesien, in Syrien, im Irak und in Jordanien aufgenommen.

Das Erbe des Kriegs: die Neuordnung des Libanon und die Massaker an palästinensischen Zivilisten

Das katastrophal-tragische Nachspiel dieses Kriegs kam im September. Als die Niederlage der PLO absehbar war, wurde der israelische Plan zur Neuordnung des Libanon umgesetzt. Am 23. August wurde der Phalangistenführer Bashir Gemayel unter massiver israelischer Intervention zum neuen libanesischen Präsidenten gewählt. Schon am 14. September wurde er durch eine Bombe, die in seinem Hauptquartier explodierte, ermordet. Die israelische Armee marschierte in West-Beirut ein und schickte ein Kontingent der christlichen Milizen, angeführt von Elie Hobeika, in die Flüchtlingslager von Sabra und Schatila.

Dort sollten angeblich versteckte PLO-Kämpfer aufgetrieben werden. Vom 16. bis 19. September verübten libanesische Milizionäre hier vor den Augen der israelischen Armee ein unbeschreibliches Massaker. Zwischen 800 (israelische Schätzungen) und 2000 (Schätzungen einer internationalen Untersuchungskommission) Palästinenser, Männer, Frauen, Kinder, wurden dort auf brutalste Weise umgebracht. Niemand kam ihnen zu Hilfe.

Der Schock in Israel war enorm. Um die Vorfälle aufzuklären, setzte man eine Untersuchungskommission unter Yitzhak Kahan, Richter am Obersten Gerichtshof, ein. Am 7. Februar 1983 veröffentlichte die Kommission ihren Abschlussbericht und ihre Empfehlungen. Israel trug demnach die indirekte Verantwortung für das Massaker, da die Phalangisten mit Wissen und mit Unterstützung der Armee in die Flüchtlingslager eingedrungen waren. Der Verteidigungsminister sollte, so die Empfehlung, zusammen mit einer Reihe von verantwortlichen Offizieren, von seinem Amt zurücktreten.

Die israelische Regierung akzeptierte den Bericht, Sharon trat als Verteidigungsminister zurück, blieb aber im Kabinett als Minister ohne Portfolio.

Am 17. Mai 1983 schlossen Israel und der Libanon ein Abkommen, mit dem der Krieg formal beendet wurde. Die israelische Armee zog sich in eine Sicherheitszone im Südlibanon zurück, die sie für die nächsten Jahre gemeinsam mit der so genannten südlibanesischen Armee unter Sa'd Haddad kontrollieren und besetzen sollte.

Die Bilanz des Kriegs im Libanon war schrecklich:

Nach libanesischen Polizeistatistiken waren fast 18 000 Menschen getötet worden. Der palästinensische Rote Halbmond berichtet von etwa 5500 Toten allein in Beirut bis Mitte August, über 80 Prozent davon Zivilisten. In der syrischen Armee sollen etwa 1200 Soldaten gefallen sein, die PLO berichtet von 500 toten Kämpfern. Israel beziffert seine Verluste mit etwas über 350 Toten.

Der Weg in die erste Intifada

Der Versuch einer kritischen Bewertung der palästinensischen Niederlage im Libanon durch die PLO

Bei seinem Auszug aus dem Libanon setzte Yasir Arafat ein deutliches Signal. Als erste Station ließ er sein Schiff in Griechenland, nicht in einem arabischen Staat also, anlegen. Damit brachte er seine Kritik an den arabischen Staaten deutlich zum Ausdruck. In seinen Augen hatten diese die Palästinenser während der israelischen Invasion und der Belagerung von Beirut im Stich gelassen.

Intern schien es vielen Palästinensern jedoch wichtiger, die Rolle der PLO im Libanon sowie den Verlauf des Kriegs von 1982 einer kritischen Analyse zu unterziehen. Eine Gruppe von PLO- und Fateh-Militärs um Sa'id Sayel, einem der ranghöchsten militärischen Führer der PLO (head of central operations room), begann zunächst mit einer Bestandsaufnahme der militärischen Aspekte. Die Ermordung Sayels Ende September im ostlibanesischen Biqa' Tal bescherte dieser wichtigen, selbstkritischen Initiative jedoch ein schnelles Ende.

Daraufhin startete Arafat selbst einen zweiten Anlauf und setzte eine Untersuchungskommission ein, um die notwendigen Informationen zum Krieg selbst und zur Rolle der PLO in diesem Krieg zu sammeln. Über 100 Militärs wurden in diesem Zusammenhang befragt, ein abschließender Bericht wurde jedoch nie angefertigt. Zudem, so berichtet der palästinensische Politologe Yezid Sayigh in seinem Buch zur Nationalbewegung, nahm Arafat das gesammelte Material auch noch unter Verschluss. Im Endeffekt entstand nur eine einzige schriftliche Kritik, die in der Zeitschrift Filastin al-Muhtalla (»Besetztes Palästina«) veröffentlicht wurde, einer Publikation, welche Fateh von 1975 bis 1983 herausbrachte[2]. Der anonyme Artikel räumte ein, die militärische Leistung der Palästinenser habe im Krieg beträchtliche Defizite aufgewiesen, doch diese hätten »außerhalb der Kontrolle der Führung« gelegen. Diese Stellungnahme bedeutete für Arafat und die PLO-Führung eine perfekte Entlastung! Fehlentscheidungen während des Kriegs und in der Phase vor dem Krieg schienen nicht auf ihr Konto zu gehen. Hier zeigte sich ein wesentliches Merkmal von Arafats Führungsstil: Kritik war zwar jederzeit möglich, aber nur, wenn sie an der Führungsebene unterhalb Arafats geübt wurde. Hier konnte man Flexibilität demonstrieren und Verantwortliche ihrer Ämter entheben. Sobald Kritik jedoch direkt die Person oder die Politik Arafats betraf, wurde sie sofort abgeblockt. Dieses System, das ähnlich zum Beispiel in Jordanien zu beobachten ist und dort immer wieder Regierungskrisen auslöst, hatte Arafat seit 1982 schrittweise in die PLO eingeführt. 1982 befand es sich noch in den Anfängen.

Wie auch immer eine wirklich kritische Einschätzung der militärischen Rolle und Leistung der Palästinenser im Libanon-Krieg von 1982 ausgefallen wäre, ein wichtiges Resultat des Kriegs war nicht zu leugnen: Der Bewaffnete Kampf, wie ihn Fateh unter Arafat 1968 in Karame aufgenommen hatte, war gescheitert. Der israelische Sieg von 1982 hatte ihn als Faktor im Nahostkonflikt obsolet wer-

---

2 Vor allem nach 1968/70 ist die Anzahl palästinensischer Publikationen sehr stark angestiegen: Es gibt Dutzende von Zeitschriften und Zeitungen. Die Zeitschrift Filastin al-Muhtalla beschäftigte sich schwerpunktmäßig mit den besetzten Gebieten.

den lassen. Auf die Niederlagen in Jordanien Anfang der siebziger Jahre war die nunmehr unwiderrufliche Niederlage in Beirut gefolgt.

Die besetzten Gebiete als neue Zentren für den Widerstand

Die Niederlage in Beirut setzte ein klares Signal: der Widerstand der PLO musste nun endgültig aus der Diaspora hinein in die besetzten Gebiete verlagert werden. Man hatte schon mehrere Anläufe in dieser Richtung unternommen: nach der Rabat-Konferenz von 1974, als die PLO als legitimer Vertreter der Palästinenser anerkannt worden war, 1978 nach Camp David, als die besetzten Gebiete in vollem Aufruhr standen und die Gipfelkonferenz von Bagdad Millionen für den Widerstand (sumud im Sinne von durchhalten, Anmerkung der Autorin) bewilligte. 1982 gab es keine Alternative mehr. Alle PLO-Organisationen konzentrierten sich von nun an auf agitatorisch-mobilisierende und organisatorische Arbeit in den besetzten Gebieten.

Arafats diplomatische Initiativen nach der Niederlage von Beirut

Arafat sah die Zeit für eine erneute diplomatische Offensive gekommen. Ansetzen musste er beim Reagan-Plan, der am 1. September 1982 veröffentlicht worden war. Der Plan enthielt einen winzigen Hoffnungsschimmer für die Palästinenser, denn er postulierte, dass nur eine Lösung der Palästina-Frage Stabilität für die Region bringen könne. Sowohl Arafat persönlich als auch das Exekutivkomitee der PLO enthielten sich jeder Kritik des Planes. Stattdessen erklärten sie ihre Bereitschaft, ihn im Detail studieren zu wollen, um darauf aufbauend konstruktive

Lösungsvorschläge zu erarbeiten. Und diese wurden so dringend benötigt wie noch nie.

Wenige Tage später, am 6. September, fand eine Arabische Gipfelkonferenz in der marokkanischen Stadt Fez statt. Die versammelten arabischen Staatschefs empfingen Arafat wie einen Helden. Zum Abschluss wurde, als Reaktion auf den Reagan-Plan, ein eigener arabischer Acht-Punkte-Plan zur Lösung des Nahostkonflikts verabschiedet: Nach Abzug der israelischen Armee sollten die 1967 besetzten palästinensischen Gebiete für einige Wochen unter die Kontrolle der Vereinten Nationen gestellt werden. Erst danach sollte ein unabhängiger palästinensischer Staat mit Ost-Jerusalem als Hauptstadt ausgerufen werden. Außerdem sollten die Vereinten Nationen eine Friedensgarantie für alle Staaten der Region, inklusive des neuen palästinensischen Staates, übernehmen.

Auf dieser Initiative versuchte Arafat nun weiter aufzubauen. Dazu knüpfte er diplomatische Kontakte in alle Richtungen. Schließlich musste die Position der PLO nun, nach dem Verlust einer eigenen Basis im Libanon, in anderer Form verstärkt werden. Arafat konzentrierte seine Bemühungen dabei in erster Linie auf Jordanien und Ägypten. Durch ein Bündnis mit diesen Staaten wollte er neuen politischen Rückhalt für die PLO gewinnen.

Doch die diplomatischen Offensiven Arafats waren innerhalb der PLO stark umstritten. Diesmal äußerte also nicht nur die PLO-Opposition (PFLP und DFLP) Kritik, sondern sie kam auch aus den eigenen Reihen der Fateh. Arafat gelang es hier jedoch noch einmal, sich mit seiner Politik des Ausgleichs durchzulavieren und am Ende alle Stimmen für seine diplomatische Option zu gewinnen.

Diese Situation sollte sich allerdings rasch ändern. Im Dezember 1982 hatte Arafat mit König Husain von Jordanien ein Vier-Punkte-Abkommen geschlossen. Damit war er in den Augen seiner Kritiker tatsächlich einen Schritt zu weit gegangen. Arafat wurde beschuldigt, den angestrebten Friedensprozess – auf der Basis der Koordination zwischen PLO und Jordanien – unter ausschließliche US-Kontrolle gestellt zu haben. Dies war Anfang der achtziger Jahre, als der Kalte Krieg unter Reagan gerade wieder neu entfacht und die Sowjetunion zum Reich des Bösen erklärt wurde, für die PLO-Linken und die Freunde Moskaus tabu. Der erste Anlauf Arafats, die palästinensische Außenpolitik mit Jordanien zu koordinieren, war damit gescheitert. Arafat hatte sich nicht durchsetzen können.

Arafats arabische Gegner machen mobil

Palästinensische Dissidenten wie Abu Nidal gingen derweil zum Angriff über. Sie verübten eine ganze Serie von Attentaten gegen Vertraute von Arafat, die in dessen Auftrag politische Kontakte nach Israel und zur israelischen Friedensbewegung geknüpft hatten. Am 10. April 1983 wurde Issam Sartawi auf dem Weg zu einer Sitzung der Sozialistischen Internationale in Portugal ermordet.

Die zweite Front gegen Arafat baute Syrien auf. Der syrische Präsident Assad wollte so verhindern, dass nach Ägypten nun auch die PLO auf ein bilaterales Abkommen mit Israel hinarbeitete. Er vertrat die Position, dass nur eine umfassende politische Lösung den Konflikt mit Israel beenden könne, bilaterale Lösungen hingegen immer auf Kosten der jeweils ausgeschlossenen arabischen Beteiligten gehen würden. Politisch-diplomatische Alleingänge Arafats lehnte er deswegen grundsätzlich ab. Er wollte eine von ihm selbst angeführte und koordinierte arabische Front durchsetzen. Die Fateh-Dissidenten, die im Frühjahr 1983 die erste Rebellion in der noch kurzen Geschichte der Bewegung starteten, konnten sich auf seine Unterstützung verlassen.

Mit einem Blitzbesuch in Damaskus versuchte Arafat Anfang Mai 1983 zu retten, was noch zu retten war. Präsident Assad jedoch, der nie ein Freund Arafats gewesen war, machte kurzen Prozess und verwies ihn des Landes.

Auch Arafats Weggefährte Abu Jihad, der sich in Tripoli im syrisch kontrollierten Libanon aufhielt, wurde zur Persona non grata erklärt und musste das Land verlassen. Die Krise spitzte sich zu und entwickelte sich zu einem regelrechten Krieg zwischen den verschiedenen bewaffneten palästinensischen Organisationen. Arafat wagte sich gleichsam in die Höhle des Löwen, als er im September 1983 mitten in die Auseinandersetzungen hineinplatzte, die in den palästinensischen Lagern nördlich der libanesischen Hafenstadt Tripoli tobten. Die Kämpfe wurden mit so unerbittlicher Härte geführt, dass Arafat Tripoli schließlich im Dezember mit 5000 Mann, den Resten ihm loyaler Verbände der Fateh und der PLO, verlassen musste. Die innerpalästinensischen Auseinandersetzungen hatten eine hohe Zahl von Opfern gefordert: Über 400 Tote waren zu beklagen.

Und wieder benützte Arafat seinen nunmehr zweiten Abzug aus dem Libanon zu einer politisch-diplomatischen Provokation. Im Suezkanal, auf dem Weg in den Jemen, stoppte er, um sich mit dem ägyptischen Präsidenten Mubarak zu treffen. Er signalisierte damit, dass die PLO wieder Beziehungen mit Ägypten knüpfen wollte, vorausgesetzt Camp David und dessen Programm für eine Lösung der Palästina-Frage (also Selbstverwaltung und nicht Unabhängigkeit als Lösung sowie Verhandlungen zwischen Jordanien, Ägyten, Israel und »Vertretern des palästinensischen Volkes«, jedoch ohne PLO) würden ad Acta gelegt.

Auch aus dieser Runde der Auseinandersetzungen ging Arafat als Gewinner hervor. Die Fateh-Dissidenten waren bald eine Fußnote der Geschichte, da sie von den weiteren Entwicklungen schlicht überrollt wurden. Dies war vor allem deshalb möglich geworden, weil – wie bereits erwähnt – die PLO-Opposition unter Führung von PFLP und DFLP den Kurs der Fateh-Dissidenten ablehnte. In ihren Augen hatten sich diese schlicht zu Werkzeugen von Syriens Präsident Assad machen lassen. Bei aller Kritik an Arafat war der PFLP und der DFLP die palästinensische nationale Einheit wichtiger.

So gelang es Arafat schließlich im November 1984, in Amman eine Sitzung des Palästinensischen Nationalrates einzuberufen. Dieser bestätigte Arafats Politik und Diplomatie und erteilte ihm ein Mandat für weitere Verhandlungen und Initiativen. In diesem Zusammenhang sprach der Nationalrat zudem seine erste pauschale Anerkennung aller relevanten UN-Resolutionen aus. Eben dies war auch eine erste – wenngleich indirekte – offizielle palästinensische Anerkennung von Resolution 242. Arafat konnte trotz aller Widrigkeiten einen weiteren innerpalästinensischen Erfolg für sich verbuchen.

Zweiter Anlauf: das Abkommen von Amman

Auf dieser Basis konnte Arafat am 11. Februar 1985 mit König Husain das Abkommen von Amman schließen, das danach vom PLO-Exekutivkomitee ratifiziert wurde. In diesem Abkommen forderten Jordanien und die PLO den vollständigen Abzug der israelischen Armee aus den 1967 besetzten Gebieten, im Gegenzug für einen umfassenden Frieden. Dies bedeutete eine zwar indirekte, aber klare Anerkennung der Existenz Israels in den Grenzen von 1967. Auch das stellte eine Neuheit dar. Doch die für viele wesentlich schockierendere Abmachung war die erklärte Bereitschaft der PLO, für die Verhandlungen um einen zukünftigen Friedensvertrag eine gemeinsame Delegation mit Jordanien zu bilden. Und zuletzt: Die Lösung der Palästina-Frage schließlich sollte im Rahmen eines konföderierten Arabischen Staates von Jordanien und Palästina erfolgen. Ganz offensichtlich hatte Arafat hiermit eine Neuauflage des alten Husain-Planes von 1972, der ein Vereintes Königreich vorsah, akzeptiert.

Der Aufschrei in der palästinensischen Opposition ließ nicht auf sich warten und diesmal kam es zu einem klaren Bruch zwischen der PLO-Führung und der Opposition von PFLP und DFLP. Diese bestand darauf, die UN-Resolution 242 und den Reagan-Plan abzulehnen sowie das von der PLO an Jordanien gegebene Mandat zu annullieren. Arafat gab nicht nach und machte sich bereit, auch diesen Bruch durchzustehen.

Der Stellvertreterkrieg der libanesisch-schiitischen Amal-Bewegung gegen die palästinensischen Flüchtlingslager im Libanon

Der letzte und schlimmste Schlag, den Arafat und seine PLO-Führung in dieser Phase zwischen 1982 und 1988 einstecken mussten, war der Stellvertreterkrieg, den die libanesisch-schiitische Amal-Bewegung, mit Rückendeckung durch Syrien, gegen die palästinensischen Flüchtlingslager im Libanon führte. Fast unmittelbar im Anschluss an den Krieg von 1982 waren Fateh-Loyalisten wieder in diese Lager zurückgekehrt und hatten dort die Führung übernommen. Der Krieg tobte vom Frühjahr 1985 bis zum Herbst 1987 in aller Brutalität und forderte eine enorme Zahl an Opfern vor allem unter der palästinensischen Zivilbevölkerung: Hunderte von Toten und vermutete Massaker an Hunderten von Kämpfern waren die schreckliche Bilanz. Beendet wurde der Krieg schließlich am 11. September 1987 durch ein Abkommen zwischen der Amal-Bewegung und der PLO. Ein entsetzliches Kapitel der palästinensischen Geschichte ging damit zu Ende.

Die PLO war nach der Vertreibung aus Beirut, den immer wieder gescheiterten Versuchen, einen diplomatischen Erfolg zu erzielen und durch die Lagerkriege an einem ersten absoluten Tiefpunkt ihrer politischen Geschichte angekommen: Im Konzert der arabischen Politik spielte sie offensichtlich keine Rolle mehr, wie auf der Arabischen Gipfelkonferenz von Amman im November 1987 für alle Beobachter unübersehbar deutlich wurde: Die Palästina-Frage wurde nur am Rande und eher als Pflichtübung erwähnt und Arafat war nicht länger Gaststar, sondern eher ein Zaungast.

Yasir Arafat hatte einsehen müssen, dass sein Versuch einer so engen Allianz mit Jordanien nicht mehrheitsfähig war und den für tief greifende politische Kursänderungen notwendigen palästinensischen Konsens sprengte.

In dieser schwierigen politisch-diplomatischen Situation der PLO kam es am 9. Dezember 1987 völlig unerwartet zum Ausbruch der Intifada, des palästinensischen Volksaufstands gegen die israelische Besatzung in den besetzten Gebieten.

Die Situation in den besetzten Gebieten seit 1967

Die israelische Besatzungspolitik in den besetzten Gebieten

Die israelische Besatzung des Jordanwestufers mit Ost-Jerusalem und des Gaza-Streifens hatte sich nach 1967 schnell in ein regelrechtes Besatzungssystem verwandelt. Es gab keine Methode, die von Seiten der israelischen Militärregierung nicht dazu benutzt worden wäre, sich das Land anzueignen: Beschlagnahmung für militärische Zwecke, Übernahme von Staatsland[3], Wiederinbesitz-

---

3 Im Osmanischen Reich, zu dem Palästina ja gehört hatte, war traditionell der Großteil des Bodens Staatsland, den Bauern jedoch zur Bearbeitung zur Verfügung gestellt, also nicht Privatland, wie in Europa üblich.

nahme von Land, das zu irgendeinem Zeitpunkt einmal in jüdischem Besitz gewesen war, und schlichter Kauf, meist für Unsummen von Geld. Seit Beginn der achtziger Jahre schließlich erklärte Israel alle Flächen, für die kein klarer privater Eigentumsanspruch nachgewiesen werden konnte, kurzerhand zu Staatsland und machte es damit verfügbar für die Umsetzung der israelischen Siedlungspolitik. Schon 1987 befand sich auf diese Weise fast die Hälfte des Landes auf dem Jordanwestufer in israelischem Besitz, bis 1991 schon zwei Drittel.

In klarer Verletzung der Vierten Genfer Konvention von 1949 wurden in den besetzten Gebieten seit 1967 israelische Siedlungen errichtet. 1987 lebten schon 65 000 Siedler in über 100 Siedlungen im Westjordanland. Im Gaza-Streifen, wo die israelische Besatzung 40 Prozent des Landes für sich beanspruchte, lebten knapp 3000 jüdische Siedler in rund 20 Siedlungen. Im 1967 ausgeweiteten Groß-Jerusalem schließlich wohnten bis zu diesem Zeitpunkt schon über 100 000 Siedler in urbanen und sub-urbanen Siedlungen, die sich wie ein Ring rund um das palästinensische Ost-Jerusalem schlossen.

Die strategische Bedeutung der Wasserreserven

Ein Drittel des in Israel verbrauchten Wassers kommt aus dem Westjordanland. »Wer die Wasserreserven des Westjordanlandes kontrolliert, kann Israels Küstenebene sehr einfach austrocknen lassen.« (Ha'aretz, 25. April 1989). Schon in den Verhandlungsrunden von Camp David hatte Israel deshalb deutlich gemacht, dass die palästinensischen Wasserreserven unter israelischer Kontrolle bleiben müssten. Nur 20 Prozent des Wassers im Westjordanland steht den palästinensischen Eigentümern zur Verfügung, 80 Prozent werden von den Bewohnern Israels und von den Siedlern im Westjordanland verbraucht. Laut Statistik verbraucht jeder israelische Siedler dreimal so viel

Wasser wie ein Palästinenser. Um die Kontrolle über die Wasserreserven zu garantieren, wurden israelische Siedlungen gleichsam wasserstrategisch geplant und angelegt.

Die Wirtschaft in den besetzten Gebieten

Die Wirtschaft in den besetzten Gebieten blieb bis 1987 völlig unterentwickelt und aus sich selbst heraus nicht lebensfähig. Der Grad ihrer Abhängigkeit von Israel war extrem. Die Landwirtschaft stagnierte, die Industrieproduktion fiel sogar hinter den Stand von 1967 zurück. Die besetzten Gebiete hatten sich in ein riesiges Reservoir von billigen Arbeitskräften für die israelische Landwirtschaft, die Bauwirtschaft und die Gastronomie verwandelt. Die nun in Israel arbeitenden Palästinenser brachten für ihre Verhältnisse hohe, für israelische Verhältnisse jedoch niedrige Löhne nach Hause und konnten dadurch für einen begrenzten Zeitraum den Lebensstandard dort steigern.

Die Kontrolle der Bevölkerung in den besetzten Gebieten

Die Kontrolle der Bevölkerung erreichte 1987 mit der Errichtung einer zentralen Datenbank einen neuen Höhepunkt, die der israelische Politologe und Publizist Meron Benvenisti »einen Meilenstein in der Errichtung des perfekten Polizeistaates« nannte (Benvenisti 1987, S. 34ff.).

Der palästinensische Rechtsanwalt Raja Shehadeh schrieb zusammenfassend: »Jeder Aspekt im Leben eines Palästinensers unter der Besatzung wird durch Militärverordnungen kontrolliert.« (Shehadeh 1988, S. 117). Die israelische Armee regierte in der Art früherer Herrscher des Absolutismus. Der Militärgouverneur vereinte Legislative, Exekutive und Judikative in einer Person. Dies blieb auch so, nachdem 1981 eine Zivilverwaltung die bis dahin eingesetzte Militärverwaltung ablöste.

Ein zusätzliches Instrument bildeten die von der britischen Mandatsmacht 1945 erlassenen Notstandsgesetze, mit denen diese damals jüdisch-zionistische Terroristen bekämpft hatte. Unter der Besatzung konnten jederzeit alle grundlegenden Bürger- und Menschenrechte aufgehoben werden, sei es durch die Armee, sei es durch die Siedler. Die Siedler im Westjordanland konnten jederzeit ihre palästinensischen Nachbarn provozieren und brutale Ausschreitungen gegen wehrlose Dörfer unternehmen, ohne eine Bestrafung befürchten zu müssen: »Die Praxis lehrt, dass man in Judäa und Samaria auf Leute schießen und sie töten kann, ohne deswegen wirklich bestraft zu werden«, folgerte die liberale Tageszeitung Ha'aretz im Dezember 1988. (Ha´aretz, Dezember 1988, zitiert nach Shehadeh 1988, S. 129).

Die israelische Armee zeichnete sich in diesem Zusammenhang immer wieder durch ihre besondere Brutalität aus: Schikanen aller Art, willkürliche Verhaftungen, Stadt- und Hausarrest, Ausgangssperren, Misshandlungen bis hin zu immer wiederkehrenden Fällen von Folterungen und fahrlässigen Tötungen.

Politische Betätigung seitens der Palästinenser war in den besetzten Gebieten verboten und die Zensur immer und überall allgegenwärtig. Benvenisti nannte die Besatzung ein System des »inneren Kolonialismus«. In diesem System, so schreibt er »sind Palästinenser bar aller politischen Rechte, angeblich als Folge der militärischen Besatzung. Gleichzeitig aber sind nicht einmal ihre Rechte gewährleistet, die ihnen auf der Basis der internationalen Konventionen über militärische Besatzungen zustünden, da die israelische Regierung die Anwendbarkeit dieser Konventionen auf die besetzten Gebiete nicht anerkennt.« (Benvenisti 1987, S. 70).

Der kürzlich verstorbene Israel Shahak, emeritierter Professor der Chemie an der Hebräischen Universität von Jerusalem und zugleich auch einer der schärfsten Kritiker des Besatzungsregimes, sprach von einem Apartheid-regime, vor allem im Hinblick auf die Nutzung von Land und Wasser sowie die ökonomische Ausbeutung. (Sha-hak-Pressedienst 1989: The Israeli theft of Water from the Territories).

Die Zuspitzung der Situation in den achtziger Jahren

1985 verordnete der neue Verteidigungsminister Rabin eine »Politik der Eisernen Faust« gegen die Palästinenser, die sich dem Besatzungsregime nicht beugen wollten. Allein in diesem Jahr wurden über 30 Palästinenser deportiert, über 100 wurden ohne jede Anklage und ohne Gerichtsverfahren in Administrativhaft festgehalten, zahllose Häuser wurden gesprengt.

Im Sommer 1987 kam es schließlich im israelischen Establishment zur ersten offenen Befürwortung eines Transfers, also der Massendeportation von Palästinensern aus den besetzten Gebieten. Heute, seit Bosnien, würde man von ethnischen Säuberungen sprechen. Rehavam Ze'evi, der spätere Parlamentsabgeordnete und Minister, der im Herbst 2001 von palästinensischen Militanten erschossen wurde, propagierte damals diese »humane und praktische Lösung« für das palästinensische Problem. (The Other Israel, 28. September 1987, später Jerusalem Post, 23. Februar 1988).

Im Jahr 1987 spitzte sich die Situation durch eine Reihe von Entwicklungen weiter zu. Diese waren wiederum die Folge von grundsätzlichen Veränderungen, die in der ersten Hälfte der achtziger Jahre die Gesellschaft der besetzten Gebiete zu erdrücken begannen.

Die israelische Besatzung hatte sich von Anfang an der Taktik von Zuckerbrot und Peitsche bedient. Die Masse der Bevölkerung, die politischen Aktivisten, die Flüchtlinge in den Lagern wurden extrem schlecht behandelt. Die Bessergestellten in der palästinensischen Gesellschaft, vor allem Geschäftsleute, genossen dagegen gewisse Privilegien. Israel war mit dieser Taktik in den ersten zehn Jahren der Besatzung gut gefahren, da auf der palästinensischen Seite immer jemand zu finden war, mit dem man zusammenarbeiten konnte.

Mehrwertsteuer

1976 führte die israelische Besatzung in den besetzten Gebieten, zunächst im Westjordanland, das System der Mehrwertsteuer ein. Die geltenden internationalen Bestimmungen verbieten es jedoch, während einer Besatzung neue Steuern zu erheben. Israel setzte sich über die massiven Proteste der palästinensischen Geschäftsleute hinweg. Alle Eingaben, Demonstrationen und Streiks blieben ergebnislos. 1980 kam es zu einem zweimonatigen Streik, der schließlich auch für Israel große wirtschaftliche Schäden brachte. Die Besatzungsmacht blieb unerbittlich und führte ein Jahr später die Mehrwertsteuer auch im Gaza-Streifen ein. Wieder kam es zu massiven Streiks, die nun jedoch zusätzlich zur ökonomischen auch eine politische Dimension erreichten. Selbst konservative Politiker, die immer zur Zusammenarbeit mit der Besatzung bereit gewesen waren, wie zum Beispiel Rashad ash-Shawa, Bürgermeister von Gaza, schlossen sich nun dem Widerstand an: »Wir lehnen die israelische Besatzung ab. Wir lehnen es ab, durch Israel oder durch irgend jemand sonst versklavt zu werden. Wir sind ein freies Volk. Wir bestehen auf unserem Recht der Selbstbestimmung in unserem eigenen Land, dem Land unserer Väter und Vorfahren. Das ist die Situation heute in Gaza. Bitte, interpretieren Sie dies alles nicht nur als Widerstand gegen die Mehrwertsteuer. Die Leute hier haben das Gefühl, dass ihnen Israel jedes Stück Land, jedes Haus, das sie besitzen, wegnehmen will. Ich erinnere mich, als ich ein Kind und dann ein Jugendlicher war, hatten wir die Türken hier, als ich ein junger Mann war, die Briten, als

Erwachsener schließlich lebte ich mit den Ägyptern und nun mit Ihnen (den Israelis, Anmerkung der Autorin). Nahmen uns die Türken Land weg für Siedlungen? (...) Machten die Briten oder die Ägypter dies? Nein. Nur Sie! Mit Ihnen ist das Problem: Sein oder Nicht-Sein, denn Sie nehmen uns alles weg.« (Interview in der israelischen Zeitung Ha'aretz, 31. Dezember 1981).

Mit der Einführung der Mehrwertsteuer hatte die israelische Besatzungsmacht allerdings die Schraube der Unterdrückung überdreht. Damit trieb sie nun selbst den apolitischsten Geschäftsmann in die Arme des palästinensischen Nationalismus.

Bleibt hinzuzufügen, dass der Staat Israel sich sein Besatzungsregime durch die besetzten Palästinenser finanzieren ließ: Von 1967 bis 1987 waren insgesamt 800 Millionen US-Dollar aus den besetzten Gebieten nach Israel geflossen. Allein 1987 waren es 80 Millionen gewesen. Die Mehrwertsteuer machte schon 1985 60 Millionen Dollar jährlich aus, bildeten also den wichtigsten Posten der »Besatzungssteuer«. Ein UNCTAD[4]-Bericht von 1987 benennt deshalb auch die Mehrwertsteuer als das wichtigste Hindernis für jegliche wirtschaftliche Entwicklung in den palästinensischen Gebieten.

Arbeitsmigration

Schon seit 1948 waren Palästinenser in die Erdölstaaten am Golf, allen voran Kuwait, abgewandert, um dort Arbeit zu finden und um ihre Familien ernähren zu können. In den Jahren 1949 bis 1967 hatten etwa 200 000 Palästinenser aus Westjordanland und dem Gaza-Streifen ihr Land auf der Suche nach Arbeit verlassen müssen. Direkt im Anschluss an den Juni-Krieg von 1967 wanderten erneut fast 200 000 Palästinenser in die Golfstaaten ab. Hier handelte es sich nicht um Kriegsflüchtlinge im ei-

---

4 United Nations Conference on Trade and Development.

gentlichen Sinn, sondern um Menschen, die nach 1967 aus ökonomischen Gründen die nun besetzten Gebiete verließen.

Im Zeitraum 1969 bis 1981 waren 150.000 Arbeitsmigranten zu verzeichnen, davon allein 110 000 aus dem Westjordanland, der Rest aus dem Gaza-Streifen. 1970 bis 1974 pendelte sich die Zahl der Arbeitsmigranten langsam auf jährlich etwa 3000 ein. Als 1975 der Ölboom in den Golfstaaten begann, stiegen diese Zahlen auf 13 000 pro Jahr an. Den Höhepunkt bildeten die Jahre 1980 und 1981, in denen jährlich 20 000 Menschen aus ökonomischen Gründen ausreisten. 1983 setzte dann die Rezession im Golf ein, es gab immer weniger freie Arbeitsplätze. Zudem wurde in den Golfstaaten und in Jordanien eine zunehmend restriktivere Visa-Politik eingeführt. 1983 konnten deshalb nur noch etwa 10 000 Palästinenser ausreisen, 1984 sank die Zahl auf 3000. Ein großer Teil der Migranten waren junge Palästinenser gewesen, die nach Abschluss ihres Studiums einen angemessenen Arbeitsplatz suchten und den in der Regel nur in den Golfstaaten fanden. Weder in Israel noch in den besetzten Gebieten gab es für sie Stellen, die ihren Qualifikationen entsprachen. Schon 1984 war die stattliche Zahl von 10 000 arbeitslosen Akademikern erreicht, sie stieg in rapidem Tempo an und 1987 waren 15 000 junge Palästinenser mit einem Universitätsdiplom ohne Arbeit.

Politisch bedeutete dies, dass genau die Gruppe, die traditionell am stärksten politisiert war, nun nicht mehr abwandern konnte. Anders gelesen bedeutet dies auch, dass die Israelis in den vergangenen zehn Jahren einen wesentlichen Teil des Konfliktpotentials gegen die Besatzung auf rein ökonomischem Weg beseitigt hatten.

Die Dinge entwickelten eine ähnliche Dynamik wie im Fall der Mehrwertsteuer. Das ökonomische Problem der Arbeitslosigkeit verband sich mit dem sozialen und politischen Problem der Besatzung. Diese verhinderte einen

Ausweg aus der Situation, da sie keine Möglichkeit der wirtschaftlichen Entwicklung ließ. Ein explosives politisches Gemisch entstand. Für die junge palästinensische Generation wurde klar, dass sie die Bedingungen ihrer Existenz ändern mussten, wenn es für sie eine lebenswerte Zukunft geben sollte. Nur eine Beendigung der Besatzung konnte den Weg in eine neue Zukunft öffnen. Eben deshalb gab es nur eine Möglichkeit: den Kampf gegen die Besatzung.

Mobilisierung und Organisation der palästinensischen Gesellschaft unter der Besatzung

Widerstand gegen die Besatzung hatte es in den besetzten Gebieten immer wieder gegeben. Den ersten spontanen Widerstand konnten die israelische Armee und der israelische Geheimdienst sehr schnell niederschlagen und durch systematische Unterdrückung unter Kontrolle halten. Eine zentrale Rolle spielte dabei die Deportation von politischen Führungspersönlichkeiten, mit der direkt nach 1967 begonnen wurde. Scheich Abdel-Hamid as-Sayih war einer der ersten Deportierten aus Jerusalem. Im Exil wurde er zum Präsidenten des Palästinensischen Nationalrates, also des PLO-Parlaments. Kamal Nasser, Journalist und Dichter aus Birzeit wurde im Dezember 1967 deportiert. Er wurde 1973 als Sprecher der PLO während der oben schon erwähnten israelischen Kommando-Operation unter Führung von Ehud Barak in Beirut ermordet. Abdel-Jawad Saleh, Bürgermeister der Stadt el-Bireh, die nördlich von Jerusalem liegt, wurde 1973 zusammen mit anderen Gründern der gerade erst etablierten »Nationalen Front« in den besetzten Gebieten über die jordanische Grenze geschafft, in seinem Falle sogar mit Brachialgewalt, da er nicht bereit war, auf eigenen

Yasir Arafat 1983: eines der wenigen Bilder ohne die symbolträchtige palästinensische Kefiya. (dpa)

Anfang September 1970 entführen militante Mitglieder der PFLP drei Flugzeuge nach Jordanien. Nach der Evakuierung der Besatzung und der Passagiere sprengen sie die Maschinen, um die Freilassung von Gesinnungsgenossen zu erpressen. (dpa)

Rauchwolken über Amman: Die Kämpfe zwischen der PLO und der jordanischen Armee beginnen am 17.09.1970 und werden zum »Schwarzen September« für die Palästinenser. (dpa)

Während der Olympischen Spiele 1972 in München nehmen Terroristen der palästinensischen Organisation »Schwarzer September« israelische Sportler als Geisel. Die israelische Regierung erfüllt ihre Forderung nach Freilassung von inhaftierten Palästinensern nicht. Bei dem Befreiungsversuch durch ein deutsches Kommando-Team sterben alle Geiseln, fünf Palästinenser und ein deutscher Polizist. (dpa)

Yasir Arafats erster internationaler Auftritt als Politiker: Im November 1974 spricht er vor der Generalversammlung der UN in New York. (dpa)

»Historischer Händedruck« zwischen Izchak Rabin und Yasir Arafat im Beisein von US-Präsident Bill Clinton am 13.09.1993 in Washington. (dpa)

Unter dem Jubel der Palästinenser kehrt Arafat im Juli 1994 aus seinem 27-jährigem Exil nach Gaza zurück. (dpa)

Yasir Arafat und Shimon Peres, zwei Tage nachdem sie zusammen mit Izchak Rabin den Friedensnobelpreis erhalten haben, 12.12.1994. (dpa)

»Staatsbesuch«: Arafat und seine Frau Suha empfangen Hillary und Bill Clinton in Gaza, 14.12.1998. (dpa)

Eröffnung der Transitstrecke zwischen Gaza-Streifen und Westjordanland am 25.10.1999: Zusammen mit einer weiteren nördlichen
Transitstrecke sollte dadurch
eine Landverbindung zwi-
schen den beiden palästinensischen Teilgebieten hergestellt werden. Die nördliche
Strecke wurde nie eröffnet,
die südliche konnte nur
knapp ein Jahr und unter
sehr vielen Einschränkungen
benutzt werden. (dpa)

Affront in Jerusalem: Am
28.09.2000 provoziert Ariel
Sharon mit seinem »Einzug«
auf den Haram asch-Scharif
die gesamte arabische und
islamische Welt. Sharon wird
von 1.000 Polizisten und
Einheiten der Grenzpolizei
abgeschirmt. (dpa)

Palästinensisches Selbstmordattentat: In der Hafenstadt Haifa wird im Dezember 2000 ein Linienbus gesprengt. (dpa)

Jenin gleicht einem Trümmerfeld. In einer militärischen Offensive machte die israelische Armee im April 2002 das palästinensische Flüchtlingslager dem Erdboden gleich. Die Anzahl der Toten ist noch nicht bekannt. (dpa)

Der von der israelischen Armee zerstörte Amtssitz Yasir Arafats in Gaza-Stadt, 10.03.2002. (dpa)

Füßen über die Grenze zu gehen. Saleh wurde im Exil Mitglied des PLO-Exekutivkomitees, nach seiner Rückkehr 1994 wurde er bei den ersten palästinensischen Wahlen zum Abgeordneten in den Legislativrat gewählt und bekleidete dann für kurze Zeit das Amt des Ministers für Landwirtschaft.

Große Teile der palästinensischen Bevölkerung in den besetzten Gebieten identifizierten sich sehr schnell mit dem palästinensischen Widerstand in Jordanien, vor allem nach der Schlacht von Karame. Nach und nach setzte sich auch in den besetzten Gebieten die Idee durch, dass nur ein palästinensischer Staat in eben diesen Gebieten eine politische Lösung eröffnen könne. Eine wichtige Rolle spielten dabei die linken palästinensischen Organisationen und die palästinensische Kommunistische Partei. Diese übten vor allem in den Städten Jerusalem, Bethlehem und Ramallah einen bestimmenden Einfluss auf die öffentliche Meinung aus.

In den frühen siebziger Jahren mit ihrer Aufbruchstimmung auf allen Gebieten – nicht zuletzt auf kulturellem Gebiet mit einem eigenen Theater (Ballalin), eigenen politischen Liedern (Mustafa al-Kurd), einer eigenen palästinensischen Malerei (Suleiman Mansur) – und mit den Aktivitäten der Palästinensischen Nationalen Front seit 1972/73 bildeten sich die Wurzeln jenes gewaltlosen Widerstands, der ab 1987 die Intifada prägen sollte.

Zwar entwickelte sich ein durchaus konfliktbeladenes Verhältnis zwischen den Linken im Westjordanland und den Fateh-Nationalisten in der PLO in Beirut, aber einen grundsätzlichen Widerspruch in Bezug auf Ziele und Taktik gab es nicht. Auch das zeigt wieder, dass der Bewaffnete Kampf der Fateh und der PLO nie nur eine militärische Strategie war, sondern vielmehr das wichtigste identitätsstiftende Moment für die Herausbildung des palästinensischen Nationalismus. Wie Abu Jihad präzise formulierte, war es das Ziel des Bewaffneten Kampfs, »der hartnäckigen Entschlossenheit der Palästinenser, so lange zu kämpfen, bis sie ihre Rechte wiedergewonnen hatten, Ausdruck zu verleihen.« (Shu'un Filastiniya Nr. 152/153, 1986, S. 14)[5]

Und Yasir Arafat bekräftigte dies noch deutlicher: »Ich weiß sehr gut, dass wir Palästina auch durch den Bewaffneten Kampf nicht zurückgewinnen können. Wir müssen kämpfen, um der Welt zu zeigen, dass es uns gibt. Wir müssen kämpfen, um der Welt zu zeigen, dass das palästinensische Volk exisitiert.« (Hart 1984, S. 173).

Die Situation der unter der Besatzung lebenden Palästinenser beleuchtet Abdel-Jawad Saleh am klarsten:

»In einem gemeinsamen Kampf vereint zu sein, bedeutet nicht völlige Konformität. Es gab einen wesentlichen Unterschied zwischen den beiden Partnern. (…) Der Slogan ›nur die Waffe spricht‹ spielte nie eine bedeutende Rolle im Leben der Palästinenser unter der Besatzung, obwohl er emotional sehr wichtig war (…). Es war die Priorität der Palästinenser unter der Besatzung, eine Nation zu formen und Institutionen aufzubauen, die der Besatzung widerstehen konnten. Selbst ihr gewaltloser Kampf nahm die Form des Aufbaus von Massenorganisationen an (…).« (Saleh 1987, S. 24).

Seit der Arabischen Gipfelkonferenz von Bagdad im Jahr 1978 war das Schlagwort für den Widerstand der Palästinenser unter der Besatzung »sumud«, also Standhalten oder Durchhalten. Yasir Arafat brachte dies schon 1973 auf den Punkt, als er ausrief: »Schon einen Tag durchzuhalten, ist ein kleiner Sieg.« (Filastin ath-Thaura[6], 1. August 1973).

---

5 Die Shu'un Filastiniya war eine einflussreiche wissenschaftliche Zeitung, die vom Forschungszentrum der PLO von 1971 bis 1993 herausgegeben wurde.

6 Die Filastin ath-Thaura war das PLO-Zentralorgan. Die Zeitung erschien seit den siebziger Jahren zunächst in Beirut, später dann in Tunis.

Der Einfluss Arafats und der PLO auf die besetzten Gebiete

In den besetzten Gebieten waren alle in der PLO zusammengeschlossenen Organisationen aktiv. Sie bauten
ihre Organisationsstrukturen dort unter den besonderen
Bedingungen der Besatzung auf und konzentrierten sich
dabei auf Berufsverbände, auf Basis- und Massenorganisationen. »In den letzten beiden Jahren (also von 1985 bis
1987, Anmerkung der Autorin) etablierte die PLO gemeinsam mit der Führung in den besetzten Gebieten (...)
eine Infrastruktur, die als Grundlage für einen palästinensischen Staat betrachtet wird. (...) Die Gesellschaft organisierte sich politisch. (...) Zur Finanzierung dieses
weitgespannten organisatorischen Unternehmens werden
Gelder der PLO und des Bagdader Gipfels im Umfang
von etwa 150 Millionen Dollar pro Jahr, von denen 100
Millionen für das Westjordanland bestimmt sind, in die
besetzten Gebiete gepumpt.« (Shinar 1987, S. 7).

Die Gemeindewahlen von 1976, die letzten, die unter
der israelischen Besatzung bis 1993 durchgeführt wurden,
endeten in einem großen Sieg für die mit der PLO verbündeten Kandidaten. Camp David, der Gipfel von Bagdad,
die Niederlage der PLO im Krieg Israels und Sharons im
Libanon: All dies führte dazu, dass die PLO, dass vor allem
Arafat und seine Fateh- und PLO-Führung, ihre politische
Arbeit zusehends auf die Gesellschaft in den besetzten Gebieten stützten und nach ihr ausrichteten. Khaled al-Hassan beschrieb die neue Situation 1983 treffend: »Ich
denke, dass jetzt die Menschen im ›Innern‹ (also in den besetzten Gebieten, Anmerkung der Autorin) größere Relevanz haben als wir. Ihre Unterstützung verleiht uns internationale Legalität. (...) Sie sind unsere letzte Quelle des
Widerstands.« (Zitiert nach Cobban 1984, S. 257).

Alle Organisationen, ob Fateh, PFLP, DFLP oder die
Palästinensische Kommunistische Partei, verfolgten hier
dieselbe Strategie. Während die linken Organisationen

sich mit ihrer Arbeit auf den Großraum Jerusalem konzentrierten, war Fateh im gesamten Land aktiv und konnte sich dort eine starke politische Basis aufbauen.

Die Jugendorganisation Schabiba

Eine zentrale Rolle nahm die ursprünglich als Jugendorganisation gegründete Schabiba-Bewegung ein. Das Beispiel des Flüchtlingslagers Balata bei Nablus verdeutlicht dies am besten. 1982 wurde in Balata eine Schabiba-Gruppe gegründet.

»Die Ironie war, dass die Schabiba weit erfolgreicher war als ihre Vorgängerin, ein Fateh-Jugendclub, den die israelische Armee geschlossen hatte. Sie wurde bald zu einem effektiven Instrument, mit dem der Bevölkerung geholfen und diese gleichzeitig kontrolliert wurde. (...) Die Führung der Schabiba, eine Mischung aus Studenten, freigelassenen ehemaligen politischen Gefangenen und einfachen Rowdys, etablierte sehr schnell ihre Autorität über das Lager. Nachts kontrollierten Mitglieder der Bewegung die Gassen des Lagers. Familien von Kollaborateuren mussten das Lager verlassen, Drogenhändler, Spielhallenbesitzer, Prostituierte und ihre Zuhälter wurden sozial geächtet. Die Schabiba verfolgte unbeirrt ihre Mission der Aufrechterhaltung der öffentlichen und nationalen Moral und übte bald uneingeschränkte Kontrolle über fast alle Bereiche des Lagerlebens aus. (...) Steine flogen Tag und Nacht in Balata (...) und Molotow-Cocktails wurden zu einem solchen Problem, dass Armeepatrouillen das Lager mieden, wann immer sie konnten. Balata hatte schon vor dem Dezember 1987 (dem Beginn der Intifada, Anmerkung der Autorin) den Aufstand erklärt, sich den Zugriffen der israelischen Verwaltung entzogen und sich geschlossen hinter eine unbewaffnete Miliz der Jugendlichen der Schabiba gestellt.« (Baumgarten 1991, S. 268f. und Schiff/Ya'ari 1990, S. 90f.).

Dieser Massenaufstand der palästinensischen Gesellschaft gegen die Besatzung, mit seinem bewussten Verzicht auf den Einsatz von Schusswaffen, sollte für die Intifada seit 1987 charakteristisch sein.

Zum Ausbruch der Intifada und zu den Aufständen, zu denen es überall in den besetzten Gebieten kam, trug jedoch eine letzte geradezu klassische Guerillaoperation bei, die aus dem Libanon heraus geführt wurde: Am 23. November 1987 überquerte ein Fida'i des PFLP-Generalkommandos, Ahmad Jibril, die nördliche Grenze des Libanon mit einem – das war das Überraschungsmoment – Drachenflieger. Unbemerkt konnte er in einem Stützpunkt der Armee landen und dort sechs Soldaten erschießen. Einer der ersten »Schlachtrufe« der »Kinder der Intifada« lautete: »Sechs gegen einen«.

Der Ausbruch der Intifada

Den unmittelbaren Anlass für den Ausbruch der Intifada gerade im Dezember 1987 bildete ein Autounfall am Kontrollpunkt Erez, dem Übergang aus dem Gaza-Streifen nach Israel. Dort stieß ein israelischer Lastwagen frontal mit zwei palästinensischen Kleinbussen zusammen, die palästinensische Tagelöhner von ihrer Arbeit in Israel in das Flüchtlingslager Jabaliya, eines der größten Lager im Gaza-Streifen, zurückbrachten. Vier Männer starben sofort, mehrere wurden verletzt. Wie ein Lauffeuer verbreitete sich in Jabaliya das Gerücht, ein Israeli habe den Unfall aus Rache wegen eines Mordes, der wenige Tage zuvor mitten in Gaza an einem Israeli verübt worden war, absichtlich provoziert. Noch in derselben Nacht begannen die größten Massendemonstrationen, die es dort je gegeben hatte. Die Palästinenser gingen auf die Straße und ließen ihrer seit Jahren aufgestauten Wut über die Besatzung freien Lauf. Es dauerte nur wenige

Stunden, bis der gesamte Gaza-Streifen in Aufruhr war. Der Aufstand griff auch auf das Westjordanland über und innerhalb weniger Tage hatte sich die Intifada, der Aufstand der Palästinenser gegen die Besatzung, in den gesamten besetzten Gebieten ausgebreitet. Kein Dorf, kein Flüchtlingslager, keine Stadt blieb davon unberührt. Teils spontan, teils durch die aktive Organisation von militanten palästinensischen Nationalisten entstand innerhalb von Tagen eine Situation, die auch durch die israelische Armee nicht mehr zu kontrollieren war. Zum ersten Mal in der Geschichte der Besatzung erhob sich die gesamte palästinensische Gesellschaft, quer durch alle sozialen Schichten, gegen die verhasste Besatzung.

Ende Oktober schrieb Musa Budeiri, Professor für Geschichtswissenschaft an der Universität Birzeit, in einem in der Jerusalem Post am 27. Oktober 1987 veröffentlichten Artikel folgende Zeilen: »Die Palästinenser haben nur eine Forderung von universaler Bedeutung. Wie schon Martin Luther King formuliert hat: ›Wir wollen unsere Freiheit … und wir wollen sie JETZT!‹.«

Die israelische Armee, damals unter Verteidigungsminister Izchak Rabin, reagierte mit aller Brutalität. Bis auf die Zähne bewaffnete Soldaten schossen auf unbewaffnete Demonstranten, darunter unzählige Frauen, Kinder und Jugendliche. Zunächst verwendeten die Soldaten Tränengas. Als auch das den Aufstand nicht mehr stoppen konnte, kam der berühmte Befehl Rabins: »Brecht ihnen die Knochen.« Fernsehbilder von einer Szene, in der vier israelische Soldaten zwei Palästinensern tatsächlich die Knochen brachen, gingen um die Welt. Zuletzt wurde auch scharf geschossen.

Doch die Intifada wurde schnell zum Mythos, wechselweise bezeichnet als »Aufstand der Kinder«, »Kinder der Steine« oder als »Kampf Davids gegen Goliath«. Ein Intifada-Lied des palästinensischen Liedermachers Mustafa al-Kurd verleiht dem Ausdruck:

»Stein und Wasser sind es, die mich begleiten,
Stein und Wasser und die Zwiebel
Die Angst ist tot, ich hab sie begraben.
Auf mein Freund, lass das Feuer in dir brennen.
Angst wohnte uns im Herzen,
ließ unsere Hoffnung sterben und versperrte den
Weg,
ließ uns das Licht verlöschen und die
Kerzenflamme ersticken.
Die Angst ist tot, ich hab sie begraben.

Angst zwang uns in kalter Nacht,
in Reih und Glied zu stehen, alt und jung.
Der Alten Worte klagen an: Gott strafe diese
Frevler.
Die Angst ist tot, ich hab sie begraben.
Auf mein Freund, lass das Feuer in dir brennen.«

(Anmerkung der Autorin: der Stein als Waffe, die
Zwiebel als bester Schutz gegen Tränengas, das Wasser zum
Auslöschen einer Tränengasbombe)

Die Vereinigte Führung der Intifada wird errichtet

Der entscheidende Schritt, um die wütende Energie der spontanen Massendemonstrationen in einen lange anhaltenden Aufstand zu lenken, war die Errichtung der Vereinigten Führung der Intifada, in der sich alle politischen Organisationen zusammenschlossen: Fateh, DFLP, PFLP und die Palästinensische Kommunistische Partei. Sie hatten sich schon im Frühjahr 1987 auf dem »Einheits-Nationalrat« der PLO in Algier in einer Art Einheitsfront formiert.

Die Vereinigte Führung verteilte in regelmäßigen Abständen immer neue Flugblätter, über die das Programm des Aufstands publik gemacht wurde. Die Bevölkerung hielt sich geradezu buchstabengetreu an diese Programmpunkte.

Der Streik, der anfangs spontan erklärt worden war, wurde nun institutionalisiert und gleichzeitig in einer Art und Weise organisiert, dass ein Minimum an Alltagsleben aufrechterhalten werden konnte. Ziel war, diesen Streik und diesen Aufstand bis zur Befreiung aus der Besatzung durchzuhalten.

Der Fateh-Bewegung gelang es, die palästinensische Mittelschicht, bestehend aus Ladenbesitzern und Handel, für die Durchhaltung des Streiks zu gewinnen. Ein Strategiepapier der Fateh vom Februar 1988 entwarf das Programm dafür und konnte dieses unter Teilnahme der gesamten Mittelschicht erfolgreich durchsetzen.

Eine groß angelegte Kampagne des zivilen Ungehorsams, bei der vor allem die linken Organisationen in ihren Hochburgen Ramallah, Jerusalem und Bethlehem die entscheidende Rolle spielten, kam in Gang. Dadurch sollte schrittweise eine Abkoppelung von der Besatzung erreicht werden. Parallel dazu sollten im sozialen, ökonomischen und politischen Bereich alternative palästinensische Strukturen aufgebaut werden. Am Ende sollten die Befreiung sowie die Proklamation und Errichtung eines unabhängigen palästinensischen Staates stehen.

Die gesamte palästinensische Gesellschaft trug dieses Programm mit. Alle legten ihre Arbeit im Rahmen der israelischen Zivilverwaltung nieder, ob Polizisten oder Angestellte. Ein praktisch totaler Steuerboykott begann. Nach und nach brach sogar eine der wichtigsten und perfidesten Stützen der israelischen Besatzung zusammen: das Netz von Kollaborateuren. In einem Flugblatt beschloss die Vereinigte Führung, jedem Kollaborateur die Chance zu geben, in den Schoß der Nation zurückzukehren und sich von der Besatzung abzukehren. Der Appell zeitigte einen durchschlagenden Erfolg.

Als die Armee trotz Tränengas, Knochenbrechen und Einsatz von Schusswaffen den Aufstand nicht hatte beenden können, machte sie sich daran, alle palästinensischen

Schulen und Universitäten zu schließen. Die gesamte Jugend wurde ausgesperrt. Die Intifada-Führung reagierte ohne Zögern. Ein alternatives Erziehungssystem war innerhalb von Tagen organisiert, mit Erziehungskomitees in jeder Straße, in jedem Viertel, in jedem Lager. Schule fand nun in Wohnzimmern und Küchen statt. Universitätsseminare wurden in Privatwohnungen verlegt. Überall im Lande entstanden Komitees: medizinische Komitees übernahmen die Gesundheitsversorgung, Landwirtschaftskomitees begannen, eine alternative Hauslandwirtschaft zu organisieren. Israelische Produkte wurden boykottiert, um der einheimischen Industrie eine Chance zu geben. Die Liste könnte endlos fortgesetzt werden.

Die im engeren Sinne politische Dimension dieses Programms sprach Sari Nusaibeh, damals Professor für Philosophie an der Universität Birzeit, im Januar 1988 an: »Dieser Aufstand hat erneut bestätigt, dass unser Volk unverbrüchlich an seinen nationalen Bestrebungen festhält. Diese Bestrebungen umfassen die unveräußerlichen Rechte unseres Volkes auf Selbstbestimmung und auf die Etablierung eines unabhängigen Staates auf unserem nationalen Boden unter der Führung der PLO als unserer einzig legitimen Vertretung.« (Journal of Palestine Studies 67, Frühjahr 1988, S. 63f.[7]).

Die Rolle Arafats und der PLO in der Intifada

Worin bestand nun die Rolle der PLO und der PLO-Führung unter Yasir Arafat in der Intifada? Eine theoretische Untersuchung von Barrington Moore darüber, wie Revolutionen funktionieren, verdeutlicht die Funktion, die der PLO zukam, sehr plastisch: »Eine revolutionäre Masse ist

---

7 Das Journal of Palestina Studies, JPS, ist eine wissenschaftliche Fachzeitschrift die 1982 in Beirut, später in Washington veröffentlicht wurde.

von einer revolutionären Partei sehr verschieden. Während eine Partei sehr straff organisiert und diszipliniert ist, ist die revolutionäre Masse nur lose organisiert. Massen sind im allgemeinen Formen kollektiven menschlichen Verhaltens, die außerhalb der normalen institutionellen Strukturen (...) entstehen. Sie sind wie Ferien von der normalen Gesellschaft (...) und können nicht von Dauer sein. (...)

Ein wesentlicher Zweck der revolutionären Partei liegt natürlich in ihrer Funktion der strategischen Avantgarde, die die Masse im richtigen Augenblick zu strategisch wichtigen Zielen führt. (...)

Als eine Form kollektiven Verhaltens außerhalb der herrschenden Institutionen wird sich die Masse sehr wahrscheinlich ihre eigenen Führer wählen. Untersuchungen belegen, dass das kollektive Verhalten von Massen sehr rational sein kann. Massen schaffen sich ihre eigenen Führer, sammeln ihre eigenen Informationen, entscheiden über ihre eigenen Aktionen in einer Weise, die man als direkte Demokratie bezeichnen könnte. Während ihres Bestehens zeigen Massen einen hohen Grad an Autonomie.

Ein Führer von außen mit einem klaren Gefühl für die Empfindungen der Zuhörer kann eine Masse überreden und beeinflussen, ihr neue Ziele vorschlagen und ähnliches (...) Auf der anderen Seite muss auch ein derart mächtiger Führer im allgemeinen die meisten Empfindungen der Massen teilen und ist für sie somit ebenso Gefangener wie Führer.« (Moore 1982, S. 632ff.).

Eine präzisere Beschreibung des Zusammenspiels zwischen der PLO-Führung, speziell Arafat, draußen und den palästinensischen Massen mit ihrer lokalen Vereinigten Führung innerhalb der besetzten Gebiete gibt es nicht. Auf beiden Seiten bestand Übereinstimmung bezüglich des Ziels der Intifada und bezüglich der Führungsrolle der Nationalbewegung. Für Arafat war nun endlich der Durchbruch gekommen: Sein beharrlich verfolgtes Ziel eines palästinensischen Staates in den 1967 besetzten Gebieten war Konsens geworden. Arafats Kurs war in allen Punkten bestätigt.

Am 31. Juli 1988 zog König Husain von Jordanien als erster die unausweichliche Konsequenz. In einer Fernsehrede proklamierte er die Aufgabe des jordanischen Anspruchs auf Souveränität über die besetzten Gebiete, also über das Westjordanland und Ost-Jerusalem. Er bezog sich dabei auf die »Vereinigungsresolution der beiden Ufer vom April 1950«, also der Annexion des Westjordanlandes durch Jordanien, und gab die Verantwortung über dieses an die PLO. An die Adresse Israels gerichtet, wies er jeden israelischen Anspruch auf die Transformation Jordaniens in einen palästinensischen Staat ab: »Jordanien ist nicht Palästina. Ein unabhängiger palästinensischer Staat wird auf dem besetzten Land nach dessen Befreiung errichtet werden. (...) Dort werden die Palästinenser ihre nationale Identität verwirklichen, dort wird der palästinensische Kampf seine Erfüllung finden, wie der ruhmvolle Aufstand des palästinensischen Volkes unter der Besatzung schon jetzt zeigt.« (JPS 69, Herbst 1988, S. 283ff.).

Für den gesamten palästinensischen Widerstand war ein historischer Moment gekommen: Der Zentralrat der PLO übernahm am 4. August 1988, 14 Jahre nach Rabat und 40 Jahre nach der palästinensischen Katastrophe von 1948, die Verantwortung über die besetzten Gebiete. Ein Flugblatt der Vereinigten Führung feierte am 5. August die neuesten Entwicklungen: »Die letzten jordanischen Maßnahmen, die die legalen und administrativen Verbindungen Jordaniens mit dem Westjordanland beenden, konstituieren einen der bedeutendsten Erfolge des großen Volksaufstands (...) Diese Maßnahmen müssen auch als Stärkung der Position der PLO in ihrer Funktion als einzige legitime Vertretung für unser Volk in Palästina und in der Diaspora gesehen werden.« (Facts 1988, S. 123–136).

Am 15. November 1988 war es dann soweit: Der palästinensische Aufstand hatte seinen ersten und letztlich einzigen Höhepunkt erreicht. Einmütig beschloss der Palästinensische Nationalrat in Algier die Proklamation eines unabhängigen palästinensischen Staates.

»Ausgehend von den Resolutionen der Arabischen Gipfelkonferenzen und der internationalen Legitimität, wie sie in den Beschlüssen der Vereinten Nationen seit 1947 verkörpert wird und in Ausübung der Rechte des palästinensischen Volkes auf Selbstbestimmung, politische Unabhängigkeit und Souveränität über sein Land proklamiert der Palästinensische Nationalrat im Namen Gottes und im Namen des palästinensischen Volkes die Gründung des Staates Palästina auf seinem palästinensischen Boden mit Jerusalem als Hauptstadt.« (Informationsstelle Palästina 1989, S. 4).

Die PLO und der Palästinensische Nationalrat unter der Führung von Yasir Arafat waren einen entscheidenden Schritt nach vorn gegangen, um den israelisch-palästinensischen Konflikt einer Lösung näher zu bringen: Sie hatten den Teilungsplan der Vereinten Nationen von 1947 (UN-Resolution 181) anerkannt und damit die Teilung ihrer historischen Heimat akzeptiert. Sie verzichteten dabei auf jene 78 Prozent des historischen Palästina, wo sich jetzt der Staat Israel befand, und begnügten sich mit den 22 Prozent des noch besetzten Westjordanlandes und des Gaza-Streifens. Dort wollten sie ihre Unabhängigkeit in einem eigenen Staat leben.

Doch die israelische Regierung weigerte sich, den historischen Durchbruch anzuerkennen. Sie reagierte stattdessen mit altgewohnter Kompromisslosigkeit, ja Arroganz. »Wieder einmal erweist sich die Organisation, die beansprucht, das palästinensische Volk zu vertreten, als unfähig oder nicht bereit, die Realität anzuerkennen.« (Erklärung des israelischen Außenministeriums im November 1988).

Der Staat Israel war nicht bereit, die Etablierung eines palästinensischen Staates als notwendig und zugleich sinnvoll anzuerkennen, also wenigstens die Chance für eine friedliche Lösung des Konflikts zu ergreifen. Die israelischen Siedlungen und der Anspruch auf Herrschaft und Kontrolle über das Westjordanland und den Gaza-Streifen schienen der Regierung wichtiger als Frieden.

Diese Politik hatte Verteidigungsminister Rabin schon im August 1988, also bereits drei Monate vor der Staatsproklamation, in konkrete Unterdrückungsmaßnahmen gegen die palästinensische Intifada umgesetzt. Auf einer Terrorismuskonferenz der Hebräischen Universität von Jerusalem betonte Rabin zwar – im Gegensatz zu den aus aller Welt angereisten akademischen Terrorismusspezialisten – dass die Intifada eine nationalistische Massenbewegung sei, die nichts mit Terror zu tun habe. Gleichzeitig aber proklamierte er, dass ab sofort jede Mitarbeit in den palästinensischen Komitees unter Strafe gestellt sei. Damit durchtrennte er den zentralen Lebensnerv der Intifada als einer konstruktiven Aufbaubewegung.

Dieser Befehl Rabins sollte den großen Schnitt bilden in der Entwicklung einer alternativen palästinensischen Infrastruktur, in der Mobilisierung und Aktivierung der gesamten palästinensischen Bevölkerung. Damit war die Intifada als Massenaufstand, als ziviler Widerstand gegen die Besatzung gebrochen worden. Mit der Kriminalisierung des zivilen Widerstands schloss Rabin, schloss die israelische Regierung effektiv und auf Dauer die Option dieses Widerstands aus. Eine verhängnisvolle Entscheidung, die in ihrer ganzen Tragweite damals weder von der israelischen Regierung und Gesellschaft noch von der palästinensischen Seite erkannt wurde.

Von der palästinensischen Staatsproklamation 1988 bis Oslo 1993

Der Versuch eines amerikanischpalästinensischen Dialogs unter Reagan und Bush 1988 bis 1990

Auf die lange erwartete Proklamation eines palästinensischen Staates durch den Palästinensischen Nationalrat am 15. November 1988 in Algier folgten Wochen mit hektischen diplomatischen Aktivitäten.

Die Vereinten Nationen riefen eine Vollversammlung in New York ein, doch die Regierung der USA verweigerte Arafat in einem schwer nachvollziehbaren politisch-diplomatischen Affront ein Einreisevisum. Die internationale Gemeinschaft entschied sich jedoch, der ablehnenden Haltung der USA gegen die konkreten Friedensofferten der PLO nicht zu folgen, und lud Yasir Arafat deshalb nach Genf ein.

Die Proklamation zentraler PLO-Beschlüsse durch Arafat vor der UN-Vollversammlung in Genf im Dezember 1988

Am 13. Dezember 1988 hielt Arafat in Genf seine inzwischen historische Rede, in der er vor der versammelten internationalen Gemeinschaft die Proklamation eines palästinensischen Staates durch den Palästinensischen Nationalrat verkündete. Die folgenden von der PLO gefassten Beschlüsse stellten die entscheidenden Aspekte dieser viel beachteten Rede Arafats dar:

1. Annahme der UN-Resolutionen 242 und 338 sowie Referenz zur UN-Resolution 181 vom 29. November 1947, die eine Teilung Palästinas in zwei Staaten, einen jüdischen und einen palästinensisch-arabischen vorsah. Damit akzeptierte die PLO unter der Führung von Arafat die Existenz Israels und die Etablierung eines palästinensischen Staates neben und in friedlicher Koexistenz mit Israel nun auch vor dem höchsten internationalen Forum.

2. Festschreibung des zukünftigen palästinensischen Staates auf eine Politik der friedlichen Koexistenz: »Es ist ein friedliebender Staat, den Prinzipien der friedlichen Koexistenz verpflichtet« (JPS 71, Frühjahr 1989, S. 167).

3. Distanzierung von allen Formen des Terrors: »Unser Palästinensischer Nationalrat (...) hat erneut seine Ablehnung des Terrorismus in all seinen Formen bekräftigt, Staatsterrorismus eingeschlossen, er betont damit nachdrücklich seine weitere Verpflichtung auf die von ihm bereits in der Vergangenheit zu dieser Thematik gefällten Beschlüsse (...) Ich, als Vorsitzender der Palästinensischen Befreiungsbewegung, erkläre hier noch einmal, dass ich Terrorismus in all seinen Formen ablehne (...). (JPS 71, Frühjahr 1989, S. 169).

4. Aufforderung an die Adresse Israels zum Rückzug aus den 1967 besetzten arabischen und palästinensischen Gebieten, das arabische Jerusalem, also Ost-Jerusalem, mit eingeschlossen, sowie zum Abbau der dort errichteten israelischen Siedlungen, um den Aufbau eines palästinensischen Staates ebendort zu ermöglichen.

5. Ruf nach einer Internationalen Nahostkonferenz unter der Federführung der Vereinten Nationen zur Lösung des Nahostkonflikts unter gleichberechtigter Teil-

nahme der PLO als Repräsentant des Palästinensischen Volkes.

Bemerkenswert an dieser Rede war ein Hinweis Arafats auf die Friedensbewegung in Israel und sein an sie gerichteter expliziter Dank für die von ihr eingenommenen Positionen: »Wir wissen, dass es innerhalb und außerhalb Israels mutige und ehrenwerte jüdische Menschen gibt, die die Politik der Unterdrückung, der Massaker, der Expansion, der Siedlungen und Ausweisung, wie sie die Israelische Regierung verfolgt, nicht billigen, und die anerkennen, dass auch unser Volk die gleichen Rechte auf Leben, Freiheit und Unabhängigkeit hat. Im Namen des palästinensischen Volkes danke ich ihnen allen für ihre mutige und ehrenwerte Haltung.« (JPS 71, Frühjahr 1989, S. 165). Arafat schloss mit den heute als historisch erachteten Worten: »Ich komme zu Ihnen im Namen meines Volkes und reiche Ihnen meine Hände, damit wir wirklichen Frieden schließen können, Frieden, der auf Gerechtigkeit basiert. Ich bitte die Führer von Israel hierher zu kommen, unter die Schirmherrschaft der Vereinten Nationen, damit wir diesen Frieden zusammen schmieden können. (...) Kommen Sie, lassen Sie uns Frieden schließen. Lassen Sie uns den Frieden der Mutigen schließen, weit ab von der Arroganz der Macht und den Waffen, die Zerstörung bedeuten, weit ab von Besetzung, Unterdrückung, Demütigung, Mord und Folter.« (JPS 71, Frühjahr 1989, S. 171).

Die Würfel schienen gefallen. Für einen unvoreingenommenen Beobachter konnte es jetzt so aussehen, als sei ein Friedensabkommen zwischen der PLO und Israel nur noch eine Frage der Zeit. Was aber folgte, war ein – aus dem Rückblick völlig bizarr anmutendes und kaum noch nachvollziehbares – Spiel, in dem immer wieder versucht wurde, die Palästinenser, die PLO und Yasir Arafat politisch zu demütigen.

Das diplomatische Tauziehen nach Arafats Rede

Selbst nach der Rede vor den Vereinten Nationen wurde von Arafat und von der PLO immer wieder verlangt, sei es von Seiten der USA und Europas, sei es später, nach Oslo, auch von rechtsnationalistischen israelischen Politikern, sich in immer neuen Formulierungen vom Terror zu distanzieren und auf diesen zu verzichten. Mit bewundernswerter Geduld spielte Arafat das demütigende Spiel mit.

Einer der letzten Höhepunkte in dieser Reihe von Erläuterungen der PLO, dass sie Terror ablehne und dass der Staat Israel von den Palästinensern anerkannt worden sei, bildet das berühmte »caduc«-Interview (»caduc«: Französisch für »hinfällig«, »überholt«), das Arafat am 2. Mai 1989 im ersten Kanal des französischen Fernsehens gab: »Ich wurde auf der Grundlage eines politischen Programms gewählt, das zwei Staaten vorsieht. Was nun die PLO-Charta betrifft, so gibt es doch einen französischen Ausdruck ›c'est caduc‹ (das ist hinfällig, das hat sich selbst erledigt, ist obsolet geworden).« (JPS 74, Winter 1990, S. 144).

Das Problem bildete die PLO-Charta, die seit Jahren von Gegnern des palästinensischen Nationalismus als das entscheidende Übel im Nahostkonflikt gebrandmarkt worden war. Zwei Punkte waren es, die besonders herausgegriffen wurden. Erstens die Festschreibung des palästinensischen Freiheitskampfs auf den Bewaffneten Kampf in Artikel 9. Zum zweiten der palästinensische Anspruch auf das gesamte historische Palästina in den Grenzen des palästinensischen Mandats und die Ablehnung der Teilung 1948. Dies implizierte nämlich die Nichtanerkennung Israels durch die Palästinenser (Artikel 2, Artikel 19).

Mit den Beschlüssen des Nationalrates in Algier im November 1988 waren eben diese umstrittenen Formulierungen durch eine neue, klar formulierte Politik und eine neue politische Strategie hinfällig geworden, also »caduc«.[8]

Arafat verfolgte ein Ziel, dem er alles andere unterordnete, nämlich die Lösung der Palästina-Frage durch die Errichtung eines palästinensischen Staates – und zwar als politische Realität, nicht nur in Form von Resolutionen des Nationalrates. Angesichts der Machtlosigkeit der Palästinenser und der PLO, musste er, um dieses Ziel zu erreichen, allen Forderungen der USA nachkommen. Denn nur die USA konnten einen palästinensischen Staat im Nahen Osten ermöglichen, indem sie Druck auf Israel ausübten, seine starre und ablehnende Haltung aufzugeben. Nach dem Beschluss des Nationalrates in Algier und auf der Basis der unbestreitbaren Erfolge der Intifada, vor allem in ihrem Einfluss auf die internationale und auch auf die amerikanische öffentliche Meinung, sah Arafat sich nun kurz vor dem Ziel: der Anerkennung der PLO durch die USA und der Einbeziehung der PLO in alle weiteren Pläne zur Beilegung des Nahostkonflikts.

In einer Pressekonferenz vom 14. Dezember 1988 wiederholte Arafat die wesentlichen Elemente seiner UNO-Rede in komprimierter Form: »Unser Wunsch nach Frieden ist strategisch, keine Interimstaktik. Wir wollen Frieden, komme was wolle (...) Selbstbestimmung bedeu-

---

8 Die Entscheidung für einen palästinensischen Staat in friedlicher Koexistenz mit Israel war nicht plötzlich gefallen. Sie kam als Ergebnis eines langen politischen Prozesses zustande, der in den letzten Kapiteln dargestellt wurde. Als Folge dieses Prozesses und durch den Schlusspunkt, den der Nationalrat diesem in Algier setzte, waren Teile der palästinensischen Charta nun in der Tat überholt von der Entwicklung, hinfällig geworden von neuen Beschlüssen des Nationalrates. Die Frage, die sich stellte, war nun, ob die Palästinenser eine neue Charta brauchten oder nicht. Israel und alle Gegner der Palästinenser wollten ihnen das aufzwingen. Die Palästinenser weigerten sich jedoch. Für sie bildete die Charta die Grundlage ihres Kampfs für Befreiung. Das Ziel war die Etablierung eines palästinensischen Staates. Dieser Staat, und das war das Neue seit 1988, sollte ein Staat neben und in Koexistenz mit Israel sein. Erst nach Schaffung dieses Staates würde ein neues palästinensisches Grundgesetz verabschiedet werden. Bis dahin bestand für die Palästinenser kein Grund, eine weitere Charta zu verabschieden.

tet für die Palästinenser Überleben und unser Überleben
zerstört nicht das Überleben der Israelis, wie ihre Führer
behaupten. (...) Was den Terrorismus angeht, so erklärte
ich gestern in klaren Worten, und ich wiederhole dies, damit es ein für allemal klar ist, ein für allemal, dass wir alle
Formen des Terrorismus total und absolut ablehnen,
gleich ob es sich um individuellen, von Gruppen ausge-
führten oder Staatsterrorismus handelt.« (JPS 74, Winter
1990, S. 181).

Damit war der Durchbruch in den Beziehungen zwischen der PLO und den USA erzielt. Noch am gleichen Tag
gab der amerikanische Präsident Ronald Reagan die entsprechende Erklärung ab: »Die Palästinensische Befreiungsarmee hat heute eine Stellungnahme veröffentlicht, in
der sie die Resolutionen 242 und 338 des UN-Sicherheitsrates angenommen, das Recht Israels auf unabhängige
Existenz anerkannt und dem Terror abgeschworen hat.
Dies waren seit langem unsere Bedingungen für einen sub-
stantiellen Dialog. Ihnen wurde nachgekommen. Deshalb
habe ich das Außenministerium autorisiert, einen substan-
tiellen Dialog mit den Repräsentanten der PLO aufzunehmen.« (JPS 74, Winter 1990, S. 184f.)

Die Position des amerikanischen Kongresses

Reagan entwarf abschließend die amerikanische Vorstellung eines Friedens in Nahost, als er darauf hinwies, dass
nun die Aufnahme direkter Verhandlungen zwischen den
Konfliktpartnern, sprich zwischen der israelischen und
der palästinensischen Führung, notwendig sei. Außenminister Shultz musste dennoch den amerikanischen Kongress, der für seine unbeirrte und uneingeschränkte Unterstützung der israelischen Politik in allen ihren Aspekten
bekannt ist, beruhigen. Im Januar 1989 wiederholte er in
einem Brief an einige Senatoren, die Erläuterungen zur
Nahostpolitik der Reagan-Regierung erbeten hatten, de-

ren wesentliche Prinzipien. Er machte klar, dass die USA an ihrer unverbrüchlichen Unterstützung für Israel festhielten. Einen unabhängigen palästinensischen Staat wollten die USA nicht unterstützen. Ein Rückgriff auf die UN-Resolution 181 sei ausgeschlossen, ebenso wie die Teilung Jerusalems. Allerdings, so Shultz weiter, gälten die Resolutionen 242 und 338, also das Prinzip »Land für Frieden«[9], auch für das Westjordanland, den Gaza-Streifen und die Golanhöhen.

Eine Lösung des Konflikts schließlich könne nur durch direkte Verhandlungen, falls notwendig durch eine internationale Konferenz, erzielt werden. Als der Außenminister auf die viel diskutierte Terrorfrage einging, folgte dann aber doch noch der unabänderliche Tiefschlag für die PLO: »Es geht nicht darum, Terrorismus aufzugeben; es geht darum, ihn zu stoppen – Punkt.«

Gegen Ende seines Briefes wurde Shultz jedoch wieder optimistischer: »Die momentane Situation von Feindschaft und Misstrauen zwischen Arabern und Israelis ist nicht haltbar. Es muss viel getan werden, um einen Fortschritt im Friedensprozess zu erreichen. Die Parteien müssen sich auf harte Entscheidungen vorbereiten. Die Vereinigten Staaten werden damit fortfahren, sie zu unterstützen, Israels Sicherheit zu gewährleisten und den Palästinensern dabei zu helfen, ihre angestrebten Ziele zu erreichen. Der arabisch-israelische Konflikt ist lösbar.« (JPS 71, Frühjahr 1989, S. 185f.).

Doch für den amerikanischen Kongress reichte auch das nicht aus. Am 11. April 1989 wurde die Senate Bill 763 unter dem Titel »PLO Commitments Compliance Act of 1989« verabschiedet. Auf der Basis dieses Gesetzes muss der amerikanische Präsident dem Sprecher des Re-

---

9 »Land für Frieden« heißt das Prinzip, das den beiden UN-Resolutionen 242 und 338 zu Grunde liegt: Israel zieht sich aus den besetzten Gebieten zurück, gibt damit dieses Land zurück. Im Gegenzug erhält es Frieden mit den arabischen Staaten.

präsentantenhauses sowie dem Vorsitzenden des Komitees für Auswärtige Beziehungen im Senat im Abstand von drei Monaten einen Bericht über die Aktionen der PLO hinsichtlich des Verzichts auf Terror vorlegen, auf dessen Grundlage entschieden wird, ob der Dialog mit der PLO fortgesetzt werden kann (JPS 71, Frühjahr 1989, S. 169–172).

Dieses Gesetz ist im Grunde ein Instrument, mit dem man die PLO jederzeit unter Druck setzen kann. Denn die Anerkennung durch die USA, die wichtigste Macht im Nahen Osten, und die Präsenz der PLO in einem eigenen Büro in der amerikanischen Hauptstadt Washington, wo Kontakte mit Regierung und Kongress gepflegt werden müssen, ist eine unabdingbare Grundlage für die Politik der PLO. Gerade während der zweiten Intifada und im Krieg Sharons gegen die Palästinenser seit dem 29. März 2002 hat sich dies wieder deutlich gezeigt.

Der Dialog zwischen den USA und der PLO wurde 1989 aufgenommen. Ergebnisse wurden dabei aber letztendlich nicht erzielt. Die Grundpositionen der amerikanischen Außenpolitik mit ihrer unverbrüchlichen Unterstützung jeder israelischen Regierung hatten dies eigentlich von Anfang an ausgeschlossen.

Die Bemühungen von US-Außenminister Baker unter der Regierung Bush

Die neue US-Regierung unter George Bush, die Reagan 1989 im Weißen Haus abgelöst hatte, versuchte unter Federführung von Außenminister James Baker, durch neue Initiativen auf der Basis etwas flexiblerer Positionen der Konfliktpartner aus der israelisch-palästinensischen Sackgasse herauszukommen. Baker brachte das Kunststück fertig, Yitzhak Shamir, der seit 1983 israelischer Premierminister war, zu einer Friedensinitiative zu drängen, die dann am 14. Mai 1989 vorgelegt wurde. Shamir schloss jedoch sowohl eine Beteiligung der PLO als auch die Perspektive eines palästinensischen Staates von vornherein aus. Er bot den Palästinensern lediglich Wahlen an, bei denen allerdings PLO-Vertreter nicht kandidieren durften, und dies zudem unter fortgesetzter israelischer Besatzung. Damit war jedoch kein Erfolg zu erzielen. Und selbst dies ging einflussreichen Teilen der israelischen Gesellschaft noch zu weit. Schließlich zog Shamir seinen eigenen Friedensplan unter dem Druck der israelischen Rechten wieder zurück.

Für kurze Zeit sah es 1989 sogar so aus, als habe Israel zum ersten Mal in der Geschichte der israelisch-amerikanischen Beziehungen seit 1967 den Bogen überspannt. Außenminister Baker ließ den amerikanischen Kongress wissen, dass mit der Politik der Regierung Shamir kein Friedensdialog möglich sei. An die Adresse der israelischen Regierung fuhr er fort:

»Mir bleibt nur noch dieses zu sagen: Nehmen Sie sich diese Nummer: 202-456-1414. Wenn Sie ernsthaft an Frieden interessiert sind, rufen Sie uns an.« (Shlaim 2000, S. 470).

Im September 1989 versuchte der ägyptische Präsident Mubarak sein Glück. Er griff Shamirs Vorschlag für Wahlen auf, verband ihn mit der Formel »Land für Frieden« und fügte die Forderung nach Einstellung des Siedlungsbaus hinzu.

Im Oktober schließlich knüpfte Baker mit seinem eigenen Fünf-Punkte-Rahmenprogramm für einen israelisch-palästinensischen Dialog vom 10. Oktober 1989 an Mubaraks Initiative an (JPS 74, Winter 1990, S. 169f.), um wieder Bewegung in die verfahrene Situation zu bringen. Er schlug vor, dass die Gespräche zwischen Palästinensern und Israel in Kairo stattfinden sollten und brachte neue Ideen hinsichtlich der Auswahl der palästinensischen Vertreter ins Spiel. Aber auch diese Initiative blieb der Versuch einer Quadratur des Kreises. Die israelische Außenpolitik bewegte sich nicht. Israel lehnte es von vornherein ab, an einem Treffen in Kairo teilzunehmen, um Bakers Fünf-Punkte-Rahmenprogramm zu diskutieren.

In diesem Kontext waren alle Versuche der PLO und Yasir Arafats, die Fronten zu erweichen, zum Scheitern verurteilt.

Im Frühsommer 1990 kam der Bruch. Im Anschluss an eine versuchte Guerillaoperation durch die Palästinensische Befreiungsfront unter der Führung von Abu'l Abbas, die die israelische Armee schon im Vorfeld vereiteln konnte, brachen die USA am 20. Juni 1990 den Dialog mit der PLO ab. Auch eine Distanzierung der PLO-Führung unter Arafat von dieser Aktion konnte die US-Regierung nicht von ihrem Entschluss abbringen (JPS 77, Herbst 1990, S. 186–190).

Damit war das kurze Zwischenspiel dieses amerikanisch-palästinensischen Dialogs beendet. Die USA bestrafte, so konnte es scheinen, die PLO für das Scheitern der eigenen amerikanischen Bemühungen, die israelische Regierung zu einem Schritt in Richtung Verhandlungen zu bewegen.

Die Stellungnahme, die das PLO-Exekutivkomitee am 21. Juni 1990 zur amerikanischen Entscheidung abgab, war bedauernd und anklagend zugleich. »Nach einem endlosen Hin und Her von eineinhalb Jahren des Dialogs über substantielle Angelegenheiten und als Folge des mangelnden Ernstes der US-Regierung, hat Präsident Bush diesen Dialog mit der PLO eingestellt.« (JPS 77, Herbst 1990, S. 186–190).

Die wachsende Bedeutung des Irak für die PLO

Das PLO-Exekutivkomitee hatte, als es diese Stellungnahme im Juni 1990 abgab, in Bagdad getagt. Spätestens seit dem israelischen Bombenangriff auf die PLO-Zentrale in Tunis 1985[10] und nachdem Abu Jihad durch ein israelisches Kommando 1988 in seiner tunesischen Privatwohnung ermordet worden war, bot die Stadt nicht mehr die notwendige Sicherheit, um der PLO als Aufenthaltsort zu dienen. Nach und nach wurden die PLO-Verbände sowie die politischen Aktivitäten der PLO in den Irak und nach Bagdad verlagert. Die irakische Regierung unterstützte die PLO in diesen Jahren sowohl finanziell als auch politisch. Die anderen Golfstaaten, unter anderem Kuwait und Saudi-Arabien, hatten etwa in der zweiten Hälfte der achtziger Jahre einen neuen Kurs eingeschlagen. Ihre politische und finanzielle Unterstützung galt nicht länger der PLO, sondern der neuen islamistischen Widerstandsbewegung in den besetzten palästinensischen Gebieten. Diese Voraussetzungen begünstigten die verhängnisvolle Auswirkung, die Saddam Husains regionale Großmachtpolitik und schließlich sein Krieg gegen Kuwait auf die Palästinenser, auf die PLO und ganz besonders auf Yasir Arafat als Person haben sollte.

Die Entwicklung in den besetzten Gebieten in den späten achtziger Jahren

In den besetzten palästinensischen Gebieten war es in der Zwischenzeit zu Entwicklungen gekommen, die ebenfalls dazu beitrugen, dass der Zweite Golfkrieg und Saddam Husains Kuwait-Invasion sich ganz direkt auf den palästinensisch-israelischen Konflikt auswirkten.

---

10 Am 1. Oktober griffen acht israelische F-16-Kampfflugzeuge das PLO-Hauptquartier in Tunis an. 56 Palästinenser und 15 Tunesier wurden getötet. Arafat hatte knapp entkommen können. Der Sicherheitsrat verurteilte den Bombenangriff, der in Verletzung aller internationaler Bestimmungen durchgeführt worden war. Die Regierung Reagan dagegen betrachtete diesen als legitime Antwort auf Terrorismus (vgl. dazu Shlaim 2000, S. 434).

Wachsende Probleme der Intifada

Die Intifada war bis zum Frühsommer 1990 in eine Sackgasse geraten, die zu einer fast vollständigen politischen Lähmung vor Ort geführt hatte. Der Soziologe Salim Tamari von der Universität Birzeit benennt die wesentlichen Probleme: »Das entscheidende Dilemma der Intifada liegt darin, dass die täglichen Aspekte der Revolte, rund um den Streik mit der täglichen Schließung der Läden für einige Stunden und um die Straßenkämpfe mit der Armee, Routine geworden sind. Streik und Straßenkämpfe können weder zu einer Kampagne des totalen bürgerlichen Ungehorsam ausgeweitet werden – und damit zu einer vollständigen Abkopplung von der israelischen Besatzung –, noch können sie zu einer politischen Initiative führen, die den Feind dazu bringt, eine Verhandlungslösung zu akzeptieren, die positiv für die Palästinenser ist. Die erste Option wird durch das begrenzte Organisationspotenzial der Bewegung verhindert, deren Kapazität, die Öffentlichkeit zu mobilisieren, zu diesem Zeitpunkt offensichtlich bereits völlig ausgereizt ist (und die deswegen wieder verstärkt auf die ›direkte Aktion‹-Taktiken der so genannten Schlagtrupps von Splittergruppen angewiesen ist). Die zweite Option liegt, in Anbetracht des Kräfteverhältnisses zwischen den Kontrahenten, außerhalb der politischen Möglichkeiten der internen Kräfte des Widerstands.« (Tamari 1991, S. 11).

Religion als neues Motiv im palästinensischen Befreiungskampf: die Gründung der Hamas

Ein weiterer Aspekt, der das Problem verschärfte, war das Auftreten eines neuen Akteurs im israelisch-palästinensischen Konflikt. Während seit 1967 die Fronten zwischen dem von der PLO angeführten palästinensischen Widerstand und der israelischen Besatzung verliefen, kam seit

Ende der siebziger, und verstärkt seit Anfang der achtziger Jahre, eine neue politische Bewegung ins Spiel: die islamistische Muslimbrüderschaft unter der Führung von Scheich Ahmad Yassin. Die palästinensischen Muslimbrüder wurden zunächst von der israelischen Besatzung freundlich geduldet, da diese in ihnen eine Möglichkeit sah, die Position der eher säkularen nationalistischen PLO zu schwächen. Unterstützung von außen erhielt die Muslimbrüderschaft im Gefolge der iranischen Revolution vor allem aus den Golfstaaten. Auch hinter der von dieser Seite geleisteten Unterstützung stand die Absicht, die Position der PLO zu schwächen, die nach der Revolution über Hani al-Hassan zunächst gute Beziehungen zu Teheran geknüpft hatte.

Im Sommer 1988 gründete Scheich Yassin im Gaza-Streifen die islamistische Widerstandsorganisation Hamas (»Eifer« oder »Glaubenseifer«, gleichzeitig das Akronym für Islamistische Widerstandsorganisation, Anmerkung der Autorin). Die Hamas fand überall in den besetzten Gebieten sehr schnell Anhänger. Grund dafür war zum einen die Frustration der Menschen über die unbewegliche israelische Politik und über die Erfolglosigkeit der diplomatischen Unternehmungen der PLO-Führung. Die islamistische Hamas bildete aber auch die direkte und gleichsam spiegelbildliche Antwort auf die religiös inspirierte fundamentalistische israelische Siedlerbewegung im Westjordanland und im Gaza-Streifen. Schließlich muss diese Entwicklung im Kontext der Islamisierung in der gesamten arabischen Region gesehen werden. Die israelische Politik gegenüber der Hamas wandelte sich sehr schnell. Schon 1989 wurde Scheich Yassin, der gelähmt und an den Rollstuhl gefesselt ist, verhaftet und bis 1997 ohne Unterbrechung in israelischer Haft festgehalten.

Hamas sollte die Bewegung sein, die zum ersten Mal seit 1948 auf der palästinensischen Seite Religion zu einem wesentlichen Motiv im Konflikt machte. In den Jahren der Intifada verursachte das Auftreten der Hamas eine beträchtliche Schwächung dieser Widerstandsbewegung, wie sie durch die PLO und die in ihr zusammengeschlossenen Organisationen geführt wurde. Nur unter enormen Schwierigkeiten konnten sich beide Seiten zu einem eher labilen Modus vivendi durchringen.

Nach dem ersten Bruch im Sommer 1988 war damit die Intifada spätestens im Frühsommer 1990 als gewaltlose zivile Massenbewegung gescheitert – an der überwältigenden Stärke der israelischen Unterdrückungs- und Besatzungspolitik und an den unüberwindbaren inneren Schwierigkeiten der palästinensischen Organisationen. Auf diplomatisch-politischer Ebene hatte sich seit 1988 ebenfalls nichts bewegt. Weder hatte die PLO unter Yasir Arafat die Dynamik der Staatsproklamation in die Dynamik einer Friedensinitiative umsetzen können, noch war es den politischen Sprechern der PLO innerhalb der besetzten Gebiete gelungen, aus den verschiedenen amerikanischen und arabischen Initiativen einen Prozess in Gang zu setzen, der zu einer Umsetzung der palästinensischen Ziele hätte führen können.

Der Grund dafür war in beiden Fällen derselbe: die Politik der israelischen Regierung unter Yitzhak Shamir. Der israelische Premierminister machte keinen Hehl aus seinen politischen Positionen: »Ich bin siebzig Jahre alt«, sagte er in einem Interview 1985. »Ich lebe seit fünfzig Jahren im Lande Israel. Für unsere Prinzipien kämpfe ich seit sechzig Jahren. Meinen Sie, ich wäre bereit, diese Prinzipien für irgendjemand in dieser Welt aufzugeben?« (Shlaim 2000, S. 464).

Der polemische Kommentar des israelischen Journalisten Avishai Margalit dazu: »Shamir ist ein zweidimensionaler Mensch. Seine eine Dimension ist das Land Israel der Länge nach, seine andere das Land Israel der Breite nach. Da Shamir seine historische Vision in Zentimetern misst, ist er nicht bereit, auch nur einen Zentimeter Land aufzugeben. Er wird weder über das Land Israel noch über ein Interimsabkommen verhandeln, wenn dies das geringste Risiko beinhalten sollte, Kontrolle über die besetzten Gebiete zu verlieren.« (Shlaim 2000, S. 464).

In dieser Situation standen die Palästinenser mit dem Rücken zur Wand: Ob es sich nun um die PLO unter der Führung Arafats in Tunis handelte oder um die palästinensische Gesellschaft unter der Besatzung, beide waren handlungsunfähig. Da von Seiten der USA keine Bereitschaft vorhanden war, den notwendigen Druck auf Israel auszuüben, blieb nur die Hoffnung auf einen Deus ex Machina. Und der sollte auf die Bühne treten. Das Verhängnis der Palästinenser bestand jedoch darin, dass es der irakische Präsident Saddam Husain war, der sich als – schrecklicher – Helfer in der Not anbot.

Die Palästinenser und der Zweite Golfkrieg

Am 2. August 1990 marschierte die irakische Armee in Kuwait ein und besetzte das Emirat am Golf. Am 16. Januar 1991 begannen die Vereinigten Staaten mit einer weltweiten Koalition unter ihrer Führung den Zweiten Golfkrieg gegen den Irak. Der Krieg dauerte bis zum 26. Februar 1991 an.

Welchen Einfluss hatten diese Krise um den von Saddam Husain befohlenen Einmarsch nach Kuwait und der daran anschließende Krieg auf die Palästina-Frage? Welche konkreten Möglichkeiten standen der PLO und ihrer Führung unter Yasir Arafat im August 1990 offen, nachdem die Invasion Kuwaits begonnen hatte?

Die internationale Reaktion auf die Invasion mündete unter der Führung der USA sehr schnell in eine groß angelegte Koalition gegen Saddam Husain. Am 29. November 1990 verabschiedete der Sicherheitsrat der Vereinten

Nationen die Resolution 678. Dem Irak wurde ein Ultimatum gestellt: Rückzug aus Kuwait bis zum 15. Januar 1991. Sollte dieses Ultimatum nicht eingehalten werden, konnte der Irak »mit allen erforderlichen Mitteln« (Ruf 1991, S. 207) dazu gezwungen werden.

Die amerikanische Reaktion auf den irakischen Angriff ließ für andere politische Akteure nur zwei Optionen offen: entweder mit der Koalition gegen den Irak oder aber eine Koalition mit dem Irak.

Sowohl die PLO als auch Jordaniens König Husain wurden durch diese Konstellation in ein schwerwiegendes Dilemma gebracht, aus dem sie keinen Ausweg fanden. Durch ihre engen Beziehungen zum Irak – sowohl ökonomischer als auch politischer Art – waren sie in ihrer Handlungsfreiheit eingeschränkt. Als unmittelbarer Nachbar des Irak und als Land ohne Ölvorräte war der ökonomische Austausch mit dem Irak – Öl gegen jordanische, vor allem landwirtschaftliche Produkte – geradezu lebensnotwendig für Jordanien. Die PLO war abhängig von dem Staat, der sie zu dieser Zeit als einziger arabischer Staat noch rückhaltlos unterstützte.

Yasir Arafat ebenso wie König Husain setzten all ihre diplomatisch-politischen Fähigkeiten dazu ein, die Krise auf politischem Wege zu lösen. Da die USA jedoch von Anfang an sehr entschieden in Richtung auf ein militärisches Ultimatum hinarbeiteten und dafür systematisch Verbündete in der arabischen Welt suchten und auch fanden, hatten Jordanien und die PLO keine Möglichkeit, eine Lösung über die Arabische Liga herbeizuführen. Ägypten, Saudi-Arabien, ja selbst Syrien unter Assad schlossen sich der Koalition unter amerikanischer Führung an. Da Jordanien und der PLO dies angesichts ihrer engen, nicht zuletzt ökonomisch-finanziellen Beziehungen zum Irak nicht möglich war, wurden sie in den Augen der Welt gleichsam automatisch zu Verbündeten des neuen

Aggressors. Das spezifische palästinensische Dilemma spitzte sich in dieser Situation noch weiter zu.

Saddam Husains linkage-Plan

Am 12. August 1990, gerade zehn Tage nach seinem Einmarsch in Kuwait, führte Husain den Begriff »linkage« (»Koppelung«) in die politische Diskussion ein. Er machte einen simplen Vorschlag: Linkage aller Fälle von Besatzung in der arabischen Region. Im Klartext hieß das: Im Gegenzug zur Räumung Kuwaits durch die irakische Armee sollte sich die israelische Armee aus den besetzten palästinensischen Gebieten und die syrische Armee aus dem Libanon zurückziehen. Ein geradezu genialer politischer Schachzug – im Sinne Saddam Husains. Linkage wurde das Zauberwort in der gesamten arabischen Welt, ganz besonders aber in Jordanien und in Palästina. Denn es hatte den Anschein, als wären damit auf einen Streich die wichtigsten Probleme der Region zu lösen. Die palästinensische Straße tobte vor Begeisterung. Ein neuer Salah Eddin[11] war erschienen, der die Befreiung bringen würde, zu der weder die Intifada noch Yasir Arafat, weder der Bewaffnete Kampf noch europäische oder amerikanische diplomatische Initiativen in der Lage gewesen waren.

Der Einfluss des politischen Schachzugs Saddam Husains konnte auch an der Reaktion derjenigen Politiker beobachtet werden, die nie unter dem Verdacht gestanden hatten, seine Freunde zu sein. Faisal Husaini, eine der führenden palästinensischen Persönlichkeiten jener Zeit und nach 1994 bis zu seinem Tod 2001 Vertreter der Pa-

---

11 Salah Eddin, auf Deutsch Saladin, gilt allen Arabern als der Befreier Jerusalems. Salah Eddin hatte Jerusalem 1187 von den Kreuzfahrern befreit. Er wird als die große Rittergestalt dieser Zeit bewundert und auch in Europa als solche hoch geschätzt. Vor allem seine Toleranz und Großzügigkeit auch gegenüber den von ihm Besiegten wurde geradezu sprichwörtlich.

lästinensischen Autorität im Orienthaus in Ost-Jerusalem, drückte stellvertretend für die große Mehrheit seine Unterstützung für den linkage-Ansatz aus: »In den ersten Tagen der Krise proklamierten wir unsere Verurteilung einer jeden Art von Besatzung. Wir glauben jedoch, dass Saddam Husain jetzt das Problem in den richtigen Zusammenhang gerückt hat (...). Die Leute sehen ihn jetzt (...) als einen Politiker, der seine Macht und seine Stärke in positiver Weise benutzt.« (Jerusalem Post, 13. August 1990, S. 1 und 8).

Sa'ib Iraqat, Professor für Politikwissenschaft an der Universität Nablus, heute Verhandlungsführer der Palästinensischen Autorität in den Gesprächen mit Israel, meinte: »(...) dass es für arabische Führer schwer sein werde, den irakischen ,linkage'-Plan abzulehnen. Keiner kann ein Argument dagegen anführen. Dieser Plan wird das gesamte Volk mobilisieren.« (Jerusalem Post, 13. August 1990, S. 1 und 8).

Klassische Fateh-Positionen wurden dagegen aus den Reihen der palästinensischen Migranten-Gemeinde in Kuwait laut, wie zum Beispiel bei Jawad Ghusain, Vorsitzender des Palästinensischen Nationalfonds, also eine Art Finanzminister der PLO: »Es ist nicht im Interesse des palästinensischen Volkes, sich auf die Seite eines arabischen Staates gegen irgendeinen anderen arabischen Staat zu stellen.« (Hirst 1990, S. 9).

Der internationale Sympathieverlust für die palästinensische Sache im Laufe des Kriegs

Genau dies geschah jedoch. Es wurde nie deutlich, dass Arafat, ebenso wie König Husain, sich als Vermittler, nicht als Parteigänger Saddam Husains sahen.-Da keine klare, öffentliche Distanzierung der PLO-Führung und speziell Arafats erfolgte, wurde die PLO, wieder ebenso wie Jordanien, als Verbündeter des Irak betrachtet. Yasir

Arafat beging zudem noch den unentschuldbaren Fehler, dass er auf einer seiner vielen Flugreisen nach Bagdad im Laufe der Krise Saddam Husain zur Begrüßung vor den laufenden Fernsehkameras umarmte und einen Wangenkuss gab. Der Wangenkuss ist zwar in der arabischen Welt eine durchaus übliche Art der Begrüßung, hier war jedoch entscheidend, dass der PLO-Präsident sich in dieser Pose fotografieren ließ. Der jordanische König Husain hatte dies angesichts des weltweit emotionalisierten öffentlichen Bewusstseins wohlweislich vermieden. Ein Fauxpas, wie er Arafat in seiner langen politischen Karriere nur selten passiert war. Und ein Fauxpas mit unkalkulierbaren Folgen für seine Person selbst, für die PLO und für die Palästina-Frage. Die Welt hatte nach dem Ende des Kalten Kriegs nun ein neues Feindbild gefunden: den »Erzterroristen« Arafat und den »neuen Hitler« Saddam Husain! George Bush wies das linkage-Angebot von Saddam Husain zurück. Allerdings ließ er sich zugleich auf ein zeitlich verschobenes »linkage« ein: Nach dem Abzug der irakischen Truppen aus Kuwait, ob freiwillig oder infolge militärischer Gewalt gegen ihn, würden die USA den israelisch-palästinensischen Konflikt an die oberste Stelle ihrer Agenda setzen (Shlaim 2000, S. 474).

Für den Versuch, die Kuwait-Krise auf diplomatisch-politischem Weg zu lösen, können und sollten weder Arafat noch König Husain kritisiert werden. In vielen Abhandlungen zum Thema wird heute die Meinung vertreten, die Krise um Kuwait hätte auch ohne Krieg beendet werden können.[12] Gerechtfertigt ist jedoch die Kritik an Arafats Haltung während des Golfkriegs in Bezug auf zwei andere Punkte: Zum einen kritisierte er die Besetzung von Kuwait nie klar und öffentlich. Zum anderen identifizierte er sich noch kurz vor dem Beginn des alliierten Angriffs mit den Kampf- und Durchhalte-Parolen

---

12 Zum Beispiel Mattes 1991, Ruf 1991, Stein 1991.

Saddams, wenn er betonte, »Palästina und der Irak stehen im selben Schützengraben im Kampf um die Durchsetzung der arabischen Rechte« (FBIS 15. Januar 2001, S. 24f.). Mitte Februar kam dann der Höhepunkt in einem Interview im jordanischen Fernsehen: »Der Tag an dem mein Bruder Abu Udai (also Saddam Husain, Anmerkung der Autorin) und Abu Abdallah (also König Husain, Anmerkung der Autorin) zusammen in der Aqsa-Moschee beten werden, ist nicht mehr weit.« (Jerusalem Report 14. März 2001, S. 26).

Arafat verkalkulierte sich böse mit seiner hier ausgedrückten Hoffnung auf Saddam Husain. Er kam nie in die Lage, Saddam für die Interessen der palästinensischen Nationalbewegung zu benutzen. Vielmehr verhielt es sich umgekehrt: Saddam Husain war es, der wie der englische Journalist David Hirst formulierte, »Arafat ausnutzte und in einer Umarmung umklammert hielt, die dieser später bitter bereuen sollte« (Hirst 1990, S. 9). Arafats Verhalten und seine Äußerungen spiegelten die Meinung der großen Mehrheit der Bevölkerung. In diesem Zusammenhang war die Situation ganz ähnlich wie in Jordanien und bei König Husain.

Haidar Abdel Shafi, Präsident des Palästinensischen Roten Halbmondes (Äquivalent zum Roten Kreuz) in Gaza, Verhandlungsführer der palästinensischen Delegation bei den Madrider Gesprächen und bis heute der angesehenste palästinensische »Staatsmann«, entwirft aus der Rückschau eine Alternative, die Arafat seiner Meinung nach auch offen gestanden hätte:

Statt Saddam in aller Öffentlichkeit zu umarmen und ihm den Bruderkuss zu geben, »was einen verheerenden Eindruck hinterlassen und unser Ansehen in den USA und in Europa ruiniert hat«, hätte Arafat eine Sitzung der PLO-Führung einberufen sollen. Dort hätte man eine Erklärung mit zwei Punkten abgeben müssen. Erstens: Aufgrund ihrer verzweifelten Lage haben die Bewohner von Westjordanland und Gaza keine andere Wahl als Saddam zu unterstützen, denn »unter der Besatzung steht man uns nicht einmal mehr eine menschenwürdige Behandlung zu«.

Zweitens: Die PLO distanziert sich von Bagdad und verurteilt kategorisch die Besatzung Kuwaits. (Beauge 1991, S. 21).

Ob dies, angesichts der machtpolitischen Verhältnisse etwas verändert hätte, bleibt zu bezweifeln. Damals gab es schlicht nur zwei Möglichkeiten, entweder mit den USA oder mit Saddam Husain. Einen Mittelweg ließen die USA nicht zu.

Andererseits, und dies wird oft übersehen oder vergessen, weigerte sich Yasir Arafat beharrlich, Saddam Husains Forderung zu erfüllen und Terrorakte gegen westliche Ziele überall in der Welt anzuordnen. Auch als die von den USA angeführte Koalition den Krieg gegen den Irak aufnahm, blieb der PLO-Chef seiner Absage an den Terrorismus treu. Damit zog er letztendlich auch noch den Zorn Saddams auf sich, der ihn als Deserteur und amerikanischen Agenten beschimpfte.[13]

Die zweite Folge des Golfkriegs betrifft die öffentliche Meinung über die Palästinenser. Durch die Intifada war in der Weltöffentlichkeit eine positivere Einstellung gegenüber den Palästinensern entstanden, sehr viel Sympathie für deren Schicksal aufgekommen. Damit waren die Palästinenser endlich das ihnen bis dahin anhaftende Klischee der Terroristen losgeworden. Die Befriedigung, mit der die palästinensische Straße reagierte, als Saddam Husain mit Scud-Raketen auf Israel schoss, machte die Palästinenser jedoch innerhalb von Tagen wieder zu den Bösewichten der internationalen Gemeinschaft. Als die ersten Scud-Raketen nach dem 18. Januar 1991 in Israel einschlugen, jubelten hier und dort Palästinenser auf ihren Dächern. Für sie, die von der israelischen Armee seit

---

13 Vgl. Gresh 1991, S. 1 und S. 10ff., Le Monde Dipl. 445, April 1991.

Beginn des Kriegs unter Ausgangssperre gesetzt waren, bedeuteten diese Angriffe eine Art ausgleichende Gerechtigkeit. Tagsüber mussten sie Angst haben vor der Armee, nachts hatten die Israelis Angst vor den irakischen Scuds.

Die Folgen dieser eher spontanen palästinensischen Reaktionen auf die israelische Friedensbewegung waren katastrophal.[14] Die radikale Linke in Israel dagegen zeigte volles Verständnis für die Palästinenser, betrachtete die Jubelszenen eher gelassen als eine Reaktion, die im Kontext der israelischen Besatzungs- und Unterdrückungspolitik eigentlich zu erwarten war.

Die »Saddamanie« in den besetzten Gebieten

Was aber war die Ursache für diese »Saddamanie«, die monatelang die besetzten Gebiete beherrschte, ehe wieder der altbekannte Realismus der Palästinenser Oberhand gewann? Sie war wohl ein Gemisch aus verschiedenen Elementen: Hass der Armen auf die unvorstellbar reichen Ölscheichs, die Ideologie des arabischen Nationalismus mit seinen Wolkenkuckucksheimen, der tiefe Hass auf Israel, den Zionismus und die USA und schließlich das Ersehnen eines Deus ex Machina, der die Menschen endlich aus dem Elend der Besatzung befreien würde. Ein grundlegendes Problem, das der Golfkrieg wieder einmal deutlich machte, war die enorme Abhängigkeit der Palästinenser von außen. So konnte immer nur Druck von außen Bewegung in die starre israelische Ablehnungsfront bringen. Und dazu war Präsident George Bush bereit, als er im Oktober 1991 die Madrider Friedenskonferenz einberief. Auch der israelische Premierminister Shamir konnte sich dem nun nicht widersetzen.

---

14 Shahak Pressedienst. Collection: The crisis between the Palestinians and the Zionist Left; Cohen 1991

Die Friedenskonferenz von Madrid 1991 bis 1993: Druck auf die Palästinenser

Am 30. Oktober 1991 wurde die Madrider Friedenskonferenz einberufen. Der amerikanische Präsident Bush konnte nach der Vertreibung irakischer Truppen aus Kuwait nun sozusagen mit dem zweiten Teil des linkage beginnen: einem Versuch der Lösung des Nahostkonflikts.

Die Verantwortung für die Madrider Konferenz lag bei Außenminister Baker und seinem Team. Israel und seine arabischen Nachbarstaaten wurden eingeladen und alle kamen. Zum ersten Mal waren auf einer internationalen Friedenskonferenz auch die Palästinenser vertreten. Sie waren zwar nur Bestandteil einer jordanischen Delegation – ohne offizielle PLO-Vertreter, ohne eine offizielle Beteiligung von Palästinensern aus Ost-Jerusalem – aber sie waren da und sie konnten die Weltöffentlichkeit für sich erobern.

Die israelische Delegation, angeführt von Premierminister Yitzhak Shamir, hatte sich bis zuletzt gegen Madrid gesträubt: gegen eine Konferenz auf der Basis von 242 und 338, auf der Basis des Prinzips »Land für Frieden«, und gegen eine Beteiligung der Palästinenser. Die Regierung Bush war jedoch eine der wenigen amerikanischen Regierungen, deren innenpolitische Stärke sie nahezu unabhängig vom Druck der pro-israelischen Lobby agieren ließ. Bush hatte bei seiner Wahl zum Präsidenten lediglich fünf Prozent der jüdischen Stimmen in den USA erhalten und konnte von daher offen an die Regelung des Konflikts in Nahost gehen.

Shamir hingegen musste, trotz seiner ideologisch-politischen Position, die in diametralem Gegensatz zu den Prinzipien der Friedenskonferenz stand, nach Madrid gehen. Der Grund: Israel brauchte die Garantie für einen Kredit über zehn Millionen Dollar, mit dem die Aufnahme der riesigen neuen Einwandererwelle aus der Sowjetunion finanziert werden sollte. Die USA wiederum knüpften an ihre Zusage die Bedingung der israelischen Teilnahme an der Konferenz.

Shamir fügte sich mit äußerstem Widerwillen in diese Situation, und seine Rede auf der Eröffnungskonferenz demonstrierte diese Position hinlänglich. »Der ganze Ton seiner Rede war anachronistisch, angefüllt mit der abgestandenen Rhetorik der Vergangenheit, völlig unpassend für die Gelegenheit (...). Seine Version des arabisch-israelischen Konflikts war einseitig, engstirnig und borniert. Er stellte Israel schlicht als ein Opfer arabischer Aggression dar, weigerte sich anzuerkennen, dass sich in der arabischen oder palästinensischen Einstellung zu Israel irgendetwas geändert hatte. Alle Araber wollten nur eines, so Shamir, die Zerstörung von Israel. Der einzige Unterschied bestand darin, wie sie diese Zerstörung erreichen wollten. Seine Rede, voller anti-arabischer Klischees, war ohne jegliche Substanz. Er bestand darauf, dass die Ursache des Konflikts die arabische Weigerung sei, die Legitimität Israels anzuerkennen. Damit war er gefährlich nahe an dem Punkt angelangt, die gesamte Grundlage der Konferenz abzulehnen, nämlich die Resolutionen der Vereinten Nationen und das Prinzip ›Land für Frieden.‹ (Shlaim 2000, S. 488).

In direktem Gegensatz dazu stand die Rede der palästinensischen Vertreter, die Haidar Abdel Shafi, Leiter der Delegation, hielt. Seine Ansprache war unter der Federführung von Hanan Ashrawi, der offiziellen Sprecherin der Delegation, entstanden. Hanan Ashrawi war damals noch an der Universität Birzeit, wie fast die gesamte palästinensische Delegation aus Universitätsmitgliedern bestand. In den besetzten Gebieten kursierte der Witz, die Israelis seien selbst daran Schuld, dass sie sich nun mit einer so hochkarätigen Delegation auseinander zu setzen hatten: Warum hatten sie auch die Universität 1987 geschlossen?

Nach der authentischen Darstellung von Hanan Ashrawi, die später in den palästinensischen Legislativrat gewählt und zur Ministerin für Wissenschaft und Forschung ernannt wurde, war die Rede in enger Zusammenarbeit zwischen Palästinensern von »innen«, also aus den besetzten Gebieten, und von »außen«, also aus der PLO-Führung in der Diaspora, entstanden. Yasir Arafat persönlich zeichnete für die politischen Forderungen verantwortlich.

»Wir kommen zu Ihnen aus einem gefolterten Land und von einem stolzen, wenn auch gefangenem Volk. Wir wurden dazu aufgefordert, mit unseren Besatzern zu verhandeln und mussten doch die Kinder der Intifada zurücklassen, und ein Volk, das unter Besatzung und Ausgangssperre lebt. Diese erwarten von uns, dass wir nicht kapitulieren, nicht vergessen. Während wir sprechen, leiden Tausende unserer Brüder und Schwestern in israelischen Gefängnissen und Gefangenenlagern. Die meisten wurden ohne Beweise, Anklage oder Verhandlung verhaftet. Viele von ihnen wurden bei den Verhören grausam misshandelt und gefoltert. Ihre einzige Schuld besteht darin, dass sie die Freiheit suchten oder es wagten, sich gegen die Besatzung zu erheben. Wir sprechen in ihrem Namen und wir sagen: Lasst sie frei. Während wir sprechen, leiden Zehntausende, die verwundet oder für immer zu Behinderten gemacht worden sind, unter ihren Schmerzen. Lasst den Frieden ihre Wunden heilen. Während wir sprechen, werden wir heimgesucht von den Augen Tausender palästinensischer Flüchtlinge, Deportierter und Vertriebener seit 1967, denn das Exil ist ein grausames Schicksal. Bringt sie nach Hause. Sie haben ein Recht darauf zurückzukehren. Während wir sprechen, klingt in diesen Sälen und in unseren Köpfen die Stille von zerstörten Häusern nach. Wir müssen unser Heim und unsere Häuser in einem freien Staat wieder aufbauen (...).« (Ashrawi 1995, S. 148).

Nach dieser Darstellung der palästinensischen Geschichte folgte der Appell an die israelische Nation, endlich die Palästinenser als gleichberechtigte Partner anzuerkennen, um mit ihnen Frieden zu schließen.

»Im Namen des palästinensischen Volkes möchten wir uns direkt an das israelische Volk wenden, mit dem wir seit langem Schmerz und Leid austauschen: Lasst uns stattdessen die Hoffnung teilen. Wir sind bereit, Seite an Seite auf dem Land und mit dem Versprechen auf Zukunft zu leben. Teilen erfordert jedoch zwei Partner, die bereit sind, als Gleichberechtigte zu teilen. Einvernehmen und Gegenseitigkeit müssen Herrschaft und Feindschaft ersetzen, um ehrliche Versöhnung und Koexistenz unter internationalem Recht erreichen zu können. Ihre und unsere Sicherheit hängen voneinander ab, ebenso untrennbar verbunden wie die Ängste und die Alpträume unserer Kinder.« (JPS 82, Winter 1992, S. 134f.; dort ist die gesamte Rede abgedruckt: S. 133–137).

Die politischen Forderungen der Palästinenser waren einfach, klar und auf der Basis internationaler Beschlüsse entwickelt:

Die israelische Besetzung vom Westjordanland, von Ost-Jerusalem und vom Gaza-Streifen musste enden. Die Palästinenser hatten ein Recht auf Selbstbestimmung. Sie waren entschlossen, dieses Recht einzufordern, bis sie ihren eigenen Staat etabliert hatten. Um den Prozess, der dahin führen sollte, in Gang zu bringen, waren die Palästinenser bereit, eine Übergangsregelung zu akzeptieren. Am Ende musste ein unabhängiger palästinensischer Staat stehen. Dieser Staat würde schließlich mit Jordanien eine Konföderation eingehen.

Nach Beendigung der Eröffnungssitzung wurde eine Reihe bilateraler Verhandlungen aufgenommen, jeweils zwischen Israel und den arabischen Staaten: also Israel und Libanon, Israel und Syrien, Israel und Jordanien sowie Palästina.

Um den Verhandlungsprozess weiter voranzutreiben, sprach die amerikanische Regierung zur Fortsetzung der Gespräche eine Einladung nach Washington aus. Am 9. Dezember 1991 begannen die Verhandlungen, die über zehn Runden fortgesetzt wurden.

Israel nahm eine absolut defensive Haltung ein und bestand über lange Zeit darauf, ausschließlich formalistische Fragen der Prozedur zu erörtern.

Den Palästinensern gelang es nach intensivem Druck, separate israelisch-palästinensische Verhandlungen durchzusetzen. Inhaltliche Ergebnisse wurden nicht erzielt, da Israel nicht zur Aufgabe der besetzten Gebiete bereit war.

Im Frühsommer 1993 schließlich, nach insgesamt zehn Verhandlungsrunden, die sich über eineinhalb Jahre hingezogen hatten, ohne irgendwelche Ergebnisse zu bringen, war Haidar Abdel Shafi am Ende seiner Geduld angekommen. Die Palästinenser, so formulierte er, hätten nicht die Macht und Stärke, sich gegen Israel durchzusetzen. Nun seien die arabischen Staaten – vertreten durch die Arabische Liga – an der Reihe, die Palästina-Frage wieder zu der ihren zu machen, bis die Palästinenser selbst eine neue Stärke erreicht hätten.[15] In genau diesen Zeitraum fallen die ersten geheimen Treffen, die zwischen PLO und Israel, nun unter der neuen Regierung Rabin, in Oslo und in Norwegen aufgenommen wurden.

Der geheime Oslo-Kanal und die Prinzipienerklärung vom 13. September 1993

Regierungswechsel in Israel 1992

Im Juni 1992 fanden in Israel Neuwahlen statt. Shamir und sein Likud-Block erlitten eine Niederlage und zum

---

15 Haidar Abdel Shafi in persönlichem Gespräch mit der Autorin in Gaza im Juli 1993.

ersten Mal seit 1976 kam wieder die Arbeitspartei an die Macht. Neuer Regierungschef wurde Izchak Rabin. Er übernahm gleichzeitig auch das Amt des Verteidigungsministers. Sein Erzrivale innerhalb der Arbeitspartei, Shimon Peres, wurde als Außenminister in die israelische Regierung integriert. Die Führungskompetenzen behielt sich Rabin allerdings gerade auch im Bereich der Außenpolitik vor. Peres sollte lediglich die multilateralen Verhandlungen im Rahmen des Madrider bzw. inzwischen Washingtoner Prozesses leiten. Die entscheidenden bilateralen Gesprächsrunden wurden der direkten Kontrolle von Regierungchef Rabin unterstellt.

Unter seiner Ägide fanden noch insgesamt sechs der zehn Verhandlungsrunden statt. Zwar entspannte sich das Klima, zwar gab Rabin neue Impulse: Es schien eine neue Flexibilität aufzukommen zum Beispiel hinsichtlich der »politischen« Siedlungen in Westbank und im Gaza-Streifen, die für die Israelis keine strategische Relevanz besaßen, sondern nur eine ständige Provokation für die Palästinenser darstellten. Aber die Kontinuität zu Shamir war unübersehbar, nicht nur in der Person von Elyakim Rubinstein, der auch unter Rabin Verhandlungchef der israelischen Delegation blieb.

Im Hinblick auf die PLO aber beschritt Rabin wirklich Neuland. Im Dezember 1992 hob er das sechs Jahre zuvor erlassene Gesetz auf, das den Kontakt zu PLO-Angehörigen bei Strafe verbot. Rabin war Realist. Die PLO existierte. Man konnte daher nicht umhin, sie letztlich anzuerkennen. Für die Verhandlungen aber blieb eine unverrückbare Grundposition ausschlaggebend: »Wenn es um die Sicherheit Israels geht, werden wir kein Jota nachgeben. Es ist unser Standpunkt, dass Sicherheit vor Frieden kommt.« (Shlaim 2000, S. 507).

Rabins Sicherheitskonzept aber schloss die Aufrechterhaltung der Besatzung mit ein. Er war nicht bereit anzuerkennen, dass Sicherheit am besten durch eine Zusammenarbeit mit der PLO erreichbar war. Auf dieser Basis war letztlich kein Fortschritt möglich. Schon Ende 1992, in den letzten Tagen der Bush-Regierung, wurde deutlich, dass die Verhandlungen in Washington in einer Sackgasse angelangt waren. In den besetzten palästinensischen Gebieten verbreitete sich Enttäuschung und Frustration. Die radikal-nationalistische, religiös-inspirierte Hamas gewann im Vergleich zur PLO und zu der Verhandlungsdelegation stark an Popularität. In dieser Situation ordnete Rabin die Deportation von über 400 Hamas-Verantwortlichen und -Mitgliedern an, die in einer Nacht- und Nebelaktion über die libanesische Grenze abgeschoben wurden. Der Beschluss entbehrte jeder rechtlichen Grundlage und verletzte in jeder Hinsicht internationales Recht.

Im März 1993 folgte, als Reaktion auf eine Serie von Attentaten gegen israelische Zivilisten, Siedler und Soldaten, so die israelische Regierung, die Abriegelung der besetzten Gebiete. Diese Abriegelung wird seit 1993 bis heute aufrechterhalten. Kein Palästinenser darf seitdem ohne eine israelische Genehmigung in das Staatsgebiet Israels von 1967 oder nach Ost-Jerusalem. Durch diese Verordnung erreichte die israelische Regierung allerdings das Gegenteil der proklamierten Absicht: Die Popularität der Hamas stieg weiter an.

Das Scheitern der letzten Washingtoner Verhandlungsrunde unter Clinton

Nach monatelanger Unterbrechung begann im April 1993 eine neunte Verhandlungsrunde mit weiteren kleinen israelischen Zugeständnissen. Die neue amerikanische Regierung unter Bill Clinton schaltete sich direkt ein. Der erste Schritt bestand in einer grundsätzlichen Änderung der bisherigen amerikanischen Positionen: Von nun an betrachteten die USA Ost-Jerusalem, das Westjordanland und den Gaza-Streifen nicht mehr als besetztes Gebiet, sondern lediglich als »umstrittenes« (»disputed«) Gebiet. Die eher ausgeglichene und gemäßigte Politik der Regierung Bush/Baker musste nun der offenen pro-israelischen Politik der Regierung Clinton weichen.

Nach dem Scheitern der letzten und zehnten Verhandlungsrunde am 1. Juli 1993 stand fest: Die Gespräche von Madrid und Washington waren als Grundlage für weitere Verhandlungen ungeeignet.

Die geheimen Verhandlungen von Oslo

An diesem Punkt schaltete sich Rabin direkt und mit höchster Priorität in die geheimen Verhandlungen mit der PLO ein, die bereits im Januar 1993 in Oslo aufgenommen worden waren. Ein wesentliches Motiv für diesen Schritt bildete für Rabin eine Erkenntnis, die ihm seine Spezialisten übermittelt hatten: Frieden mit Syrien sei nur möglich auf der Basis eines vollständigen Rückzugs aus den Golanhöhen und nach dem Abbau aller Siedlungen. Bei den geheimen Osloer Verhandlungsgesprächen wurden Israel in diesem Punkt von palästinensischer Seite jedoch weniger Zugeständnisse abverlangt. Außerdem, so die Einschätzung des israelischen militärischen Abwehrdienstes, waren die PLO-Führung und Arafat gleichsam am Ende: geschwächt, unter Druck, ohne wirkliche Optionen. Mit einem solchen Partner, so das Kalkül von Rabin, würde man leichtes Spiel haben.

Die Initiative zu den geheimen Osloer Verhandlungen war wahrscheinlich von Hanan Ashrawi ausgegangen, die den Kontakt zwischen Yair Hirschfeld, Professor für Geschichtswissenschaft an der Universität Haifa in Israel, und Ahmad Qreia (Abu Ala) von der PLO hergestellt hatte.

Über die eigentliche Aufnahme von Verhandlungen wurde Hanan Ashrawi jedoch nicht informiert. Weder die israelische noch die palästinensische Verhandlungsdelega-

tion in Washington hatte Kenntnis von der Existenz und
Entwicklung dieses geheimen israelisch-palästinensischen
Verhandlungskanals in Norwegen.

Die Akteure von Oslo

Die ersten Verhandlungsrunden fanden statt zwischen
Yair Hirschfeld (Historiker) und Ron Pundak (Politologe)
von der Universität Haifa, beide Mitglieder der israelischen Arbeitspartei, auf der einen Seite sowie Ahmad
Qreia, Hassan Asfur und Mahmud al-Kurd von der PLO
auf der anderen Seite. Im Hintergrund wurden die Gespräche von Yossi Beilin, Mitglied der israelischen Arbeitspartei und ein enger Vertrauter von Außenminister
Peres, sowie von Mahmud Abbas und Yasir Arafat von
der PLO in Tunis gelenkt.

Die ersten Runden verliefen zur großen Überraschung
der Israelis in einer ausgezeichneten Atmosphäre und
brachten gute Fortschritte. Auf dieser Basis schaltete sich
im Mai 1993 Außenminister Peres selbst ein und informierte auch Regierungschef Rabin von der Möglichkeit
eines Durchbruchs bei den direkten Verhandlungen mit
der PLO. Auf israelischer Seite übernahmen nun Uri Savir, Generaldirektor im israelischen Außenministerium,
und der Jurist Yoel Singer, der gerade eine viel verspre-
chende Karriere in einem Anwaltsbüro in Washington
eingeschlagen hatte, die Gespräche. Singer war 20 Jahre
lang in der juristischen Abteilung der israelischen Armee
tätig gewesen. Seit Mai 1993 gab es also im Grunde direkte Gespräche zwischen der Regierung in Jerusalem
und der PLO-Führung in Tunis – eine Situation, die noch
vor Monaten unvorstellbar gewesen wäre.

Rabins politisches Kalkül

Das Kalkül der israelischen Regierung und insbesondere
des Regierungschefs Rabin war klar. Yasir Arafat und die

PLO-Führung waren infolge des Golfkriegs völlig an den Rand gedrängt worden. Arafat selbst schien am Ende, ohne jegliche internationale Unterstützung. In den besetzten Gebieten lief die Hamas ihm und seiner Fateh den Rang ab. Eben diese Chance musste Israel nun ergreifen. Da Arafat nach wie vor der legitime Vertreter der Palästinenser war, sollte es möglich sein, mit ihm zu einem Verhandlungsergebnis zu kommen, das die israelischen Ziele garantieren würde.

Das erste israelische Angebot konzentrierte sich auf Gaza: Die israelischen Truppen würden sich aus dem Gaza-Streifen bzw. aus Teilen des Gaza-Streifens zurückziehen und diese als palästinensisches Gebiet anerkennen. Arafat forderte jedoch zusätzlich zu Gaza auch noch Jericho. Er brauchte einen Stützpunkt im Westjordanland. Hiermit bezog er sich auf eine Idee, mit der man vor Jahren in Fateh gespielt hatte. Danach musste man jede Chance auf Stützpunkte in den besetzten Gebieten ergreifen, um von dort aus die vollständige Befreiung durchsetzen zu können.

Für Rabin stellte Arafats Forderung nach Jericho ebenfalls kein Problem dar, war es doch integraler Teil des Allon-Planes. Nach diesem im Juli 1967 vom späteren Außenminister Allon entwickelten Plan, der die ungeschriebene Position der Arbeitspartei bis 1977 werden sollte, hätte sowieso Jordanien Jericho erhalten sollen, während Israel den Großteil des Westjordanlandes behalten und weiter besiedeln hätte können. Der palästinensischen Seite war dieser Aspekt wohl damals nicht deutlich gewesen.

Im August liefen die Verhandlungen in Oslo auf Hochtouren und am 23. August 1993 lag schließlich die gemeinsame Prinzipienerklärung vor.

Außenminister Peres flog nach Oslo, um dort nun den zweiten entscheidenden Teil der Osloer Verträge, nämlich die gegenseitige Anerkennung, voranzutreiben. Hier bestand Rabin unter anderem auf der Forderung, dass die PLO und Arafat nun die alte palästinensische Charta der PLO von 1968 ausdrücklich ändern müssten – und das trotz der 1988 erfolgten grundsätzlichen Änderung der PLO-Politik und der 1989 abgegebenen caduc-Erklärung von Yasir Arafat. Arafat musste sich auch dieser eher demütigenden Forderung beugen. Im Briefwechsel zwischen Arafat und Rabin, der die gegenseitige Anerkennung aussprach, bekräftigte Arafat: »(...) die PLO bestätigt, dass diejenigen Artikel der palästinensischen Charta, die Israels Existenzrecht bestreiten, sowie die Bestimmungen der Charta, die im Widerspruch zu den mit diesem Brief eingegangenen Verpflichtungen stehen, damit und jetzt ungültig sind. Daher verpflichtet sich die PLO, dem Palästinensischen Nationalrat die notwendigen Änderungen in der Charta zur formalen Bestätigung vorzulegen.« (JPS 89, Herbst 1993, S. 115).

Nach Abschluss der Verhandlungen flog Peres in die USA, um dort US-Außenminister Warren Christopher über die letzten Entwicklungen und den Durchbruch von Oslo zu informieren. Die Amerikaner waren völlig überwältigt. Die beiden erbitterten Gegner im Nahostkonflikt hatten es geschafft, ein Abkommen zu schließen – und dies nur mit Hilfe des inzwischen verstorbenen norwegischen Außenministers Johan Joergen Holst und eines bis dahin unbekannten norwegischen Sozialwissenschaftlers, Terje Rod Larsen, der inzwischen der persönliche Vertreter des UN-Generalsekretärs Kofi Anan in Israel und den palästinensischen Gebieten ist – jedoch ohne die Hilfe der USA.

Der krönende Abschluss der Verhandlungen sollte auf Wunsch der Weltmacht dann aber trotzdem in der amerikanischen Hauptstadt, in Washington, stattfinden. Es entstand geradezu der Eindruck, als böten Oslo, Norwegen bzw. Europa aus der Sicht der USA nicht den passenden Rahmen hierfür.

Am 13. September 1993 gingen die historischen Bilder um die Welt: Yasir Arafat, Präsident des Exekutivkomitees der PLO und Präsident des 1988 proklamierten palästinensischen Staates, und Izchak Rabin, Premierminister des Staates Israel und Parteichef der Arbeitspartei, schüttelten sich vor laufenden Kameras die Hände. Die Zurückhaltung Rabins stand dabei im Gegensatz zu der fast physisch fühlbaren Begeisterung Arafats.

Der Inhalt des Osloer Vertrags

Woraus bestand nun der Osloer Vertrag von 1993? Die Grundlage bildete ein Austausch von Briefen zwischen Rabin und Arafat: Hierin erkannte der Staat Israel die PLO als Vertretung des palästinensischen Volkes an. Im Gegenzug erkannte Arafat im Namen der PLO und des palästinensischen Volkes den Staat Israel an.

Den zweiten Teil des Vertrags bildete die Prinzipienerklärung. Hier einigten sich Israel und die PLO auf einen Verhandlungsplan, dessen zeitlicher Ablauf bereits festgelegt war: Nach zwei Monaten würde die israelische Armee mit ihrem Abzug aus Gaza und aus Jericho beginnen und diesen innerhalb von vier Monaten abschließen. Eine palästinensische Polizei sollte dann die Sicherheitskontrolle dort übernehmen. Im Westjordanland sollte derweil die Regierungsbefugnis in folgenden Bereichen an »autorisierte« Palästinenser übertragen werden: Erziehung, Gesundheit, Sozialwesen, Steuerwesen und Tourismus.

Nach neun Monaten würden laut Plan Wahlen zu einem palästinensischen Rat durchgeführt werden, der dann alle Regierungsbefugnisse, mit Ausnahme von Auswärtigen Beziehungen und Verteidigung, übernehmen sollte. Nach zwei Jahren sollten Verhandlungen über die Ausgestaltung einer endgültigen Lösung aufgenommen werden, die dann den Abschluss einer fünfjährigen Übergangsperiode bilden würde.

Der Vertrag legte sich nicht fest, wie diese endgültige Lösung aussehen sollte.

Vier zentrale Streitpunkte wurden in die Periode der Verhandlungen über eine endgültige Lösung verschoben: Die Frage der Flüchtlinge von 1948, die Frage der Grenzen der palästinensischen Entität, die Zukunft der jüdischen Siedlungen im Westjordanland und im Gaza-Streifen sowie der Status von Jerusalem.

Die grundlegende Asymmetrie der gegenseitigen Anerkennung stand damals noch nicht im Zentrum der Aufmerksamkeit. Nur wenige wiesen darauf hin, dass im Vertragstext keine israelische Zusage für einen palästinensischen Staat zu finden war. Die PLO hatte dagegen die Fortsetzung der israelischen Besatzung in weiten Teilen vom Westjordanland und Gaza-Streifen akzeptiert. Schließlich hatte sie in diesem Stadium als Folge des israelischen Drucks auf die Kontrolle der Grenzen sowie auf eine eigene Außenpolitik verzichtet.[16]

Für die Palästinenser, an erster Stelle für Yasir Arafat und für die PLO, sollte dieses Abkommen, also die Prinzipienerklärung vom September 1993, der erste entscheidende und unwiderrufliche Schritt in Richtung der Etablierung eines unabhängigen palästinensischen Staates sein. Für die israelische Regierung unter Izchak Rabin, der gegen einen unabhängigen palästinensischen Staat war, sollte es der entscheidende Schritt in Richtung einer palästinensisch-jordanischen Konföderation sein. Was Rabin über Siedlungen dachte, war damals noch nicht klar.

Überall zwischen Jordantal und Mittelmeer brach in diesen Septembertagen des Jahres 1993 Jubel aus. Alle teilten die Hoffnung, dass nun bald Frieden den endlosen Konflikt im Lande ablösen würde. Doch die kommenden Jahre sollten diese Hoffnung aufs tiefste enttäuschen.

---

16 Zur Kritik an Oslo vgl. Edward Said 1996, Raja Shehadeh 1997 und Ilan Pappe 1998.

Der Osloer Prozess 1993 bis 2000

Die Prinzipienerklärung und der Geist von Oslo

Es war die während der Verhandlungen ausgesprochene gegenseitige Anerkennung, noch vor der Unterzeichnung der Prinzipienerklärung, die den Durchbruch in den israelisch-palästinensischen Beziehungen erzielte. Sie bildete den ersten Schritt aus der verhängnisvollen Leugnung der Existenz des jeweils anderen. Endlich konnte der ungeheuerliche Satz von Golda Meir, Israels Premierministerin von 1969 bis 1974, »Es ist ja nicht so, als ob es ein palästinensisches Volk in Palästina gegeben hätte, das sich als palästinensisches Volk begriff, und dass wir gekommen wären und sie hinausgeworfen und ihnen ihr Land weggenommen hätten. Sie haben nicht existiert.« (Sunday Times, 15. Juni 1969), in den Papierkorb der Geschichte wandern, zusammen mit den palästinensischen Gänsefüßchen zu dem Wort Israel oder dem Wortungetüm »zionistisches Gebilde«.

Die Prinzipienerklärung, die am 13. September während der bereits erwähnten Zeremonie im Garten des Weißen Hauses in Washington unterzeichnet wurde, fasste die Punkte zusammen, auf die sich die Verhandlungspartner geeinigt hatten:

- die Beendigung des jahrzehntelangen Konflikts zwischen den beiden Völkern (präzise formuliert: die Beendigung der Austragung des Konflikts auf dem Wege der Gewalt)

- die gegenseitige Anerkennung der legitimen politischen Rechte
- das Streben, in friedlicher Koexistenz zu leben unter gegenseitiger Garantie von Würde und Sicherheit
- der Abschluss einer gerechten, dauerhaften und umfassenden Friedensregelung auf der Basis einer historischen Versöhnung
- die Entscheidung dafür, diese Friedensregelung auf dem Verhandlungsweg zu erreichen.

Die ganze Welt schaute an diesem 13. September 1993 gebannt und fasziniert auf die Männer, die hier zusammengekommen waren: den israelischen Premierminister Izchak Rabin und den Präsidenten des Exekutivkomitees der PLO, Yasir Arafat. Alle waren überwältigt von dem unerwarteten historischen Durchbruch, der den beiden politischen Kontrahenten eines als unlösbar betrachteten Konflikts hier gelungen war. Alle fragten sich aber auch, ob Arafat und Rabin es schaffen würden, den Geist von Oslo in der schwierigen Realität des Nahen Ostens umzusetzen.

Die Reaktion der Menschen in der Region – der israelischen nicht anders als der palästinensischen – kann am besten durch die Formulierung »bange Begeisterung« wiedergegeben werden. Aber überall verbreitete sich sehr schnell die Überzeugung, der Konflikt sei vorbei, der Frieden habe begonnen, alle noch offenen Fragen könnten gelöst werden.

Für die Menschen in Israel ging es jetzt darum, endlich ein normales Leben führen zu können, ohne Krieg und Gewalt. Es ging um ein friedliches Zusammenleben mit den Nachbarn, darum, nach dem Frieden mit Ägypten (1979) nun auch mit den Palästinensern, die im Süden (Gaza-Streifen) und im Osten (Westjordanland) oder mitten unter ihnen (Ost-Jerusalem) wohnten, zu einer friedlichen Koexistenz zu kommen. Frieden also war für die einen das wesentliche Ziel. Für andere stand eine regelrechte Fixierung auf Sicherheit an erster Stelle. Auch hier richtete sich der bange Blick auf das zukünftige Verhalten der palästinensischen Nachbarn.

Für die Palästinenser barg Oslo ein entscheidendes und geradezu schicksalhaftes Versprechen: die Erringung der Unabhängigkeit und den Aufbau eines unabhängigen palästinensischen Staates. Dieses Versprechen konnte nun, nach 26 Jahren unter israelischer Besatzung, Wirklichkeit werden. Frieden und Sicherheit auf der einen Seite also, Beendigung der Besatzung, Unabhängigkeit und der Aufbau eines eigenen Staates Palästina auf der anderen Seite.

In der Prinzipienerklärung tauchen jedoch die Begriffe »Staat« oder »palästinensischer Staat« nicht auf. Der Text deutet zwar mit dem Verweis auf die legitimen Rechte der Palästinenser darauf hin und kann sicher auch so interpretiert werden, explizit enthalten ist die Formulierung aber nicht. Dies ist ein erster Hinweis darauf, dass die Vereinbarungen von Oslo, bei aller Anerkennung für den historischen Durchbruch, sehr viele schwerwiegende Probleme beinhalten.

Das Ungleichgewicht der Kräfte

Schon die gegenseitige Anerkennung, die Arafat und Rabin in ihren Briefen aussprachen, war in sich asymmetrisch: Ein Staat, nämlich der Staat Israel, hatte eine Befreiungsbewegung, nämlich die PLO, anerkannt. Die PLO wurde ausschließlich anerkannt als Repräsentant des palästinensischen Volkes, nicht als potenzielle Staatsvertretung. Die Palästinensische Autorität, die nun eingesetzt werden sollte, war nicht näher bestimmt. Sollte es sich dabei lediglich um eine Selbstverwaltung handeln oder sollte sie den Übergang zu einer souveränen Staatsmacht bilden? Und vor allem: Wer sollte diese fundamentalen Fragen entscheiden?

Jeder, der versucht, einen Konflikt zu lösen, weiß, wie wichtig dabei eine unabhängige Instanz und ein formales Regelwerk sind. Die Prinzipienerklärung von Oslo enthielt keine diesbezüglichen Vereinbarungen. Das hieß aber letztlich, dass die Beziehungen zwischen dem Staat Israel und der palästinensischen Gesellschaft im Wesentlichen durch den Faktor Macht bestimmt waren. Wer die Macht hatte, konnte seine Interpretation der Osloer Abkommen durchsetzen. Und die lag klar auf Seiten Israels. Denn Israel war und ist eine regionale Großmacht, besitzt nukleare Waffen, verfügt über eine mit modernster Technologie ausgerüstete Armee, ist eine offene moderne Gesellschaft, deren Wissenschaftler und Künstler eine führende Stellung in der Welt einnehmen, und stützt sich auf eine moderne, hochentwickelte Wirtschaft, in der der Hightech-Sektor eine führende Rolle spielt.

Auf der anderen Seite stand und steht die PLO, steht die 1994 eingesetzte Palästinensische Autorität, steht die palästinensische Gesellschaft in Westjordanland und im Gaza-Streifen: 26 Jahre Besatzung hatten den Aufbau einer modernen Wirtschaft und einer entsprechenden Infrastruktur sowie die Entwicklung einer modernen Gesellschaft verhindert, von der Herausbildung politischer oder gar militärischer Macht ganz zu schweigen. Auch nach 1994 verfügte die Palästinensische Autorität nur über einige Tausend Polizisten, im Wesentlichen mit Handfeuerwaffen ausgestattet.

Damit aber stand die politische Entwicklung des Osloer Prozesses, wie er bald genannt wurde, zwischen 1993 und 2000 unter der vollständigen Kontrolle des Staates Israel. Die Palästinenser ergriffen die Chance von Oslo jedoch mit Optimismus und regelrechter Begeisterung. Direkt nach Oslo sprachen sich 65 Prozent der Palästinenser für dieses Abkommen aus, kurz vor den Wahlen im Januar 1996 sogar 75 Prozent: alle mit der Hoffnung, auf der Basis dieses Abkommens – trotz all seiner Unzulänglichkeiten – einen eigenen Staat, Frieden und Sicherheit zu erreichen.

Das Osloer Vertragswerk

Nach der Prinzipienerklärung vom 13. September 1993 folgte im Mai 1994 das Kairoer Abkommen mit den ersten Ausführungsbestimmungen zur Prinzipienerklärung. Auf der Basis des Kairoer Abkommens, das Rabin und Arafat in Kairo unterzeichneten, leitete die israelische Armee ihren Rückzug aus Jericho und ihren Teilrückzug aus dem Gaza-Streifen ein. Im Juni 1994 wurde dort die Palästinensische Selbstregierungsautorität eingesetzt. Yasir Arafat kehrte nach 27 Jahren wieder nach Palästina zurück. Dort übernahm er die Leitung der Autorität.

Am 28. September 1995 wurde das Zweite Osloer Abkommen (Oslo II) im Oval Office des Weißen Hauses von Yasir Arafat und Izchak Rabin unterzeichnet. Oslo II setzte die Rahmenbedingungen für die in der Prinzipienerklärung vorgesehenen Wahlen fest. Auf der Basis seiner Machtposition bestimmte Israel diese bis ins letzte Detail: alle Wählerlisten mussten dem israelischen Innenministerium vorgelegt und von ihm genehmigt werden, die Zahl der Abgeordneten legte Israel auf 88 fest, die Bewohner Ost-Jerusalems erhielten nur das aktive, nicht das passive Wahlrecht, der zu wählende Rat sollte lediglich für eine Übergangszeit von drei Jahren eingesetzt sein. Zu alledem war der Zeitdruck, unter dem die Wahlen vorbereitet werden sollten, enorm.

Oslo II legte auch fest, dass innerhalb von zwei Monaten nach der konstituierenden Sitzung des palästinensischen Rates die PLO-Charta von 1968, die doch von Arafat schon 1989 als »caduc« erklärt worden war, nun noch pro forma durch den Palästinensischen Nationalrat selbst geändert werden müsse. In Anwesenheit von US-Präsident Clinton geschah dies am 24. April 1996.

Die Fragmentierung der palästinensischen Gebiete

Die letzte, für die Bevölkerung in den besetzten Gebieten entscheidende Bestimmung von Oslo II, regelte den Abzug der israelischen Armee aus den Städten des Westjordanlandes, mit Ausnahme von Hebron. Die Wahlen sollten nicht unter den Augen der Besatzungsarmee durchgeführt werden. Seit dem Januar 1996 waren deshalb – bis zum März 2002 – die Städte des Westjordanlandes nicht mehr von der israelischen Armee besetzt. Gleichzeitig aber legte dieses Abkommen die Grundlage für die bis heute andauernde verhängnisvolle Fragmentierung der palästinensischen Gebiete in A-, B- und C-Gebiete. Nur die palästinensischen Städte, aus denen sich die israelische Armee zurückgezogen hatte, erhielten den Status von A-Gebieten, in denen die Palästinensische Autorität uneingeschränkte interne Machtbefugnisse hatte. Die A-Gebiete waren jedoch ausnahmslos von B- oder C-Gebieten umgeben. In den B-Gebieten hatte die israelische Armee, trotz der gemeinsamen palästinensisch-israelischer Verantwortung für Sicherheitsfragen, letztlich die ausschlaggebende Kontrolle über die Sicherheit, während alle zivilen Regierungsfunktionen an die Palästinensische Autorität abgegeben worden waren. In den C-Gebieten übte die israelische Armee nach wie vor die volle Kontrolle aus, hier handelte es sich um jene Regionen, in denen sich alle israelischen Siedlungen sowie Militärstützpunkte befinden und die bis heute fast 60 Prozent der Westbank umfassen. Der Großteil der palästinensischen Bevölkerung lebt in den A- und B-Gebieten.

Damit hatte die israelische Regierung eine neue Situation geschaffen: Sie hatte ihre frühere Kontrolle als Besatzungsmacht im Inneren der Gebiete nach außen, an die Übergänge von einer Zone zur anderen, verlagert. An diesen Übergängen kontrollierte die israelische Armee das Leben aller Palästinenser nach wie vor vollständig. Zunehmend funktionalisierte sie auch die Stellvertreter der Palästinensischen Autorität, die immer wieder und immer massiver von Israel als Polizisten in seinen eigenen Diensten eingesetzt wurde – auch innerhalb der A- und teilweise der B-Gebiete. Immer wieder gab die israelische Armee ganze Listen mit Namen von politischen, meist islamistischen Aktivisten an die Palästinensische Autorität mit der Forderung, diese zu verhaften. Immer wieder übte Israel Druck aus, überhaupt alle islamistischen Organisationen zu verbieten und deren gesamte, gerade auch soziale, Infrastruktur zu zerstören. Dies geschah meist mit dem alles rechtfertigenden Hinweis auf die notwendige Terrorbekämpfung.

Hebron, die größte palästinensische Stadt im Westjordanland, musste getrennt behandelt werden. In Hebron hatte nämlich schon 1968 eine Gruppe von Siedlern damit begonnen, israelische Siedlungen aufzubauen, mitten in der Stadt selbst sowie in einem größeren Gebiet außerhalb. Seitdem beherrschen einige Hundert radikale, religiös-nationalistische Siedler das Leben und den Alltag der über 100 000 Bewohner von Hebron.

Das Hebron Protokoll vom 15. Januar 1997 regelte schließlich nicht den Abzug der israelischen Armee aus Hebron, wie eigentlich vorgesehen, sondern lediglich eine Truppenverschiebung innerhalb der Stadt. Auf dieser Basis wurde Hebron zweigeteilt, in H1 und H2. Im ersten und größeren Teil lebt die Mehrzahl der Hebroner unter der Palästinensischen Autorität, im kleineren Teil beherrscht und drangsaliert eine kleine Gruppe von etwa 400 israelischen Siedlern eine Mehrheit von Palästinensern, die nach wie vor unter israelischer Besatzung leben müssen.

Die letzten Abkommen im Rahmen des Osloer Prozesses, das Wye River Agreement vom 23. Oktober 1998, unterzeichnet von Benjamin Netanyahu und Yasir Arafat, sowie das Scharm el-Scheich Memorandum vom 4. September 1999, abgeschlossen vom neuen israelischen Premier Ehud Barak und von Arafat, waren neue Ausführungsbestimmungen für den Abzug bzw. für die Truppenverschiebungen der israelischen Armee, die bis dato nicht entsprechend dem Zeitplan von Oslo durchgeführt worden waren. Keines der beiden Abkommen wurde von den israelischen Regierungen unter Netanyahu und schließlich Barak umgesetzt, obwohl sie von beiden jeweils sowohl ausgehandelt als auch unterschrieben worden waren.

Ehe nun das Osloer Vertragswerk abschließend analysiert wird, sollen erst die Ergebnisse der palästinensischen Wahlen und der Aufbau der neuen Palästinensischen Autorität skizziert werden.

Die palästinensischen Wahlen

Samstag, der 20. Januar 1996, war ein strahlender Sonnentag. Ein idealeres Wahlwetter hätte man sich nicht wünschen können. Entsprechend hoch fiel die Wahlbeteiligung aus: fast 80 Prozent. Es waren die Probleme in Ost-Jerusalem und in Hebron, die verhinderten, dass die Wahlbeteiligung noch höher lag.

Die umstrittenen Wahlbedingungen in Ost-Jerusalem

Der israelische Anspruch auf Gesamt-Jerusalem als ewige und unteilbare Hauptstadt des jüdischen Staates, führte zu massiven Wahlbehinderungen. Die Details der Regelung der Wahlmodalitäten in Jerusalem könnten als Treppenwitz der Weltgeschichte erscheinen, wenn es nicht um eine so ernste Angelegenheit wie die der Zukunft dieser Stadt gegangen wäre. Da in Ost-Jerusalem laut Oslo II zwar gewählt werden durfte, Israel aber eigentlich doch keine Wahlen in Jerusalem wollte, bestand die israelische Regierung auf folgenden Regelungen. Nur ein winziger Teil der Bürger Ost-Jerusalems, knapp 4500, durfte in der Stadt selbst wählen. Der Rest der Bevölkerung musste dazu zu Wahllokalen in den Vororten fahren, die immer gerade außerhalb der von Israel gezogenen Stadtgrenzen lagen.

Die wenigen Wahllokale in der Stadt selbst, insgesamt nur fünf zu diesem Zweck umfunktionierte Postämter, waren von der israelischen Grenzpolizei so hermetisch abgeriegelt, dass es auch für den entschlossenen Wähler nicht leicht war, bis zur Wahlurne vorzudringen. Zudem filmte der israelische Geheimdienst die Wähler vor fast allen Postämtern. Auch die prompte Intervention des ehemaligen US-Präsidenten Jimmy Carter, der als internationaler Wahlbeobachter vor Ort war, half wenig. Kaum hatte Carter die Gegend verlassen, setzten die Geheimdienstleute ihre Filmaufnahmen fort.

Die fünf Postämter selbst hatten keine Wahlkabinen und keine üblichen Wahlurnen aufgestellt, sondern die Wähler mussten sich – wie der alltägliche Postkunde – vor dem Postschalter anstellen, hinter dem die altbekannten Ost-Jerusalemer Postbeamten standen. Vor ihren Augen durften oder besser mussten dann die Wahlzettel ausgefüllt und in die Wahlbriefe gesteckt werden. Die beiden Wahlbriefe (einer für die Abgeordnetenwahl, einer für die Präsidentenwahl) wurden dem Postbeamten übergeben, der sie in die Wahlurnen, die wie Briefkästen aussahen, steckte.

In einer Nacht- und Nebelaktion (wahrscheinlich aus der Ecke des rechten Likud-Blocks) waren außerdem wenige Tage vor der Wahl überall im Ostteil der Stadt Plakate geklebt worden, oft quer über die Wahlplakate, die alle Jerusalemer davor warnten, sie würden mit der Beteiligung an den Wahlen ihre Jerusalemer Personalausweise verlieren, und damit ihre Privilegien[17]. Nur etwa 40 Prozent der Palästinenser in Ost-Jerusalem gingen unter diesen Bedingungen zu den Wahlen.

In Hebron kam es am Wahltag, wie fast täglich unter den besonderen Bedingungen dieser Stadt, zu gewalttätigen Auseinandersetzungen zwischen Palästinensern und Siedlern. Die im Vergleich zu anderen Städten im Westjordanland geringere Wahlbeteiligung lag hier deshalb nur bei 66 Prozent.

Trotz aller Schwierigkeiten bedeutete die Durchführung dieser ersten freien politischen Wahlen in palästinensischen Gebieten einen großen Erfolg für alle Bürger. Damit schien für sie der Aufbau eines demokratischen palästinensischen Staates in den Bereich des Möglichen gerückt.

Der Ausgang der ersten palästinensischen Wahlen

Gewählt wurden 88 Abgeordnete für den Palästinensischen Rat (Parlament) unter der Palästinensischen Autorität. 50 der 88 Sitze gingen an Fateh, also an Yasir Arafats politische Bewegung. 36 fielen an unabhängige Kandidaten, ein Sitz ging an Fida (eine Abspaltung von der Demokratischen Front, im politisch-diplomatischen Kurs pro-Arafat) sowie ein Sitz an die Nationaldemokratische Koalition von Haidar Abdel Shafi, ehemals Leiter der palästinensischen Delegation bei den Madrider bzw. Washingtoner Verhandlungen. Von den insgesamt 36 unabhängigen Abgeordneten standen sieben der Hamas

---

17 Ost-Jerusalemer haben einen israelischen Personalausweis, ohne israelische Staatsbürger zu sein. Mit diesem Ausweis genießen sie das Privileg der weitgehend freien Mobilität, das die Menschen im Westjordanland und Gaza-Streifen seit 1993 nicht mehr haben. Außerdem haben sie Anspruch auf die Sozialleistungen des israelischen Staates wie Krankenversicherung und Altersversorgung.

nahe oder waren Hamas-Mitglieder, drei waren PFLP-Mitglieder oder Anhänger und 15 waren eigentlich Fateh-Mitglieder. Yasir Arafat hatte sich jedoch geweigert, sie auf die Fateh-Listen zu nehmen. Er hatte diese Listen selbst zusammengestellt, da er zum einen die Kontrolle über die Wahlen behalten wollte und zum anderen die Neuankömmlinge aus dem Exil, die 1994 mit ihm oder danach in die palästinensischen Gebiete gekommen waren, auch in den Wahlprozess einbeziehen wollte. Da diese 15 sich aber weigerten, Befehlsempfänger von Arafat zu werden und auf ihre Kandidatur zu verzichten, stellten sie sich als Unabhängige zur Wahl. Bekannt wurden sie als Fateh-Rebellen. Trotzdem setzte sich über die Zeit ihre Loyalität gegenüber Fateh durch. Unübersehbar wurde dies bei der Vertrauenserklärung für das zweite Kabinett von Arafat im Sommer 1998.

Für die Präsidentenwahl gab es leider nur zwei Kandidaten. Kein einziger prominenter Politiker in den besetzten Gebieten war bereit, in den Wahlen gegen Arafat anzutreten. Zwar war allen klar, dass Arafat gewinnen würde, schließlich war und ist er das Symbol des palästinensischen Nationalismus. Aber viele hätten sich schon einen richtigen Wahlkampf gewünscht. Es blieb Samiha Chalil, meist Umm Chalil (Mutter des Chalil) genannt, einer der führenden Vertreterinnen der alten historischen palästinensischen Frauenbewegung vorbehalten, sich dieser demokratischen Aufgabe zu stellen. Sie brachte es auf beachtliche elf Prozent, während Arafat mit 89 Prozent zum Präsidenten der Palästinensischen Autorität gewählt wurde. Da Israel keinen palästinensischen Präsidenten akzeptierte, sondern nur bereit war, Arafat als Vorsitzenden anzuerkennen und anzureden, wurde der arabische Begriff »ra'is« in die offiziellen Osloer Texte und damit in die englische Sprache aufgenommen. »Ra'is« bedeutet nämlich im Arabischen sowohl »Vorsitzender« als auch »Präsident«.

Der Aufbau der Palästinensischen Autorität

Nach Abschluss des Kairoer Abkommens wurden der Truppenabzug (aus Jericho) und die Truppenumstellung (in Gaza) der israelischen Armee beschleunigt, damit mit dem Aufbau der Autorität begonnen werden konnte. Am 1. Juli 1994 war Arafat nach Gaza eingezogen, um sein neues Amt auf der Basis der Osloer Abmachungen anzutreten, und seit den Wahlen im Januar 1996 konnte er als demokratisch legitimierter Präsident bzw. »Vorsitzender« die Palästinenser regieren.

Im Westjordanland gab die israelische Zivilverwaltung ihre Regierungsgeschäfte stufenweise an die Palästinensische Autorität ab. Zunächst nur fünf Bereiche (Tourismus, Erziehung und Kultur, Gesundheit, Sozial- und Steuerwesen), später nach Abzug der Armee aus den wichtigsten Städten bis Ende 1995 alle weiteren Bereiche, Außenbeziehungen und Verteidigung ausgenommen. Eben hier wurde deutlich, dass die Übergangslösung in den palästinensischen Gebieten von den Gegebenheiten eines unabhängigen Staates weit entfernt war. Alle Verträge zum Beispiel, die zwischen Israel und den Palästinensern im Kontext des Osloer Prozesses abgeschlossen und unterzeichnet wurden, verhandelte Arafat immer nur als Vorsitzender der PLO, nie als gewählter Präsident oder »Vorsitzender« der Palästinensischen Autorität. Die Außenpolitik musste also über die PLO geführt werden, die Palästinensische Autorität durfte dagegen nur im Rahmen ihrer ökonomischen und kulturellen Beziehungen Außenkontakte anknüpfen. Konkret bedeutete dies zum Beispiel, dass alle Exporte und Importe über Israel liefen und jederzeit vom guten Willen der israelischen Behörden abhängig waren. Jederzeit konnte ein Ausfuhrstopp erlassen oder konnten Waren über Monate hin in israelischen Häfen festgehalten werden.

Die palästinensische Gesellschaft setzte hohe Erwartungen in ihr Parlament. Vor allem die Intellektuellen und die hoch politisierte Bevölkerung in der zentralen Region Bethlehem – Jerusalem – Ramallah hoffte auf die Schaffung eines neuen palästinensischen Systems, das sich wesentlich von anderen arabischen politischen Systemen unterscheiden sollte. Der zukünftige palästinensische Staat sollte ein pluralistischer demokratischer Staat sein, weitgehend säkular, mit hoher Beteiligung seitens der Bevölkerung. Er sollte damit in jeder Hinsicht die Ziele der palästinensischen nationalen Befreiungsbewegung erfüllen und Befreiung, Selbstbestimmung und Freiheit bringen. In diesem Punkt bestand ein landesweiter Konsens. Den zu wählenden Legislativrat betrachtete man als wichtigen Schritt in diese Richtung.

Der Konflikt zwischen dem Legislativrat und der Exekutive unter Arafat

Die Realität, vor allem in den Jahren 1996 bis 1998, sollte eine schlimme Enttäuschung werden. Alle Versuche des Legislativrates, sich als relevanter Akteur in die palästinensische Politik einzubringen, scheiterten am Widerstand Yasir Arafats und an dessen Dominanz in dem entstehenden palästinensischen System.

Von Anfang an hatte sich die Palästinensische Autorität bemüht, jeden Versuch des Legislativrates, die Exekutive unter Arafat zu kontrollieren, abzublocken. Zu einem ersten Konflikt kam es, als der Legislativrat die palästinensischen Sicherheitsdienste kritisierte, weil diese bei ihrer Verfolgung von Gegnern, vor allem von islamistischen Gegnern, des Osloer Verhandlungsprozesses massive Menschenrechtsverletzungen begangen hatten. Der zweite Konflikt entzündete sich, als der Legislativrat darauf beharrte, eine seiner zentralen Funktionen auszuüben: die Genehmigung des öffentlichen Budgets. Hier bestand der Legislativrat schlicht darauf, dass die Exekutive ihre grundsätzliche Verpflichtung einhielt, ihm das jährliche Budget rechtzeitig zur Diskussion und zur Genehmigung vorzulegen. Der dritte wesentliche Konfliktpunkt bestand in der anhaltenden Kritik der Parlamentarier an der wachsenden Korruption, die sich nicht zuletzt in Regierungskreise einschlich.

Den Höhepunkt erreichte dieser ganze Prozess des Machtkampfs zwischen Legislativrat und Exekutive unter Arafat im Sommer 1998, dem Beginn der dritten Legislaturperiode. Die palästinensischen Parlamentarier stellten Arafat ein klares Ultimatum: Entweder nahm er den Rücktritt seines Kabinetts an und bildete ein neues Kabinetts auf der Basis der vom Parlament gestellten Bedingungen, oder der Legislativrat würde die Vertrauensfrage stellen und darüber abstimmen.

Schon 1996 hatte der Legislativrat das Problem der Monopole aufgegriffen – speziell das der berühmt-berüchtigten al-Bahr Gesellschaft, die von Arafats engem Vertrauten Muhammad Rashid kontrolliert wurde – und in diesem Zusammenhang das Problem der Korruption angesprochen sowie einen Untersuchungsbericht in Auftrag gegeben (20. Juni 1996, Resolution 57/9/1). Die Publikation der Aufsehen erregenden Artikel in Ha'aretz (Ronen Bergman und David Ratner, 4. April 1997) und im Guardian (David Hirst, 27. April 1997), in denen konkrete Beispiele der Korruption ausgebreitet wurden, spitzte den Konflikt jedoch sehr schnell zu. Am 27. Mai 1997 setzte der Legislativrat eigens ein Komitee ein, um den ersten Jahresbericht des Leiters des Allgemeinen Kontrollamtes für das Jahr 1996 zu prüfen (Resolution 169/11/2). Der Bericht des Komitees wurde dem Legislativrat am 9. August 1997 vorgelegt. Das Komitee war zu dem Schluss gekommen, dass in mehreren Ministerien, vor allem jedoch im Planungsministerium und im Innenministerium, schlecht gearbeitet worden war, dass es Misswirtschaft gegeben hatte und dass vor allem sehr viele Korruptionsfälle stattgefunden hatten.

Das Komitee empfahl dem Legislativrat, »zu fordern, dass der Führer der Palästinensischen Autorität den Ministerrat (also das Kabinett) auflösen sollte, um an seiner Stelle einen neuen Ministerrat, bestehend aus Technokraten und Experten, zu bilden.« Des Weiteren sollte der Legislativrat darauf bestehen, »dass keiner der Minister, denen Korruption nachgewiesen worden war, die schlecht gewirtschaftet hatten oder ihren Pflichten in anderen Punkten nicht entsprechend nachgekommen waren, in das neue Kabinett wiederaufgenommen werden dürfe.« Außerdem sollte der Legislativrat »das neue Kabinett autorisieren, sofortige administrative und strukturelle Reformen durchzuführen und die Durchführung der Empfehlungen des Legislativrates nachzuverfolgen«. (Bericht des Komitees vom 9. August 1997).

Wie reagierte nun die Palästinensische Autorität unter Arafat auf diese bis dato stärkste politische Intervention des Legislativrates? Der Konflikt zog sich ein Jahr in die Länge, bis es schließlich im Sommer 1998 zur direkten Konfrontation kam. Der Legislativrat bestand auf der Bildung eines neuen Kabinetts, nachdem die meisten Minister schon im Herbst 1997 als Reaktion auf den Bericht des parlamentarischen Untersuchungsausschusses ihren Rücktritt erklärt hatten. Mehrere Male konnte Arafat den ultimativen Forderungen nach Regierungsneubildung ausweichen bzw. Verschiebungen durchsetzen. Doch am 24. Juni war es so weit: Arafat nahm den Rücktritt seiner Minister in einem Schreiben an den Parlamentspräsidenten Ahmad Qreia an.

Am 5. August 1998 schließlich stellte Arafat sein neues Kabinett in einer Rede vor dem Legislativrat vor, der zur Abstimmung über die neue Regierung aufgefordert war. Was darauf folgte, stellte einen doppelten Skandal dar:

- In der neuen Regierung saßen sämtliche zurückgetretenen Minister. Die einzige Änderung bestand in der

Ernennung von einer Anzahl neuer Minister, die bisher noch keinen Kabinettsposten innegehabt hatten.
- Und: Eine große Mehrheit im Legislativrat stimmte für das neue Kabinett!

Damit hatte die Exekutive unter Arafat dem Legislativrat eine demütigende Niederlage zugefügt, die dieser gleichzeitig selbst mit der Mehrheit seiner Parlamentarier in der Abstimmung positiv absegnete. Arafat hatte im abgelaufenen Jahr offensichtlich gute Arbeit geleistet und die Mehrzahl der Parlamentarier eng an sich gebunden und sie von sich abhängig gemacht.

Als hätte er geahnt, was passieren würde, hatte der konsequenteste Rufer nach der Durchsetzung der Rechte des Parlaments, Dr. Haidar Abdel Shafi aus Gaza, schon 1997 seinen Parlamentssitz zur Verfügung gestellt: »Der Legislativrat hatte eine Untersuchungskommission gebildet, die ihren Abschlussbericht der Exekutive vorlegte. Leider reagierte diese nicht auf die Beschlüsse des Legislativrates. Dies konstituiert eine Verletzung verfassungsrechtlicher Prinzipien. Eben dies zwang mich, auf meinen Sitz im Legislativrat zu verzichten.« (Palestine Report, 10. Juli 1998, S. 8).

Nach Haidar Abdel Shafis Auffassung sollte der Legislativrat als palästinensisches Parlament eine klare Autoritätsstellung einnehmen: »Der Legislativrat sollte eine reale Machtposition innehaben mit dem Recht, Beschlüsse zu fassen über die Zuordnung von Verantwortung. Die Palästinensische Autorität muss die Beschlüsse des Legislativrates respektieren.« (Palestine Report, 10. Juli 1998, S. 8).

Um die geschilderten Probleme der Palästinensischen Autorität zu verstehen, muss man etwas tiefer in die Materie einsteigen. Weder das sich neu herausbildende palästinensische politische System noch die Person Arafats können hierfür allein verantwortlich gemacht werden. Hier muss auf eine ganz wesentliche Einschränkung hingewiesen werden, die von einigen der bedeutendsten Transformationsforschern, die den Übergang autoritärer Systeme hin zu Demokratien untersuchen, vorgebracht werden. Demokratie, demokratische Strukturen und demokratisches Verhalten sind in einem Gemeinwesen, das keine volle Souveränität besitzt bzw. dessen Souveränität an wesentlichen Punkten von der Souveränität eines anderen Staates eingeschränkt wird, weitgehend ausgeschlossen – selbst wenn dieser andere Staat eine funktionierende Demokratie wäre. Demokratie kann nur dann entstehen, wenn Parlament und Regierung volle Verantwortung für alle ihre Beschlüsse und deren Konsequenzen in sämtlichen Bereichen tragen (Karl und Schmitter 1991, S. 75–88).

Die in Oslo gefassten Beschlüsse verhinderten diese Entwicklung in den palästinensischen Gebieten auf systematische Art und Weise.

Die Rückschläge im Osloer Prozess und der Rückfall in die Gewalt

Am 25. Februar 1994 griff der Siedler Baruch Goldstein aus Kiryat Arba (direkt neben Hebron gelegen) palästinensische Gläubige, die zum Abschluss des Fastenmonats Ramadan zum Gebet in die Abrahams-Moschee in Hebron gekommen waren, mit seiner Maschinenpistole an und erschoss kaltblütig 29 der Betenden. Goldstein kam aus den USA, war nach Israel eingewandert und hatte sich dort für das Leben in einer Siedlung entschieden. Er war Mitglied der rassistischen Kach-Partei.

Israelische Truppen, die direkt an der Moschee stationiert waren, griffen in das Chaos ein. Anstatt jedoch die Palästinenser zu beschützen, wurden weitere Menschen getötet. Bis zum Abend waren insgesamt etwa 50 Palästinenser erschossen worden. Auch Goldstein selbst wurde in dem Chaos getötet.

Die Reaktion der israelischen Regierung unter Rabin stellte für die weitere Entwicklung des Osloer Prozesses geradezu eine Katastrophe dar. Die israelische Öffentlichkeit erwartete nun ein hartes Durchgreifen Rabins und zumindest einen Abzug der rechtsradikalen Siedler aus Hebron. Die Mehrzahl der Minister in Rabins Regierung war dazu auch bereit. Rabin aber entschied sich anders. Mit dem Argument, die Osloer Verträge enthielten keine Verpflichtung für Israel, Siedlungen abzubauen, weigerte er sich, den Konflikt mit den Siedlern aufzunehmen – obwohl er dafür zum damaligen Zeitpunkt die rückhaltlose Unterstützung der israelischen Gesellschaft gehabt hätte. In der Einschätzung Rabins und in der seiner Berater waren die Siedler eine so wichtige Lobby im Staat geworden, dass er keinen Konflikt mit ihnen riskieren wollte. Eben damit kam es zum entscheidenden Bruch in der Entwicklung des Osloer Prozesses. Man könnte sogar argumentieren, dass Oslo durch Goldstein tödlich getroffen worden war und infolge von Rabins Fehlentscheidung nicht mehr gerettet werden konnte.

Gewalt wurde erneut zum bestimmenden Moment der Beziehungen zwischen Israel und den Palästinensern. In der Folge entwickelte sich ein neuer Teufelskreis aus Rache und Vergeltungsschlägen, in dem wieder einmal Ursache und Wirkung für Außenstehende nicht mehr zu unterscheiden waren. Erst nach dem Hebroner Massaker des Baruch Goldstein begannen die Bombenanschläge von Hamas und Islamischem Jihad, also den beiden islamistischen palästinensischen Organisationen. Erst danach kam es zu der verhängnisvollen Serie von Selbstmordattentaten und nicht weniger brutalen Gegenschlägen der israelischen Armee. Wenn man denn mit dem Begriff Terror operieren will, dann haben wir hier das klassische Beispiel eines unentwirrbaren Geflechts von individuellem Terror (der Palästinenser) und Staatsterror (der israelischen Armee und Regierung).

Dieser seit Frühjahr 1994 entstandene Teufelskreis verdeckte sehr schnell die grundsätzliche Asymmetrie zwischen israelischer Besatzungsmacht und den Palästinensern unter der Besatzung. Weder die palästinensische Gesellschaft und ihre Repräsentanten noch die erst nach dem Massaker etablierte Palästinensische Autorität unter Yasir Arafat zeigte sich in der Lage, die wahre Natur dieses Teufelskreises aufzudecken oder ihn gar zu stoppen. Und es erscheint mehr als zweifelhaft, ob es je in ihrer Macht gestanden hätte, dies zu tun.

Allerdings versuchten die Palästinensische Autorität und in geringerem Umfang auch die jeweiligen israelischen Regierungen immer noch an einer der wesentlichen Errungenschaften von Oslo festzuhalten: Alle anstehenden Konflikte sollten am Verhandlungstisch gelöst werden. Noch viel wichtiger ist, dass die Mehrheit in der israelischen und in der palästinensischen Gesellschaft laut Umfragen dieses Prinzip in ihrem hartnäckigen Ja zu Oslo, zur gegenseitigen Anerkennung und zur Zwei-Staaten-Lösung hochhielt.[18]

All dies wurde jedoch kontinuierlich und in wachsendem Maße unterlaufen: von der Gewalt der israelischen Siedler und der islamistischen palästinensischen Organisationen und vor allem durch die offizielle israelische Siedlungspolitik.

Israels Siedlungspolitik von 1993 bis 2000

Während die ganze Welt – und ein nicht unbeträchtlicher Teil der israelischen Öffentlichkeit – davon ausging, dass seit Oslo der israelisch-palästinensische Konflikt einer friedlichen Regelung zusteuerte, dass also eigentlich

---

18 Die Umfrageergebnisse sind einzusehen unter www.tau.ac.il, Tami Steinmetz Institut, und www.jmcc.org, Jerusalem Media and Communication Center.

schon Frieden herrsche zwischen Israel und den Palästinensern, ging die Besatzungspolitik mit nur wenigen Änderungen (Abzug der Armee aus den A-Gebieten und Aufbau der Palästinensischen Autorität) ungebrochen weiter. Am deutlichsten zeigte sich dies in der israelischen Siedlungspolitik im Gaza-Streifen und vor allem in der Westbank sowie in Ost-Jerusalem. In eben den Gebieten, die laut Osloer Verträgen nach und nach von der israelischen Armee hätten geräumt werden müssen, setzte ein bisher nicht da gewesener Bauboom ein. Dies hatte noch in der Regierungszeit Rabins begonnen. Im Frühjahr 1994 hatte Rabin die historische Chance, der weiteren Expansion von Siedlungen nach dem Goldstein-Massaker Einhalt zu gebieten, verstreichen lassen. Stattdessen stellten sich Armee und Regierung mit ihrer geballten Macht hinter die Siedler. Seit Dezember 1994 folgte dann ein Beschluss zum Ausbau von bestehenden und zum Bau neuer Siedlungen auf den nächsten:

- 28. Dezember 1994: Beschluss zum Ausbau der Siedlung Efrat südlich von Bethlehem.
- 10. Januar 1995: Die Regierung Rabin bekräftigt ihr Recht, im besetzten Ost-Jerusalem weiter zu bauen und neue Siedlungen zu errichten.
- 19. Februar 1995: Beschluss zur Erweiterung der Siedlungen Ma'aleh Adumim (östlich von Jerusalem gelegen, in Richtung Jordantal und damit effektiv Zweiteilung der Westbank in einen Nord- und einen Südteil) sowie Givat Zeev (westlich von Jerusalem und damit Abtrennung der westlich und nordwestlich gelegenen palästinensischen Dörfer von Ost-Jerusalem) und Betar.
- 27. April 1995: Beschluss zur Durchführung von umfangreichen Landbeschlagnahmungen in der Westbank, um neue israelische Siedlungen und Verbindungsstraßen zu bauen.

Die Liste könnte über Seiten fortgesetzt werden (Asseburg 1999, Chronologie).

Im Ergebnis hieß das, dass seit Beginn des Osloer Verhandlungsprozesses israelische Siedlungen in den besetzten Gebieten einen Zuwachs von knapp 50 Prozent verzeichneten, sowohl an Wohneinheiten als auch an Siedlern. Während es 1993 etwa 115 000 Siedler gab, war deren Zahl 1999 auf fast 180 000 angewachsen. Ende 2000 ging man von knapp 200 000 Siedlern aus (Peace Now, Dezember 2000. Facts on the Ground since the Oslo Agreement). Die stärksten Zuwachsraten fielen dabei nicht in die Zeit der als radikal bzw. rechts-nationalistisch betrachteten Regierung Netanyahu, sondern in die des als Friedenspolitiker eingestuften Premier der Arbeitspartei, Ehud Barak.

Parallel dazu wurde ein völlig neues Straßennetz, bestehend aus Hunderten von Kilometern neuer Straßen, aufgebaut, das auch noch die kleinsten Siedlungen mit dem Staatsgebiet Israels in den Grenzen vor dem Juni-Krieg 1967 verband. Auch dieses Straßennetz entstand auf enteignetem palästinensischen Land und auf Kosten jeglicher Expansions- und Entwicklungsmöglichkeiten palästinensischer Gemeinden.

In derselben Periode, in der sich die israelischen Siedlungen in rasantem Tempo und ungeahnten Ausmaßen vergrößerten, wurden durch die israelische Armee Hunderte von Häusern, die von Palästinensern in der Westbank ohne israelische Baugenehmigung errichtet worden waren (diese Baugenehmigungen waren für Palästinenser praktisch nie zu bekommen), zerstört: allein zwischen Ende 1994 und Ende 2000 740 Häuser (die Hauszerstörungen in Jerusalem nicht mitgerechnet).

Gleichzeitig intensivierten sich die Angriffe radikaler Siedler in und um Hebron sowie in den ideologischen Siedlerhochburgen vor allem in der Gegend um Nablus, aber auch bei Ramallah und in anderen Teilen des Westjordanlandes. Die dortigen Siedler taten sich immer wieder als direkte Unterdrücker der palästinensischen Bevölkerung hervor: Vor allem die Angriffe auf Palästinenser bei der Ernte wurden immer massiver.

Dies war der Hintergrund für Angriffe von Palästinensern auf Siedler, zunächst in Form von Messerstechereien, später mit Schusswaffen. »Racheaktionen« dafür trafen ganze palästinensische Dörfer. Häuser und Wohnungen in den Dörfern wurden zerstört, rund um die Dörfer ganze Felder abgebrannt, Tausende von Olivenbäumen entwurzelt. Von Seiten der Siedler wurde eine regelrechte Strategie der verbrannten Erde verfolgt. All dies fand in Anwesenheit und oft unter dem Schutz der israelischen Armee statt. Kam es überhaupt zu Anklagen, gar Gerichtsverhandlungen wegen derartiger Übergriffe und Verbrechen, waren die Siedler fast ausnahmslos vor Bestrafungen sicher. Auch das israelische Rechtssystem reihte sich ein in die geschlossene nationalistische Front gegen die Palästinenser unter der Besatzung.[20] Während also ein beträchtlicher Teil der israelischen Gesellschaft von all dem nichts wahrnahm bzw. es schlicht nicht wahrnehmen wollte und ausklammerte, waren die Siedlungspolitik und der alltägliche Terror der Siedler ein wesentliches und bestimmendes Moment im Alltag der überwiegenden Mehrheit der Palästinenser.

Die israelische Abriegelungspolitik

Statt des erwarteten Endes der israelischen Besatzung und des Beginns der Freiheit in einem unabhängigen palästinensischen Staat wurde die physische Bewegungsfreiheit der Palästinenser seit Oslo immer stärker und massiver

---

20 B'Tselem: Tacit Concent. Law Enforcement towards Israeli Settlers in the Occupied Territories. März 2001. Zugänglich über www.bteselem.org.

eingeschränkt. Jerusalem war schon seit März 1993 für alle Palästinenser (mit Ausnahme der palästinensischen Bewohner Ost-Jerusalems) vollständig abgeriegelt – genau wie die wichtigsten Übergänge aus der Westbank nach Israel, vor allem aber aus Gaza nach Israel und von dort in die Westbank. Nach den Verhandlungen in Oslo war jedoch eine Aufhebung dieser Abriegelung täglich, ja stündlich erwartet worden. Doch das Gegenteil war der Fall. Die Abriegelung sollte seitdem zum immer mühsameren Alltag der Palästinenser werden[20]. In der Periode 1993 bis 2000, also innerhalb von sieben Jahren, die auf der internationalen Ebene als Friedensperiode gesehen wurden, standen Palästinenser insgesamt über ein Jahr unter einer vollständigen Abriegelung, in der es keinerlei Ausnahmegenehmigungen gab: Jedes Dorf, jede Stadt wurde damit zum Gefängnis, aus dem kein Herauskommen möglich war, egal ob man zur Schule oder zur Universität wollte, zur Arbeit oder ins Krankenhaus, ganz zu schweigen von schlichten Besuchen. In Bezug auf die palästinensische Wirtschaft war das der wichtigste Grund dafür, dass sie sich nicht entwickelte (Vierteljährliche Berichte von UNSCO[21] seit 1994). Seit Beginn der zweiten Intifada hat sich dies noch zugespitzt. UNSCO berichtet über die Periode vom 1. Oktober 2000 bis zum 31. Januar 2001, dass es hier zu Verlusten von mindestens 50 Prozent im Bruttoinlandsprodukt sowie von 75 Prozent an Lohnzahlungen bei palästinensischen Arbeitern, die einen Arbeitsplatz in Israel hatten, gekommen sei. Und das bei einer vollständigen Abriegelung von etwa 75 Prozent

---

20 UNSCO-Berichte: www.unsco.org und Bericht von B'Tselem: Civilians Under Siege, Restrictions on Freedom of Movement as Collective Punishment, Januar 2001, www.btselem.org, sowie Bericht des im Krieg völlig zerstörten Palästinensischen Statistischen Büros in Ramallah: Impact of the Israeli Measures on the Economic Conditions of Palestinian Households, April 2001: www.pcps.org.
21 UNSCO: Office of the United Nations Special Coordinator in the Occupied Territorries.

während der viermonatigen Periode. In konkrete Zahlen gefasst, beläuft sich dieser Verlust auf 1150 Millionen US-Dollar, auf das Jahresbruttoinlandsprodukt umgerechnet auf genau 20 Prozent Verlust. Seit Beginn der Intifada im Herbst 2000 wuchs die Arbeitslosigkeit in den besetzten Gebieten auf knapp 40 Prozent. Im Vergleich dazu hatte sie in den ersten neun Monaten des Jahres 2000 mit zwölf Prozent deutlich niedriger gelegen.

Fassen wir an dieser Stelle zusammen: Von den anfänglich hohen Erwartungen der Palästinenser an den Osloer Verhandlungsprozess war bis zum Sommer 2000 nicht mehr viel übrig geblieben. Dies verwundert auch nicht angesichts

- des konkreten Verlaufs der Osloer Verhandlungen: bis Sommer 2000 waren noch nicht einmal die Minimalzugeständnisse des Wye River Memorandums vom Oktober 1998 und des Scharm el-Scheich Memorandums vom September 1999 umgesetzt[22],
- der Weigerung Israels, seriöse Verhandlungen über die endgültige Regelung des Konflikts zu führen,
- der forcierten und nach wie vor massiven israelischen Siedlungspolitik,
- der nicht enden wollenden Abriegelungen der palästinensischen Ortschaften von Israel, vom palästinensischen Ost-Jerusalem und von den einzelnen Ortschaften untereinander,
- des nicht stattfindenden ökonomischen Aufschwungs,
- aber auch angesichts der Last einer sehr korrupten, ineffizienten und oft sehr repressiven und in Sachen Menschenrechten nicht sehr zimperlichen Palästinensischen Autorität.

---

22 Eine Vergrößerung der A- und B-Gebiete auf 17 bzw. 24 Prozent, also noch nicht einmal die Hälfte der Westbank (Karten einsehbar über www.fmep.org), wobei das Gebiet des von Israel enorm vergrößerten Ost-Jerusalems ausgeklammert ist (siehe Anhang S. 257).

Breite Schichten der Bevölkerung zeigten sich aufgrund dieser Zustände äußerst politikverdrossen. Laut Umfrageergebnissen gab es mehr Palästinenser, die keine der bestehenden politischen Bewegungen in Palästina wählen wollten, als es Anhänger der Fateh gab, der weitaus größten palästinensischen politischen Organisation. Immer mehr Palästinenser gingen davon aus, dass der palästinensische Ausverkauf vor der übermächtigen israelischen Politik zur Annahme auch des provokantesten israelischen Diktates führen würde: zu einem Mini-mini-Staat (arabisch: duwaila, also Verkleinerungsform für daula, Staat) ohne zusammenhängendes Territorium. Arafat war damit als politischer Führer und Repräsentant der palästinensischen Gesellschaft an einem absoluten Tiefpunkt angelangt. Es stellte sich die Frage, ob Arafat und die auf ihn eingeschworene politische Elite der Aufgabe überhaupt gewachsen war, die Gebiete der Palästinensischen Autorität zu regieren und das ihnen anvertraute Wohl der palästinensischen Nation angemessen zu vertreten.

Die Verhandlungen von Camp David II im Sommer 2000: nationaler Widerstand oder Unterwerfung unter die Besatzung

Auf diesem Hintergrund reiste Arafat im Sommer 2000 nach Camp David. Premierminister Ehud Barak hatte auf diesem Gipfel bestanden, um die Verhandlungen über die endgültige Regelung des Konflikts abzuschließen, sogar ohne vorher die von Israel noch ausstehenden Rückzugsphasen der Armee zu beenden. In Camp David wurden Arafat und die palästinensische Verhandlungsdelegation vom israelischen Premier Barak, unterstützt von US-Präsident Bill Clinton, ultimativ in eine ausweglose Situation gedrängt: Entweder nahmen sie die großzügigsten – so die Selbstdarstellung Baraks – Angebote, die je ein israelischer Staatschef gemacht hatte, an oder der Osloer Prozess sei zu Ende. Da diese Angebote nie schriftlich fixiert wurden, sind wir auf mündliche Darstellungen angewiesen. Laut Barak und seiner Propagandakampagne nach Camp David habe er Arafat zwischen 96 und 98 Prozent (die Angaben schwanken hier) des Westjordanlandes angeboten sowie Teile von Jerusalem als Ort einer zukünftigen palästinensischen Hauptstadt und schließlich die Kontrolle über den Haram asch-Scharif. Osloer Prozess hieß für Bark also immer nur, dass Israel zu gewissen Kompromissen gegenüber den Palästinensern bereit war, nicht mehr und nicht weniger.

Entscheidend war nun, dass die Palästinenser, dass Arafat nicht nur gezwungen werden sollten, alle israelischen Angebote zu akzeptieren, sondern sie sollten gleichzeitig alle weitergehenden palästinensischen Ansprüche ein für allemal aufgeben und den palästinensisch-israelischen Konflikt für endgültig beendet erklären.

Schriftliche Unterlagen oder offiziell publizierte Details zu Camp David liegen, wie oben schon erwähnt, nicht vor. Von palästinensischer Seite existiert lediglich das nachträglich von Akram Haniyeh angefertigte Protokoll zu Camp David sowie eine mit einjähriger Verspätung veröffentlichte offizielle Gesamtdarstellung durch die Palästinensische Autorität, während auf israelischer Seite entsprechende Berichte in der Presse vorliegen. Außerdem haben zwei der führenden Mitglieder der israelischen Delegation, nämlich die ehemaligen Minister Schlomo Ben Ami und Yossi Beilin, inzwischen ihre eigenen Versionen zu den Verhandlungen vorgelegt. Übereinstimmung besteht darin, dass die Verhandlungen in erster Linie an der israelischen Weigerung scheiterten, das Flüchtlingsproblem von 1948 in einer Weise in Angriff zu nehmen, die für die palästinensische Seite akzeptabel war. Nicht weniger wichtig war das Insistieren Arafats auf palästinensischer Souveränität über das palästinensische Ost-Jerusalem inklusive der Altstadt und des Haram asch-Scharif, dem Heiligen Bezirk (Bezirk um die Omar-Moschee, bekannt als Felsendom, und die al-Aqsa Moschee, für Juden der Tempelberg).

Wenn die Palästinenser auf das in Camp David vorgelegte Angebot von Barak eingegangen wären, hätte dies folgende Konsequenzen bedeutet: Die Westbank wäre effektiv in drei Teile zerschnitten worden. Die vorgesehene Annexion der großen israelischen Siedlungsblöcke hätte etwa 100 000 Palästinenser aus dem Gebiet der Palästinensischen Autorität herausgenommen und zu Bewohnern Israels mit ungeklärtem staatsbürgerlichem Status gemacht. Die Annexion des Ariel-Blocks nordöstlich von Tel Aviv hätte Ramallah von Nablus abgetrennt, die Annexion aller Groß-Jerusalemer Siedlungen, an erster Stelle Ma'aleh Adumim, hätte die Westbank in einen nördlichen und einen südlichen Teil gespalten, und die Annexion des Etzion-Blocks hätte Jerusalem und Bethlehem vom Süden der Westbank, vor allem von Hebron, abgeschnitten.

Damit aber waren die palästinensischen roten Linien für die Abschlussverhandlungen von Oslo weit überschritten worden. Denn nach dem Kompromiss des Einschwenkens auf die Osloer Bestimmungen für die Interimsperiode und dem schon 1988 erfolgten Verzicht auf den Teil des historischen Palästina, der 1947/48 zu Israel wurde (etwa 78 Prozent des gesamten Landes), konnten von palästinensischer Seite keine weiteren Kompromisse mehr erfolgen. Arafat hatte nur eine Alternative – unerschütterlich auf diesen roten Linien zu bestehen: ein palästinensischer Staat in den Grenzen von 1967 und damit Verhinderung der Kantonisierung Palästinas, die einer völkerrechtlichen Zustimmung zur israelischen Abriegelungspolitik gleichgekommen wäre; Souveränität über das palästinensische Ost-Jerusalem; einvernehmliche Lösung der Flüchtlingsproblematik von 1948 (mit der Anerkennung seitens Israels, dass es dafür die Verantwortung trägt) und Abzug aller, oder zumindest des Großteils der israelischen Siedlungen, die in klarer Verletzung internationaler Rechtsbestimmungen (Vierte Genfer Konvention) errichtet worden waren.

Mit dieser klar artikulierten Position hatte Arafat zum ersten Mal im gesamten Osloer Verhandlungsprozess dem israelisch-amerikanischen Druck Stand gehalten. Um die zentralen palästinensischen Forderungen, über die es einen ungeschriebenen Konsens gab, auf dem Tisch zu behalten, musste er das Angebot Baraks ablehnen. Um weiterhin als Vertreter des palästinensischen Nationalismus, als dessen Symbol, als politisch anerkannter Führer der palästinensischen Gesellschaft wirken zu können, musste er Barak und letztendlich auch Clinton ein klares Nein entgegenhalten.

Das Ende von Oslo und der Weg in die Katastrophe

Die Fortsetzung der Osloer Verhandlungen von Camp David II im Juli 2000 bis Taba im Januar 2001

Entgegen der landläufigen Auffassung brachen die Verhandlungen von Camp David damals nicht zusammen. Arafat hatte zwar die von Barak ultimativ vorgelegten »Angebote« abgelehnt und man hatte deshalb auch kein abschließendes Ergebnis erzielt. Dennoch bedeutete dies keineswegs das Ende des Osloer Prozesses. Ganz im Gegenteil: Sofort nach der Rückkehr der Delegationen verabredeten beide Seiten neue Treffen. Nach intensiven Vorkontakten gab Arafat schließlich am 9. September 2000 bekannt, dass die Verhandlungen mit Israel wieder aufgenommen würden und, so die Planung, etwa vier Wochen andauern sollten.

Die erneuten Gespräche begannen am 14. September, wurden jedoch von Barak drei Tage später, am 17. September, wegen der angeblichen palästinensischen Kompromisslosigkeit abgebrochen. Ein letztes Treffen zwischen Arafat und Barak fand schließlich am 25. September statt und endete mit der von beiden erklärten Bereitschaft, die Verhandlungen in Washington wieder aufzunehmen. Auf diesem Treffen warnte Arafat den israelischen Premier eindringlich vor den möglichen Konsequenzen, sollte Sharon tatsächlich wie geplant auf den Haram asch-Scharif (für

die Israelis der Tempelberg) gehen. Ein solcher »Besuch«
des israelischen Oppositionsführers im »Heiligen Bezirk«
(so die deutsche Übersetzung von Haram asch-Scharif, Anmerkung der Autorin) würde überall auf Protest stoßen
und Demonstrationen auslösen. Barak schlug diese Warnung in den Wind und die Dinge nahmen ihren Lauf.

Sharons Einzug in den Haram asch-Scharif (Tempelberg) und der Anstoß zur zweiten Intifada

Am 28. September 2000, noch früh am Morgen, kam
Ariel Sharon, Führer der israelischen Opposition und
Parteichef des Likud, mit einer Gruppe von Likud-Abge-
ordneten in die Jerusalemer Altstadt. Er wollte auf den
Haram asch-Scharif, um dort israelische Präsenz und
Souveränität zu demonstrieren. Er verstand dies als Protest gegen die Haltung von Premierminister Ehud Barak,
der in seinen Augen in Camp David die Zukunft Jerusalems auf den Verhandlungstisch gelegt hatte. Für die israelische Rechte, die Sharon repräsentiert, gab es hier
keinen Kompromiss. Sharon verband damit aber auch
eine klare Botschaft an seinen Gegner im rechten Lager,
Benjamin Netanyahu, dem er damit demonstrierte, dass
noch mit ihm, Sharon, gerechnet werden müsse.

Für Barak handelte es sich dabei, wie er später behauptete, um eine rein innerisraelische Angelegenheit.[23] Aus
diesem Grund habe er auch seine Zustimmung zu dem
Besuch gegeben, trotz Warnungen von Seiten der israelischen Sicherheitsdienste, trotz der nachdrücklichen Bitten
der Palästinenser, allen voran Arafats, Sharon nicht in
den Haram zu lassen.

Der Tag nach dem geplanten »Besuch« war zudem ein
Freitag, der Tag, an dem Muslime zum wöchentlichen
Freitagsgebet in den Haram und überall im Land in die

---

23 Vgl. die aktuelle Berichterstattung in Ha'aretz im Oktober 2000.

Moscheen gehen: also ein hoch sensibler Tag für einen möglichen Ausbruch von Unruhen.

Zum Schutz Sharons und der ihn begleitenden Likud-Parlamentarier war ein Riesenaufgebot an israelischer Polizei und Grenzpolizeieinheiten bestellt worden. Etwa 1000 Mann sollten Sharon abschirmen. Der frühe Zeitpunkt, noch vor acht Uhr morgens, sollte zudem die Gefahr einer Konfrontation reduzieren.

Als Sharon die Marwani-Moschee (in der jüdischen Tradition der Ort der Salomon-Stallungen), praktisch ein Stockwerk unterhalb der Aqsa-Moschee gelegen, betreten wollte, blockierten ihm etwa 200 muslimische Gläubige den Weg, darunter palästinensische Nationalisten und einige palästinensische Knesset-Abgeordnete[24]. Sharon verließ daraufhin mit seiner Entourage den Haram. Erst im Anschluss daran kam es zu Auseinandersetzungen zwischen Palästinensern und der Polizei, bei denen 24 Menschen verletzt wurden. Zum allgemeinen Aufstand führten jedoch erst die Zusammenstöße am Tag darauf, die sich direkt nach dem Freitagsgebet ereigneten.

Als die palästinensischen Gläubigen nach dem Gebet durch die Tore des Haram herausströmten, warfen junge Palästinenser Steine auf die nunmehr etwa 2000 Polizisten, darunter Scharfschützen, die um den Haram und die Altstadt postiert worden waren. Über 40 Polizisten wurden meist leicht verletzt. Dies war der Auftakt zu einem regelrechten Angriff auf den Haram und auf die Menschen, die sich dort noch aufhielten. Die Grenzpolizei schoss sowohl mit Gummigeschossen als auch mit scharfer Munition. Es gab vier Tote und über 200 Verwundete. Fast alle waren von Schüssen in die obere Körperhälfte getroffen worden, was auf die Absicht der gezielten Tötung schließen lässt. Innerhalb von Stunden breitete sich

---

24 Palästinenser, die in Israel leben, sind israelische Staatsbürger und haben aktives und passives Wahlrecht im Lande.

eine Welle von gewaltsamen Zusammenstößen in allen palästinensischen Gebieten aus.

Die zweite Intifada hatte begonnen. Mit ihr entstand ein Propagandakrieg, der bis heute andauert und inzwischen ungeahnte Dimensionen erreicht hat. Barak kontaktierte Yasir Arafat per Telefon und warnte ihn, dass »weitere Gewalt nicht geduldet werde«. In der Öffentlichkeit griff er die Palästinensische Autorität an, »sie würde Gewalt einsetzen, um politische Ziele durchzusetzen«. Sharon wies jegliche Verantwortung von sich: »Es war nicht mein Besuch, der den Funken zündete, es war vielmehr die Hetze der Palästinenser.« (JPS 2001, Nr. 118, S. 128f.). Damit waren die von nun an dominanten Stereotypen israelischer Propaganda gesetzt: Die Palästinenser, an erster Stelle die Palästinensische Autorität und dort Yasir Arafat, seien der fortgesetzten Hetze gegen Israel schuldig. Arafat und die Autorität hätten zur Gewalt gegriffen, um die politischen Ziele, die sie am Verhandlungstisch (sprich in Camp David) nicht durchsetzen konnten, nun auf dem Weg der Gewalt zu erreichen.

Arafat seinerseits rief Präsident Clinton an, damit dieser Druck auf Barak ausübe, die Polizei und Sicherheitskräfte aus dem Haram abzuziehen (Ha'aretz, 1. Oktober 2000; JPS Nr. 118, 2001, S. 128f. und S. 197).

Arafats Interesse und das der Palästinensischen Autorität war es offensichtlich, die gewaltsamen Auseinandersetzungen unter Kontrolle zu bekommen und sie zu stoppen. Schließlich blieb nur noch wenig Zeit, um in den letzten Monaten der Clinton-Regierung zu einem Abschluss des Osloer Prozesses zu kommen. Arafat brauchte aus innenpolitischen Gründen Fortschritte in wenigstens einigen Verhandlungspunkten, auf denen er dann unter der nächsten US-Regierung aufbauen wollte. Camp David war ein erster Schritt in dieser letzten und entscheidenden Verhandlungsphase gewesen. Jetzt musste die Lösung mit allen Kräften vorangetrieben werden. Gewalt konnte hier nur hinderlich sein, konnte nur der palästinensischen islamistischen Opposition, aber ganz sicher nicht Arafat und der Palästinensischen Autorität helfen.

Die Fortsetzung der Verhandlungen zwischen Israel und den Palästinensern nach Beginn der zweiten Intifada

Selbst diese erneuten Provokationen und Ausschreitungen bedeuteten nicht das Ende von Oslo. Nach dem Beginn der Intifada Ende September/Anfang Oktober 2000 waren dennoch beide Seiten zu Verhandlungen bereit. Vom 28. November bis 9. Dezember wurden Vorgespräche über die Möglichkeit erneuter Friedensverhandlungen geführt. Arafat selbst war direkt beteiligt. Eine entscheidende Rolle spielte in diesem Zusammenhang auch Yossi Beilin, Justizminister in der Regierung Barak, einer der Architekten von Oslo, der bis heute unverbrüchlich an der Option eines israelisch-palästinensischen Friedens festhält.[25]

Nach weiteren Vorgesprächen Mitte Dezember schaltete sich der amerikanische Präsident direkt ein. Nachdem Clinton die Zustimmung des zukünftigen Präsidenten George W. Bush eingeholt hatte, setzte er weitere Verhandlungen in Gang, um in den letzten Tagen seiner Präsidentschaft vielleicht doch noch einen israelisch-palästinensischen Vertrag abschließen zu können.

Am 18. Dezember 2000 begannen die Gespräche in den USA auf dem Luftwaffenstützpunkt Bolling. Am Ende dieser ergebnislos verlaufenen Gesprächsrunde legte Clinton am 23. Dezember bei einem Treffen im Weißen Haus seine Vorschläge auf den Tisch. Genau wie die Verhandlungen in Camp David und genau wie Baraks »groß-

---

25 Er wird inzwischen im Zusammenhang einer regelrechten Hetzatmosphäre, die sich in Israel gegen jegliche Kritik der Regierungspolitik und Befürwortung des Friedensprozesses durch politische Zusammenarbeit mit Arafat und der Palästinensischen Autorität, herausgebildet hat, diffamiert und geschnitten.

zügiges Angebot«, wurden auch die Clinton-Vorschläge nicht schriftlich fixiert. Clinton gab den beiden Seiten vier Tage Zeit. Sollte die notwendige Übereinstimmung erzielt werden, wollte er einen weiteren Gipfel einberufen. Andernfalls wären seine Vorschläge hinfällig.

Der Clinton-Plan

Die entscheidenden Punkte dieses Planes – zusammengestellt auf der Basis von in etwa übereinstimmenden Informationen verschiedener Gesprächsteilnehmer – betrafen die folgenden Themen:

Landverteilung
Ein palästinensischer Staat sollte auf 94 bis 96 Prozent der Westbank errichtet werden, so zusammenhängend wie möglich, mit einem Landaustausch von einem bis drei Prozent. 80 Prozent aller jüdischen Siedler sollten unter israelische Souveränität kommen.

Im Klartext hieß das, dass die Palästinenser einen Staat bekommen würden, der an drei Stellen praktisch von israelischen Siedlungsblöcken durchschnitten war. Da, wenn die Rede vom Westjordanland war, Jerusalem grundsätzlich ausgenommen blieb, hätten die Palästinenser eher 70 Prozent als über 90 Prozent erhalten. Trotzdem sollte der Vertrag klar betonen, dass Israel damit die Resolution 242 erfüllt habe.

Jerusalem
Arabische Stadtteile sollten arabisch, jüdische Stadtteile jüdisch sein, ohne dass die Frage der Souveränität angesprochen wurde. Palästinenser sollten Souveränität über den Haram asch-Scharif erhalten, Israel über die Westmauer (Klagemauer). Die Marwani-Moschee bzw. die Salomon-Stallungen sollten hinsichtlich der funktionalen Souveränität geteilt sein.

Das bedeutete, dass Israel die Souveränität über Jerusalem behielt, während es im Haram ab jetzt Rechte haben sollte, die es vorher, gemäß dem alten Status Quo, nicht besessen hatte. Nach der alten Status-Quo-Politik, für die der langjährige Bürgermeister von Jerusalem Teddy Kollek verantwortlich zeichnet, sollte auf dem Haram alles so bleiben, wie es vor dem Jahr 1967 gewesen war: volle palästinensisch-jordanisch-islamische Kontrolle über den gesamten Haram unter einer übergeordneten israelischen Souveränität.

Flüchtlinge

Israel anerkennt, dass es den Palästinensern 1948 moralisches und materielles Leid zugefügt hat. Israel entscheidet unabhängig, wie viele frühere palästinensische Flüchtlinge wieder aufgenommen werden.

Damit war die Resolution 194 vom Tisch, Israel hatte keinerlei Verpflichtungen mehr gegenüber den palästinensischen Flüchtlingen.

Israel akzeptierte die Vorschläge mit Vorbehalten, die Palästinenser baten um zusätzliche Erläuterungen, ehe sie den Plan annehmen könnten. Inzwischen gingen die israelisch-palästinensischen Gespräche weiter, obwohl Barak nun schon begann, sich kritisch über den Clinton-Plan zu äußern: Nie würde er die Souveränität über den Tempelberg bzw. Haram abtreten und das Recht auf Rückkehr für die palästinensischen Flüchtlinge sei von vornherein ausgeschlossen. Barak versuchte sich hier gegen im Kontext des Wahlkampfs erhobene Vorwürfe zu verteidigen, er habe auf israelische Souveränität über Jerusalem und im besonderen über den Tempelberg verzichtet und den palästinensischen Forderungen nach Rückkehr der Flüchtlinge zugestimmt.

Nach den Bolling-Verhandlungen beruhigte sich jedoch die Situation in Israel und in der Palästinensischen Autorität wieder. Dennoch ist festzuhalten, dass die Palästinenser bis Ende des Jahres schon 345 Tote zu beklagen hatten, die Israelis 40. Damit war für jeden verantwortlichen Politiker ein ganz massiver Druck gegeben, nun durch Verhandlungen aus der Gewaltspirale herauszukommen. Die Zeit drängte, ganz besonders für zwei der drei Protagonisten des Konflikts: Clinton blieben noch drei Wochen im Amt und Barak hatte am 6. Februar 2001 Wahlen zu bestehen. Andererseits konnte man allein aus diesem Grund von Verhandlungen in der noch verbleibenden Zeit nicht sehr viel erwarten: Realistischer war allenfalls die Einigung auf eine mögliche abschließende Erklärung Präsident Clintons, unterschrieben von Arafat und Barak, die als Basis für weitere Verhandlungen unter dem neuen Präsidenten George W. Bush dienen könnte.

Am 21. Januar 2001 wurden die Gespräche in Taba und Eilat eröffnet, die – mit einer zweitägigen Unterbrechung – bis zum 27. Januar andauerten. In einem Schlusskommuniqué wurde darauf hingewiesen, dass substantielle Fortschritte erzielt worden seien, dass aber die Zeit bis zu den israelischen Wahlen für die Ausarbeitung eines Vertrags nicht ausreiche. Beide Seiten gaben ihrer Hoffnung Ausdruck, dass die Verhandlungen direkt nach den Wahlen wieder aufgenommen würden.

Einige Schlüsse lassen sich ziehen: Weder der Vorschlag von Ehud Barak in Camp David im Sommer 2000 noch der Clinton-Plan vom Dezember desselben Jahres beinhalteten ein für die Palästinenser akzeptables Angebot. Ganz im Gegenteil, in beiden Fällen hätten die Palästinenser im Prinzip unverzichtbare palästinensische Forderungen aufgeben müssen. Denn der zu schaffende palästinensische Staat wäre durch das Fortbestehen der israelischen Siedlungen sowohl weitgehend zerschnitten gewesen als auch dem andauernden Druck der Siedler ausgesetzt geblieben. Die rein territorialen Einbußen waren – auf das winzige Westjordanland bezogen – zu hoch.

Jerusalem wäre in eine Brutstätte zukünftiger Konflikte verwandelt worden. Allein die Vorstellung einer Teilung der Zuständigkeit im Haram, die sofort die Situation in der Abrahams-Moschee bzw. -Synagoge in Hebron vor Augen rief, reichte aus, um eine palästinensische Ablehnung zu bewirken.

Dass die Palästinenser angesichts solcher Pläne bereit waren weiter zu verhandeln, zeigt sehr deutlich, dass sie, und das heißt zuallererst, dass Arafat auch nach vier Monaten einer zweiten Intifada an Oslo festhielt und dass er für eine Verhandlungslösung votiert hatte.

Bei den Gesprächsrunden von Taba, die verglichen mit anderen in der Interpretation von Yossi Beilin geradezu einen Durchbruch in den beiden Positionen erzielt hatten, wurde dies deutlich.

Take it or leave it: Baraks Angebot an Arafat bei den Verhandlungen von Camp David

Welche Ausgangsposition nahm der israelische Premierminister Barak bei den Gesprächen mit der palästinensischen Seite ein?

Barak hatte nach seinem überzeugenden Wahlsieg 1999 gegen Netanyahu innerhalb von wenigen Monaten jede innenpolitische Unterstützung verspielt – dies nicht zuletzt durch politische Alleingänge und arrogante Entscheidungen, die selbst von seinen größten Anhängern nicht mehr verstanden wurden.

Im Frühjahr 2000 war seine Lage absolut prekär geworden: In seiner Regierung trat ein Minister nach dem anderen zurück, seine Mehrheit in der Knesset befand sich in voller Auflösung. Im Juli hatte er noch neun Minister in seinem ursprünglich 22 Minister umfassenden Kabinett und nur noch 42 von 120 Abgeordneten in der Knesset unterstützten ihn (JPS Nr. 117, 2000, S. 118; aktuelle Berichterstattung von Ha'aretz).

Barak war an die Wand gedrängt. Seiner Einschätzung nach hatte er nur noch eine einzige Option, politisch seinen Kopf zu retten: einen fertigen Friedensvertrag, der den israelisch-palästinensischen Konflikt ein für allemal beenden würde. Schon vor dem Flug nach Camp David hatte Barak seinen Beratern den von ihm geplanten politischen Kurs deutlich dargelegt: Entweder werde Arafat das ihm unterbreitete Angebot annehmen oder Oslo sei zu Ende und es werde zu einem Zusammenstoß kommen. Er lehnte schon damals ausdrücklich jegliche alternativen Pläne ab, die Yossi Beilin vorbereitet hatte, falls sein Kurs in Camp David scheitern würde: »Entweder erhalten wir ein Abkommen, das den Konflikt beendet: dann werden wir dieses einem Volksentscheid vorlegen, oder aber wir reißen Arafat die Maske vom Gesicht. Dann müssen wir uns auf eine Konfrontation mit den Palästinensern vorbereiten.« (Drucker 2002, S. 230–232).

In Camp David angekommen, versuchte der israelische Premierminister dann seine ausschließlich innenpolitisch begründete »Desperado«-Politik durchzuziehen und Arafat zu nötigen, sein Diktat anzunehmen: Take it or leave it! Etwas anderes hatte er nicht anzubieten.

Gleichzeitig war jedoch keineswegs gewährleistet, dass Barak die Annahme seiner Variante eines Friedensvertrags in einem Referendum in Israel durchsetzen können würde.

Damit verhinderte Barak aber effektiv jede Möglichkeit, Fortschritte in einzelnen Bereichen zu erzielen. Diese Fortschritte wären, folgt man den verschiedenen Berichten über Camp David sowie über die daran anschließenden Verhandlungsrunden bis einschließlich Taba im Januar 2001, durchaus möglich gewesen. Eben diese hätten schriftlich niedergelegt werden können, um als Grundlage für weitere Gespräche dienen zu können. Beides, Fortschritte in Einzelbereichen und die schriftliche Fixierung eines jeden Durchbruchs, blockierte der israelische Premierminister. Unterstützt wurde er dabei von US-Präsident Clinton, der sich hier fast sklavisch an alle Vorgaben von Barak hielt. Die neue US-Regierung unter George W. Bush schloss sich dieser Linie an. Man wollte im Februar 2001 weitermachen, als hätte es das Jahr 2000 nie gegeben.

Für Arafat wiederum war dies eine einzige innenpolitische Katastrophe: aus allen Verhandlungsrunden kam er immer wieder mit leeren Händen heraus. Die Palästinenser konnten Kompromisse anbieten und mit ihren israelischen Verhandlungspartnern abschließen: am Ende war alles umsonst gewesen, da es keine Dokumente und keine bindenden Abmachungen gab.

Kurz nach Taba wurde Barak jedoch von Sharon als Premierminister abgelöst und die Intifada nahm einen erneuten Aufschwung, auf die eine um so brutalere israelische Repression folgte.

Der Wahlsieg von Ariel Sharon

Am 6. Februar 2001 wurde Ariel Sharon mit einer überwältigenden Mehrheit von fast 63 Prozent, in Jerusalem lag das Ergebnis bei fast 80 Prozent, zum israelischen Ministerpräsidenten gewählt. Dieser politische Kurswechsel sollte allen israelisch-palästinensischen Verhandlungen ein Ende setzen.

Die öffentliche Meinung in Israel nach Camp David II

Sharon kam auf der Welle eines völligen Meinungsumschwungs in der israelischen Öffentlichkeit an die Macht. Dort hatte sich der von der Regierung Barak in einer beispiellosen Öffentlichkeitskampagne verbreitete Mythos von Camp David durchgesetzt. Danach habe Barak, habe Israel den Palästinensern, sprich Yasir Arafat, in Camp David alles angeboten: einen eigenen Staat in den 1967 besetzten Gebieten (die Zahlen schwankten zwischen 98 und inzwischen schon 100 Prozent), den Abbau der Siedlungen und Frieden mit Israel. Arafat aber sei und bleibe ein unverbesserlicher Terrorist, der, genau wie die gesamte palästinensische Gesellschaft nur nach einem strebe: der Zerstörung Israels. Denn die Palästinenser hätten nur ein Ziel, die Errichtung eines palästinensischen Staates vom Mittelmeer bis zum Jordan. Alle anders lautenden Äußerungen, gerade auch Arafats, seien Lügen und Propaganda.

Die israelische Friedensbewegung versagte in dieser politischen Atmosphäre völlig. Sie konnte oder wollte diesem Mythos nichts entgegensetzen. Damit aber existierten in der israelischen Politik keine organisierten Kräfte, die diesen Mythos in Frage gestellt und widerlegt hätten. Vor allem aber gab es in Israel keine Opposition mehr, die sich einer auf diesem Mythos aufgebauten Politik gegen die Palästinenser, gegen die Palästinensische Autorität und gegen Yasir Arafat entgegenstemmte.

Sharons »Friedensplan« machte daher eher den Eindruck eines Kriegsplanes:

- keine Verhandlungen mit den Palästinensern, solange die Zusammenstöße andauerten
- Abschluss eines Waffenstillstands, kein Abkommen über die Beendigung des israelisch-palästinensischen Konflikts
- keine »Trennung« von den besetzten Gebieten, da diese ein integraler Teil von Erez Israel seien
- falls überhaupt, dann ein palästinensischer Staat auf dem Gebiet, das schon damals in den A- und B-Gebieten unter palästinensischer Kontrolle war, also etwa 40 Prozent des Westjordanlandes.

Auch dieses für Palästinenser völlig inakzeptable Programm konnte Yasir Arafat nicht abhalten, Sharon nach den Wahlen sowohl brieflich als auch telefonisch zu seinem Wahlsieg zu gratulieren. Er gab seiner Hoffnung Ausdruck, dass die Verhandlungen bald wieder an der Stelle aufgenommen würden, an der sie in Taba vor etwa einem Monat unterbrochen worden waren.

Die Antwort von Sharon bestand aus Ablehnung. Auf der Grundlage seiner ideologischen und politischen Überzeugungen, war er sowohl prinzipiell als auch in der damaligen Situation gewaltsamer Auseinandersetzungen weder zu irgendwelchen Gesprächen bereit noch hatte er die Absicht, die Ergebnisse der Verhandlungen unter Barak zu berücksichtigen. Stattdessen drohte er mit einer »Befriedungspolitik« im Stile von Vietnam, durch die er die »Terroristen von der Zivilbevölkerung isolieren wollte« (JPS Nr. 119, 2001, S. 127f.).

Die Isolationspolitik von George W. Bush

Die neue amerikanische Regierung schloss sich der Distanzierung Sharons vom Clinton-Plan und den Zwischenergebnissen von Taba an. Von nun an, so Georg W. Bush, sei es an den Konfliktparteien vor Ort, wieder in einen Verhandlungsprozess einzutreten. Die USA würden die aktive Nahostpolitik Clintons nicht weiterführen. Bush knüpfte damit an die politische Tradition des amerikanischen Isolationismus an. Auf die arabische Region bezogen blieb er in der texanischen Tradition, die dort lediglich ihre Erdölinteressen wahrnahm und aufrechterhalten wollte. Bush unterstützte damit aber nolens volens Israel. Denn nur Israel besaß die notwendige Macht und Stärke, sich jederzeit und in allen Angelegenheiten gegen die Palästinensische Autorität, gegen die PLO und gegen Arafat durchzusetzen.

Damit war grünes Licht gegeben für eine Fortsetzung und Intensivierung der Intifada und der israelischen Politik der Zerschlagung des Aufstands.

Die zweite Intifada von September 2000 bis März 2002

Die Methoden und Gegenmaßnahmen der zweiten Intifada wurden auf beiden Seiten des Konflikts schon in den ersten Monaten entwickelt. Die israelische Armee konzentrierte sich von Anfang an auf die massive und gleichzeitig gezielte Niederschlagung des Aufstands. Sie setzte damit eine neue Strategie um, die in der zweiten Hälfte der neunziger Jahre gegen einen möglichen Aufstand der Palästinenser entwickelt und im Detail ausgearbeitet worden war.

Israel setzt schweres Geschütz und Spezialeinheiten ein

Mit modernsten Waffen, Apache Kampfhubschraubern und F-16-Bombern, wurden palästinensische Städte und Dörfer angegriffen. Bei den Zusammenstößen mit palästinensischen Demonstranten wurden speziell ausgebildete Scharfschützen der israelischen Armee eingesetzt. Die Zahl der Todesopfer, gerade auch unter jugendlichen Demonstranten, war, im Vergleich zur ersten Intifada 1987, extrem hoch. Zu den über 1000 Toten, die auf der palästinensischen Seite von September 2000 bis Ende März 2002 zu beklagen waren, zählten allein über 200 Jugendliche und Kinder.

Eine weitere »Neuerung« der israelischen Strategie gegen die Palästinenser bestand in der gezielten Tötung von Militanten und politischen Führern. Dafür wurde sogar eine neue Vokabel eingeführt: »targeted killings«, also »gezielte Tötungen«. Israel übte jedoch schon bald massiven Druck auf westliche Medien aus, den bis dahin benutzten Begriff »extralegal assassinations« also »illegale« bzw. »außerhalb des Gesetzes stehende Morde«

oder schlicht »assassinations« (Morde) weiterzuverwenden und konnte sich damit durchsetzen.

Israels Politik der kollektiven Bestrafung

Gegen die palästinensische Bevölkerung als solche wurde eine Politik der kollektiven Bestrafung eingesetzt: die Abriegelungspolitik erreichte ungeahnte und vorher unvorstellbare Ausmaße. Jeder palästinensische Ort wurde zu einem Gefängnis, abgesperrt durch Betonbarrieren und hohe Erdhügel, die alle Straßen und selbst Feldwege abriegelten. Die Straßen, die aus den oder in die einzelnen Ortschaften führten, wurden zerstört: Armeebagger, gefolgt von Bulldozern, zogen ihre Spuren der Zerstörung durch das ganze Land. Kein Palästinenser konnte dieser Politik entkommen: Man musste an den Armeekontrollpunkten anstehen, aus vielen Dörfern konnte man nur morgens für eine Zeit von etwa zwei Stunden heraus, nachmittags dann nur in einer bestimmten Zeit wieder zurück. Kranke wurden, zum Teil für Stunden, an den Sperren aufgehalten: Es gab Dutzende von Fällen, dokumentiert durch israelische und palästinensische Menschenrechtsorganisationen, in denen Schwerkranke wegen dieser Sperren noch auf dem Weg zum Krankenhaus starben. Viele Frauen wurden auf dem Weg zur Entbindung gestoppt, mussten noch im Auto oder Krankenwagen auf dem Weg in die Klinik entbinden. Auch hierbei starben Mütter und Kinder.

Der symbolische Angriff auf die Palästinensische Autorität: die Inhaftierung Arafats in Ramallah

Schon sehr bald zeichnete sich ein klares Muster ab: Die Angriffe der israelischen Armee nahmen die Palästinensische Autorität ins Visier. Damit aber begann ein Prozess, in dem Israel seinen Verhandlungspartner auf der palästinensischen Seite systematisch ausschaltete, ja damit begann, ihn zu zerstören. Zunächst beschränkte sich die Armee bei ihren Angriffen auf Sicherheitseinrichtungen der Palästinensischen Autorität. Rasch jedoch waren die Ziele Institutionen und Gebäude der Führung der Autorität und Yasir Arafats.

Den vorläufigen Höhepunkt fand diese Entwicklung mit dem Beschluss der Regierung Sharon vom 13. Dezember 2001, Arafat »unter Hausarrest« zu stellen. »Der Vorsitzende der Palästinensischen Autorität, Yasir Arafat, spielt soweit es Israel betrifft in Zukunft keine Rolle mehr und es wird keinen weiteren Kontakt zu ihm geben.« (Ha'aretz, 14. Dezember 2001).

Der »Hausarrest« Arafats wurde für die gesamte palästinensische Gesellschaft, die ihn in demokratischen Wahlen zum Präsidenten gewählt hatte, zum Symbol für ihre eigene Lage – seit 1993 und in ihrer Zuspitzung seit Beginn der Intifada im Herbst 2000. Letztendlich wurde damit in den Augen der Palästinenser ein Prozess abgeschlossen, der mit der Abriegelungspolitik begonnen hatte. Welche politischen Optionen gab es noch, wenn ein ganzes Volk, seine Führung mit eingeschlossen, in ein Gefängnis gesteckt wurde?

Arafats Gewaltverzicht in Oslo und seine Konsequenzen

Die Begründung der israelischen Regierung und der Armee für ihre Niederschlagung der Intifada und ihren Kampf gegen die Autorität sowie gegen Arafat war einfach und verführerisch zugleich: Israel müsse sich gegen den palästinensischen Terrorismus zur Wehr setzen, die Sicherheit Israels und seiner Bürger verteidigen. In einer nächsten Stufe hieß es dann, da die Palästinensische Autorität ihren Verpflichtungen von Oslo nicht selbst nachgekommen sei oder nicht nachkommen wolle, müssten Israel und die Armee das übernehmen.

In seinem Brief an Izchak Rabin vom 9. September 1993 hatte Yasir Arafat folgende Verpflichtung übernommen: »Die PLO betrachtet die Unterzeichnung der Prinzipienerklärung als ein historisches Ereignis, den Beginn einer neuen Epoche friedlicher Koexistenz, frei von Gewalt und frei von allen anderen Handlungen, die Frieden und Stabilität gefährden. Dementsprechend verzichtet die PLO auf Terrorismus und andere Gewalthandlungen und übernimmt die Verantwortung für alle PLO-Elemente und PLO-Angehörigen, um deren Zustimmung zum Gewaltverzicht zu bewirken, um Zuwiderhandlungen zu vermeiden und zu bestrafen.«

Eben um dies zu ermöglichen, erhielt die Palästinensische Autorität eine »starke Polizeikraft«, nicht nur also, wie Artikel 8 der Prinzipienerklärung sagt, um »für die Palästinenser von Westjordanland und Gaza-Streifen die öffentliche Ordnung und innere Sicherheit zu garantieren«. Aus diesem Grund gab es auch nur verhaltene bis keine Kritik von Seiten Israels oder der USA und Europas, als die Palästinensische Autorität ihre Polizei- und Sicherheitskräfte weit über das festgesetzte Limit ausbaute.

Welche Verpflichtungen hatte die israelische Regierung in diesem Zusammenhang in Oslo übernommen? In Rabins Brief vom 9. Dezember wird lediglich die Anerkennung der PLO als Vertretung des palästinensischen Volkes sowie die Bereitschaft, Verhandlungen mit der PLO aufzunehmen, ausgesprochen.

In der Prinzipienerklärung heißt es im Anschluss an den Absatz über die palästinensische Polizei: »Israel trägt weiterhin die Verantwortung für die Verteidigung gegen Drohungen von außen, wie auch für die allgemeine Sicherheit von Israelis generell – zum Schutz der inneren Sicherheit und öffentlichen Ordnung.«

Kritiker Oslos und Kritiker Arafats, die seine Zustimmung zu Oslo als einen historischen Fehler betrachteten, interpretierten diese Passagen als die Einsetzung der

Palästinensischen Autorität als Polizei in Israels Diensten. Was Israel in den 27 Jahren Besatzung bis 1993 nicht gelungen war, nämlich die Niederschlagung und Zerstörung des palästinensischen Widerstands gegen die Besatzung, sollte nun durch die Palästinensische Autorität durchgesetzt werden. Seit der Rückkehr nach Gaza im Juli 1994, seit der Einsetzung der Palästinensischen Autorität im Anschluss an das Kairoer Abkommen aus dem Frühjahr 1994 standen Arafat und die Palästinensische Autorität unter diesem doppelten Druck. Israel forderte die vollständige Unterdrückung jedes palästinensischen Widerstands gegen Oslo, gegen die Verschleppung der israelischen Implementierung von Oslo und damit gegen die fortgesetzte israelische Siedlungspolitik.

Die Palästinenser forderten dagegen von Yasir Arafat, dass er die palästinensischen Interessen gegen Israel artikulierte, verteidigte und durchsetzte. Jede Unterdrückung der innerpalästinensischen Opposition wurde entschieden abgelehnt. Eine Auseinandersetzung mit der Opposition konnte und sollte ausschließlich in der politischen Arena stattfinden.

Der Gewaltzyklus, der durch das Goldstein-Massaker vom Februar 1994 in Gang gesetzt wurde, mit palästinensischen Selbstmordattentaten und fast immer exzessiven israelischen Gegenschlägen, konnte im Wesentlichen durch die Politik Arafats und der Autorität einigermaßen unter Kontrolle gehalten werden. Immer wieder gelangen Arafat im Rahmen seiner Politik des Konsenses und der Ko-Optierung, in der er ein seltener Meister ist, Stillhalteabkommen mit der Hamas, Perioden der Ruhe und Einstellung aller Anschläge und Attentate.

Die israelische Politik der Gegenschläge, meist gegen die palästinensische Gesellschaft als Ganze, vor allem aber die vom israelischen Geheimdienst mit staatlicher Sanktion durchgeführten Morde an führenden Hamas- oder Jihad-Aktivisten wirkte sich dabei kontraproduktiv aus. Auch viele israelische Kommentatoren und Kritiker dieser israelischen Politik hoben genau jenen Punkt immer wieder hervor.[26]

Arafat konnte die palästinensische Opposition, unter Einschluss von Hamas und Jihad, noch so massiv unterdrücken, er konnte mit ihnen noch so klug und staatsmännisch ausgehandelte Stillhalteabkommen schließen und sie auf eine zumindest stillschweigende Unterstützung seiner Politik verpflichten – die israelische Politik führte unweigerlich und immer wieder zu Situationen, in der die Palästinenser so weit provoziert wurden, dass alle Stillhalteabkommen zusammenbrachen. Dieses Dilemma trug außerdem dazu bei, dass die Palästinensische Autorität in ihrer Verfolgung und beabsichtigten Zerschlagung der islamistischen und nationalistischen Opposition, wie bereits erwähnt, oft eine Unterdrückungspolitik verfolgte, die Menschenrechte massiv missachtete und der israelischen Unterdrückungspolitik aus den Zeiten der Besatzung in nichts nachstand. Die Bilanz der Verletzung von Menschenrechten durch die Autorität sollte auch ein schlimmer Makel für Arafat und die von ihm angeführte Nationalbewegung und Regierung sein und ihn innen- wie außenpolitisch weiter diskreditieren und schwächen.

Die palästinensischen Selbstmordattentate

Allein im Jahr 2002 (Stand 22. April 2002) starben laut offiziellen israelischen Angaben 214 Israelis (darunter 90 Soldaten sowie einige wenige Polizisten) durch palästinensische Attentate und Selbstmordattentate, durch Guerillaoperationen gegen die Armee in den besetzten Gebieten sowie im Verlauf der Kämpfe während den ersten Wochen des Kriegs. Eine blutige Bilanz. Gerade die Bilder von den Selbstmordattentaten gehen um die Welt

---

26 Vgl. zum Beispiel Ze'ev Schiff in Ha'aretz, 18. Januar 2002, S. 4.

und sorgen dafür, dass die palästinensische Sache von der Weltöffentlichkeit immer wieder ausschließlich mit Terror und Gewalt assoziiert wird. Übersehen wird von der Weltöffentlichkeit dabei leider fast immer die noch viel blutigere Bilanz der israelischen Angriffe, oft in Form von staatlich sanktionierten Terrorangriffen, gegen die palästinensische Bevölkerung und gegen palästinensische Bewaffnete. Im selben Zeitraum starben so 555 Palästinenser, in der Mehrzahl Zivilisten.[27]

Selbstmordattentate, so entsetzlich sie sind, entstehen in einem Umfeld der Gewalt. Sie sind oft ein Ausdruck der letzten Verzweiflung. Und sie sind, und auch das ist eine furchtbare Erkenntnis, der sich gerade der hochgerüstete Norden (USA, Europa und letztlich auch Israel) nicht verschließen darf, die Waffe der Armen, die keine Kampfhubschrauber und keine Kampfflugzeuge besitzen, mit denen sie »saubere« Schläge führen und »ihren Job« in professioneller Weise erledigen können. Die Opfer sind in beiden Fällen unschuldige Menschen. Und nur politische Lösungen können aus diesem Teufelskreis der Gewalt führen.

Die Militarisierung der zweiten Intifada

Die zweite Intifada begann im Herbst 2000 mit genau denselben Massendemonstrationen, mit denen die Intifada von 1987 zunächst so großen Erfolg gehabt hatte. Der wesentliche Unterschied war von Anfang an unübersehbar. Während 1987 jede Demonstration unweigerlich zu einem Zusammenstoß mit der israelischen Armee führte, die damals überall präsent war, resultierten Demonstrationen im

---

27 Angaben zur Anzahl israelischer Opfer können auf der Website des Israelischen Außenministeriums www.mfa.gov.il eingesehen werden; Angaben zur Anzahl palästinensischer Opfer auf der Website der palästinensischen Menschenrechtsorganisation LAW in Jerusalem www.lawsociety.org. Auf der Website der israelischen Menschenrechtsorganisation B'Tselem werden Zahlen über die Opfer beider Seiten angegeben unter www.btselem.org.

Jahr 2000 nur dann in direkten Auseinandersetzungen mit der Armee und der in Kraft gebliebenen Besatzungsmacht, wenn sie an den Kontrollpunkten der Armee durchgeführt wurden. Dort aber bestimmte die Armee mit ihrer Taktik und Stärke den Verlauf und Ausgang einer jeden Demonstration. Die Überlegenheit der Intifada von 1987, in der eine gesamte Gesellschaft immer wieder die Armee an der Nase herumgeführt hatte, da sie das Terrain sehr viel besser kannte und kontrollierte, eben diese Überlegenheit existierte 2000 nicht mehr.

Der zweite Unterschied bestand in der bereits geschilderten shoot-to-kill-Politik der israelischen Armee. Und diese provozierte sehr schnell die Militarisierung der Intifada. Gleich im Oktober 2000 war in Ramallah eine breite öffentliche Diskussion über die Möglichkeiten, in der gegebenen Situation Widerstand zu leisten, aufgenommen worden. Damals bestand noch ein Konsens darüber, dass mit Aktionen des passiven Widerstands und des zivilen Ungehorsams zu operieren sei. Doch sehr schnell setzte sich die Entscheidung durch, Schusswaffen einzusetzen. Arafat hatte dies 1996 bei den Zusammenstößen im Anschluss an die Eröffnung des Tunnels in der Altstadt durch Netanyahu noch unterbinden und effektiv kontrollieren können (Beck 2002, S. 329ff.). Doch jetzt wurde die Kritik, dass die israelische Armee auf diesem Gebiet einen nicht aufholbaren Vorteil habe, beiseite geschoben.

Die Fateh-Organisation Tanzim unter Marwan Barghuti

Fateh und vor allem at-Tanzim, die Fateh-Organisation im Westjordanland unter der Führung von Marwan Barghuti, spielten hier den Vorreiter. Marwan Barghuti, ehemals Studentenführer an der Universität Birzeit, lange Jahre in israelischer Haft, dann des Landes verwiesen, schließlich 1994 zurückgekehrt, wurde 1996 in den palästinensischen Legislativrat gewählt und trat in den Jahren bis 2000 als entschiedener Befürworter der politischen Zusammenarbeit und des friedlichen Ausgleichs mit Israel hervor. Der Ausbruch der Intifada und der brutale und massive Einsatz der israelischen Armee brachten ihn zu einer immer wieder klar artikulierten Position: Nur eine Beendigung der Besatzung und ein Abbau der Siedlungen könne Frieden zwischen Israel und Palästina ermöglichen. Solange die Besatzung sowie die Siedlungspolitik aufrechterhalten würden, hätten die Palästinenser nur noch eine Option, die des Widerstands. Er machte sehr deutlich, dass Widerstand ausschließlich in den besetzten Gebieten, jedoch nicht in Israel in den Grenzen von 1949 (also vor dem Juni-Krieg 1967) geleistet werden dürfe.

Damit differenzierte er sich klar von der Politik der Hamas oder des Jihad, die hier immer wieder darauf bestand, den Widerstand in das Kernland von Israel (in den Grenzen von 1949) hineinzutragen. Außerdem hielten die Tanzim-Kämpfer und Marwan Barghuti bis Anfang 2002 an Methoden des Guerillakampfs fest – mit Angriffen gegen die Armee, aber auch gegen israelische Siedler, also Zivilisten, in der Westbank oder im Gaza-Streifen. Aus ihrer Sicht, aber auch aus der Sicht der großen Mehrheit der palästinensischen Bevölkerung, waren alle Siedler integraler Bestandteil der israelischen Besatzung und damit legitimes Angriffsziel eines jeden Widerstands.

Erst als die israelische Armee den lokalen Tanzim-Chef Ra'ed al-Karmi aus Tulkarm am 14. Januar 2002 mit einem gezielten Anschlag ermordete, brachen alle diese klar gesetzten Selbstbeschränkungen des Tanzim zusammen. Der Zusammenbruch war umso vollständiger, als die Ermordung von al-Karmi eine längere Periode der relativen Beruhigung an der Front zwischen Israel und den Palästinensern beendete. Yasir Arafat war es im Dezember 2001, selbst unter den Bedingungen der Inhaftierung im Präsidentensitz in Ramallah, gelungen, alle palästinensischen Organisationen auf eine Waffenruhe zu verpflichten, um dadurch die Chance für erneute politische Verhandlungen mit Israel zu schaffen.

Nach dem Mord an Karmi: die Periode des grenzenlosen Hasses

Der Mord an Karmi leitete über in eine Periode des grenzenlosen Kampfs und Hasses. Hamas, Jihad und Tanzim übertrafen einander mit immer schrecklicheren Selbstmordattentaten. Der Tiefpunkt war mit dem Selbstmordattentat am Abend des Pessach 2002 (27. März) erreicht, als ein Palästinenser sich in einem Hotel in Netaniya mitten unter einer großen Versammlung von Menschen, die dabei waren, das Seder-Mahl zum Auftakt der Pessach-Tage einzunehmen, in die Luft sprengte: 29 Menschen wurden getötet, zahllose verletzt. Aber auch diese Katastrophe führte nicht zur politischen Ernüchterung und zum Versuch, die einbrechenden Dämme nun endlich zu stoppen. Arafat versuchte am Tag nach diesem so entsetzlichen und blutigen Attentat in einem letzten Appell, den Weg zu einer Lösung zu bereiten. In einer Fernsehansprache erklärte er den sofortigen und bedingungslosen Waffenstillstand. Sharon und die israelische Regierung hatten dafür kein Ohr. Ihre Entscheidung fiel – unterstützt von der israelischen Bevölkerung, über 70 Prozent sind für den Krieg – für den Angriff auf die Palästinenser und für den Krieg gegen die Palästinensische Autorität. Die Katastrophe nahm ihren Lauf.

Der zweite Krieg Ariel Sharons gegen die Palästinenser

Am Freitag, den 29. März 2002 (für Christen war es der Karfreitag und in Jerusalem wurden die traditionellen Karfreitagsprozessionen durchgeführt), begann der israelische Einmarsch nach Ramallah, danach folgte der Einmarsch der Armee in die anderen palästinensischen Städte im Westjordanland. Der Krieg war ein wahrer Krieg der Zerstörung. Unter dem Vorwand, die so genannte Infrastruktur des Terrors zu zerstören, zerstörte die Armee systematisch die gesamte institutionelle Infrastruktur der Palästinensischen Autorität inklusive der palästinensischen Nichtregierungsorganisationen in Ramallah. Kein Ministerium blieb verschont: Computer wurden gestohlen oder demoliert, Disketten zerstört oder mitgenommen. Jedes einzelne Büro in Ramallah bot nach dem Teilabzug der Armee drei Wochen später, am 21. April, ein Bild der Zerstörung. Das Ministerium für Wissenschaft und Forschung ist nur ein Beispiel von vielen: »Am Freitagabend, dem 19. April 2002, bahnten sich Dutzende von schwer bewaffneten israelischen Soldaten ihren Weg durch den sechsten Stock des klar gekennzeichneten Gebäudes, das als Wissenschaftsministerium benutzt wird. Sie sprengten die Eingangtür, zerstörten und zerschlugen alles, was ihnen in den Weg kam mit ihren Stiefeln und Gewehrkolben. Dann sammelten sie systematisch alle Computer, Drucker, Fotokopierer, Scanner und audio-visuellen Geräte aus allen Stockwerken in einem ›Feuerraum‹ und jagten sie mit einer Ladung Sprengstoff in die Luft, wodurch sie auch Mauern, Fenster, Holztüren, Trennwände aus Aluminium und Glas, Büromöbel und Aktenordner zerstörten. Einige Server und andere Computer Hardware werden vermisst – entweder hat man sie zerstört oder gestohlen.« (Bericht von Hisham Kuhail, Stellvertretender Minister für Wissenschaft und Forschung).

Überall im Lande wurden Massenverhaftungen durchgeführt, Tausende von Palästinensern befinden sich wieder, wie während der ersten Intifada von 1987, in israelischen Gefangenenlagern.

Am furchtbarsten waren jedoch die israelischen Angriffe auf die Altstadt von Nablus und auf das Flüchtlingslager von Jenin. Nachdem die ersten Journalisten die israelische Abriegelung hatten durchbrechen können, gingen die Bilder der maßlosen Zerstörung um die Welt. Die ersten Zeugen berichten von unermesslichem Leid. Die Armee soll auf alles, was sich – aus ihrer Sicht in Verletzung der Ausgangssperre – bewegte, geschossen haben: Eine Frau wurde in Ramallah erschossen, als sie auf dem Dach ihres Hauses die Wäsche aufhängte. Eine Untersuchungskommission, eingesetzt von den Vereinten Nationen, ist vorerst durch die israelische Verweigerung der Kooperation auf Eis gelegt.

Yasir Arafat sitzt derweil immer noch gefangen im halb zerstörten Präsidentensitz in Ramallah. 73 Jahre alt, hat er sein ganzes Leben für die Befreiung Palästinas und die Errichtung eines Staates gekämpft. 1988 konnte er sich im Palästinensischen Nationalrat mit seinem Programm eines palästinensischen Staates in friedlicher Koexistenz mit Israel durchsetzen. 1993 schloss er mit Israels Premierminister Rabin die Osloer Verträge ab, wofür er, zusammen mit Rabin und Peres 1994 den Friedensnobelpreis erhielt.

Einen palästinensischen Staat konnte Yasir Arafat bis heute nicht gründen. Die israelische Verweigerungshaltung ist nicht zu durchbrechen. Noch unter diesen unwürdigen und demütigenden Bedingungen der Haft, die ihm Sharon aufgezwungen hat, gehen seine Bemühungen um Frieden und um eine Verhandlungslösung weiter. Er hat als Symbol des palästinensischen Widerstands inzwischen mythische Dimensionen angenommen. Aber auch ihm bleibt im April 2002 nur eines noch zu sagen: »Sie wollen keinen Frieden, keinen Frieden!« Und der Krieg Sharons geht weiter.

Ausblick:
Gibt es eine Zukunft für Nahost?

Yasir Arafat ist Ende April 2002 ein Gefangener der israelischen Armee. Isoliert in seinem fast völlig zerstörten Präsidentensitz, den er nicht verlassen darf, ohne Elektrizität, ohne Wasser, nur unzureichend mit Nahrung versorgt. Gedemütigt von Ariel Sharon, der ihn zu seinem persönlichen Todfeind erklärt hat. Arafat, ein Politiker, der am Ende ist, eine tragische Gestalt also?

Oder ist Arafat ganz im Gegenteil: »ein Super-Herrscher (...) zumindest in den Augen der Israelis«, der direkt unter den Augen der Armee, die ihn gefangen hält, noch Terrorangriffe anordnen oder sich zumindest weigern kann, diese zu verhindern? (Amira Hass in Ha'aretz, 16. April 2002).

Hat ihn also die Gefangenschaft gar neu gestärkt und wird er mächtiger denn je wieder auf die politische Bühne zurückkehren, wenn die Belagerung durch die Armee ein Ende findet? Hat gar die israelische Armee Yasir Arafat, die »dieses Ungeheuer aller Ungeheuer, diesen Lügner, diesen Betrüger, diesen Mann, der uns alle die ganze Zeit hindurch an der Nase herumgeführt hat«[28] zu einer Null reduzieren und ihn »irrelevant« machen wollte, genau das Gegenteil erreicht und ihn zum Helden

---

28 Dieses Karikaturbild Arafats verbreitet das offizielle Israel, so zitiert von Danny Rubinstein, 2. April 2002. www.haaretzdaily.com

gemacht? Das ist zumindest die Meinung von Danny Rubinstein von Ha'aretz:

»Sollte Israel tatsächlich sein Versprechen einhalten, keinen Schlag gegen Arafat auszuführen, sollte ihm kein Schaden zugefügt und er nicht deportiert werden, (...) dann wird er, wenn wir uns von dort zurückgezogen haben, als der große Sieger aus seinem Gefängnis heraustreten, mit einer ungeheueren Macht.« (www.haaretzdaily. com, 2. April 2002).

Der rechtsradikale Knesset-Abgeordnete Avigdor Lieberman schließlich, der Ende letzten Jahres die Regierung Sharon verlassen hat, weil ihm diese zu gemäßigt war, sieht derweil für Arafat nur eine Lösung: »Ich sehe wirklich keinen Grund, warum wir nicht den ganzen Präsidentensitz vom Erdboden ausradieren. Wenn ich die Entscheidung hätte – wir haben genug F-16-Bomber und Hubschrauber – würde ich diesen ganzen Komplex ausradieren lassen, mit allem, was sich darin befindet, – mit allen, die mit ihm da drin sitzen.« (www.haaretzdaily. com, 2. April 2002).

Nun hat Lieberman zum Glück bis jetzt noch nicht die Macht. Aber was wäre, wenn Arafat doch noch ermordet würde? Würde Arafat dann ein Mythos, wie der Friedensaktivist und Begründer von Gusch Schalom, Uri Avnery, argumentiert:

»Sollte Ariel Sharon es doch noch schaffen, Yasir Arafat zu ermorden, also genau das zu tun, was er möchte, dann wird der palästinensische Führer in der kollektiven Erinnerung seines Volkes und der gesamten arabischen Welt die Stellung einnehmen, die Moses in der jüdischen Erinnerung einnimmt.« (Uri Avnery, 30. März 2002, www.gush-shalom.org).

Auch und gerade heute, obwohl oder vielleicht gerade weil er in Ramallah festgehalten wird, zieht Arafat alle Aufmerksamkeit auf sich, lässt Freund und vor allem Feind keine Ruhe.

Arafats historische Verdienste

Das politische Ziel Arafats ist die Befreiung Palästinas, die Beendigung der israelischen Besatzung und die Etablierung eines palästinensischen Staates im Westjordanland, in Ost-Jerusalem und im Gaza-Streifen.

Befreiung erfordert zunächst und als Voraussetzung die Befreiung der Menschen, um die es geht. Im palästinensischen Fall setzte dies die Transformation von Flüchtlingen in eine Nation voraus. Dies angestoßen und durchgesetzt zu haben, ist ohne Zweifel das wichtigste und erste Verdienst Yasir Arafats und seiner Fateh-Bewegung. Die historische Bedeutung dieser Entwicklung kann gar nicht hoch genug bewertet werden: »Heute kann ich stolz sagen, dass es ein palästinensisches Volk gibt!« (Interview der Autorin mit einem jungen Fateh-Aktivisten am 5. Juli 1978 in Beirut). Auf die zentrale Rolle, die dabei die Schlacht von Karame 1968 gespielt hat, wurde schon ausführlich eingegangen.

Die zweite große historische Leistung Arafats, als Vorsitzender der PLO und der Fateh, ist die Einführung der entscheidenden Wende in der modernen palästinensischen politischen Geschichte: die Wende weg vom Bewaffneten Kampf hin zur Politik, die Arafat auf der Sitzung des Palästinensischen Nationalrates in Kairo 1974 durchgesetzt hat. Dies ist umso bedeutender, weil es ja gerade Arafat gewesen war, der sowohl 1964 als auch 1968 die Aufnahme des Bewaffneten Kampfs am entschiedensten gefordert und schließlich auch verwirklicht hatte.

Dieser Einstieg in die Politik kulminierte 1988 in der Proklamation des palästinensischen Staates durch den Palästinensischen Nationalrat in Algier. Der palästinensische Staat, auf den sich die überwiegende Mehrheit der palästinensischen Abgeordneten geeinigt hatte, sollte in den 1967 von Israel besetzten Gebieten errichtet werden.

Dieser neue palästinensische Staat sollte in friedlicher Koexistenz mit Israel leben. Damit war von palästinensischer Seite, und mit Arafat als der treibenden Kraft in dieser Entwicklung, der entscheidende Schritt zur Lösung des historischen israelisch-palästinensischen Konflikts getan. Doch Israel ging auf dieses Angebot 1988 nicht ein.

Der nächste Durchbruch, Oslo 1993, den wieder Arafat federführend und diesmal in Geheimverhandlungen mit israelischen Politikern erzielte, war von Anfang an umstritten und wurde auch in der palästinensischen Gesellschaft mit gemischten Gefühlen aufgenommen.

Auf der einen Seite stand da der große Erfolg des historischen Moments: Israel hatte die PLO anerkannt. Was noch Monate zuvor tabu, ja für jeden Israeli strafbar gewesen war, wurde nun Wirklichkeit: Der israelische und der palästinensische politische Führer gaben sich die Hand. Nicht weniger bedeutend und einschneidend sollte die erklärte Bereitschaft sein, von nun an, also ab 1993, alle Konflikte zwischen Israel und der PLO durch Verhandlungen zu lösen. Damit aber war Gewalt als Mittel der Politik ausgeschlossen worden.

Eben dieser Durchbruch scheiterte spätestens im Dezember 2001 und abschließend im April 2002: zunächst als die israelische Regierung unter Sharon Arafat und die Palästinensische Autorität als irrelevant erklärte; später als Sharon in seinem zweiten Krieg gegen die Palästinenser die Palästinensische Autorität zerstörte. Arafat blieb im Gespräch mit der europäischen Delegation unter Führung von Xavier Solana nur ein Kommentar: »Der Vertrag, den ich mit Rabin in Oslo geschlossen habe, ist zerschlagen.« (al-Jazireh, 25. April 2002).

Auf der anderen Seite wurde aber bereits im Herbst 1993 die erste massive Kritik an Oslo laut: »Jetzt, nachdem ein Teil der Euphorie verflogen ist, wird deutlich, dass das Abkommen zwischen Israel und der PLO mehr

Nachteile als Vorteile für das palästinensische Volk enthält, anders als viele anfangs vermutet hatten. Die Vulgaritäten der Zeremonie im Weißen Haus, das degradierende Schauspiel eines Yasir Arafat, der allen dankt für das, was in Wirklichkeit die Aufhebung der Mehrzahl der Rechte seines Volkes war, die törichte Feierlichkeit von Bill Clintons Vorstellung – wie ein römischer Kaiser des zwanzigsten Jahrhunderts, der zwei Vassallen-Könige durch die Rituale von Aussöhnung und Gehorsam führt – all dies konnte nur für eine kurze Zeit die wahrlich erstaunlichen Ausmaße der palästinensischen Kapitulation verdecken.

Wir sollten dieses Abkommen zuallererst bei seinem richtigen Namen nennen: ein Instrument für die palästinensische Kapitulation, ein palästinensisches Versailles.« (Edward Said, Oktober 1993).

Der palästinensische Rechtsanwalt Raja Shehadeh aus Ramallah kritisiert an erster Stelle die in Oslo erfolgte Anerkennung der israelischen Besatzung durch die PLO, die Anerkennung der Siedlungen, die Anerkennung der grundlegenden Asymmetrie der beiden Seiten (Raja Shehadeh 1998). War Oslo vielleicht die gewaltigste Fehleinschätzung in der Geschichte der Palästinenser und in der politischen Karriere von Yasir Arafat?

Wie bereits argumentiert wurde, war sie das wohl nicht.

Allerdings verlief die Umsetzung dieser Verträge anders, als von palästinensischer Seite erwartet worden war. Vor allem nach dem Goldstein-Massaker in Hebron 1994 und dem Versäumnis Rabins, den Anfang zum Abbau der Siedlungen zu machen, waren die Würfel gefallen: gegen die Palästinenser und für die Siedler.

Auf diesem Hintergrund musste es für Arafat eher bitter sein, dass es gerade die Osloer Verträge waren, die ihn zu einem seiner größten persönlichen Erfolge führten: der Verleihung des Friedensnobelpreises.

Die Führungsqualitäten von Yasir Arafat

Dies wirft die Frage nach den Führungsqualitäten von Yasir Arafat auf. In den sechziger Jahren waren diese für alle deutlich erkennbar: für die Mitgründer in Fateh, für die jungen Kämpfer von Fateh in den Guerillalagern und für die palästinensische Öffentlichkeit. Arafat stellte sich mit den politischen Zielen der Fateh offen vor die Nation:

Es ging um Befreiung, um die Herstellung von Identität und Nation. Es gab dafür nur einen Weg: den des Bewaffneten Kampfs. Dafür konnte Arafat die Palästinenser 1968 begeistern, mobilisieren und organisieren.

In den siebziger Jahren scheint sich das Bild zu ändern. Zwar verfolgte Arafat selbst von Anfang an absolut konsequent eine Politik, die auf die Gründung eines Staates in den 1967 besetzten Gebieten abzielte. In der Öffentlichkeit hat er dies bis 1988 allerdings nicht deutlich gesagt. Arafat beschritt stattdessen einen anderen Weg. Übergeordnetes Ziel blieb für ihn immer und zuallererst die Bewahrung des palästinensischen Konsenses. Konsens auch zwischen Positionen, die diesen eigentlich ausschließen. Neue Positionen innerhalb Fatehs, innerhalb der PLO, ließ er immer erst durch andere Politiker ausprobieren. Waren sie damit erfolgreich, schloss er sich den Positionen an, waren sie ein Fehlschlag, dementierte er und behauptete, mit der Sache nichts zu tun zu haben. Dieses Durchlavieren, dieses Festhalten am Konsens vermied zwar schwere innerpalästinensische Konflikte, es garantierte aber auch Arafats unangefochtene politische Spitzenposition. Die Frage muss gestellt werden, ob unter den gegebenen politischen Bedingungen, unter denen die palästinensische Nationalbewegung operieren musste, Alternativen möglich gewesen wären. Offen bleiben muss auch, ob dieser politische Kurs nicht zu langwierig und damit letztendlich auch zu kostspielig für die verschiedenen Teile der palästinensischen Gesellschaft gewesen ist.

Die bis heute aufrechterhaltene Weigerung Israels, einem Kompromiss mit den Palästinensern zuzustimmen, sprich einen palästinensischen Staat in den 1967 besetzten Gebieten zuzulassen, macht eine andere Perspektive notwendig, um diese Frage zu beantworten. Die Geschichte lehrt, dass grundlegende Veränderungen in politischen Positionen immer eine lange Zeit brauchen, um sich endgültig durchsetzen zu können.

Und was sind die palästinensischen Erfahrungen mit Arafat als dem politischen Führer der Palästinensischen Autorität 1994 bis 2002, besser bis 2000, also bis zum Beginn der Intifada? In dieser Periode unterdrückte Arafat immer wieder, zum Teil mit dem Einsatz brutaler Polizeigewalt, mit Foltermethoden in palästinensischen Gefängnissen und mit einer politischen Atmosphäre der Einschüchterung jegliche Opposition gegen den Kurs von Oslo. Der Druck der israelischen Seite und der internationale Druck, vor allem was die geradezu ultimativ an Arafat gestellte Forderung der Unterdrückung, wenn nicht Eliminierung, der islamistischen Opposition betrifft, erklärt viel, aber nicht alles. Eben hier wären klare Worte an die palästinensische, aber auch an die israelische und die internationale Öffentlichkeit notwendig gewesen. Sie hätten vielleicht auch einen Ausgleich, vor allem in der palästinensischen Innenpolitik und im Verhältnis der Palästinenser zur internationalen Gemeinschaft, leichter gemacht.

Am deutlichsten wird dies in der Reaktion oder besser der fehlenden öffentlichen Reaktion Arafats auf die Ergebnisse des Gipfels in Camp David im Juli 2000. »Ich denke, es war der bedauerlichste Führungsfehler Arafats, den Palästinensern, Israelis und der Welt nicht zu erklären, warum Baraks Camp-David-Angebote unakzeptabel waren.« (Richard Falk, April 2002).

Das politische System, das Yasir Arafat zunächst in der PLO und seit 1994 in den Gebieten der Palästinensischen

Autorität eingeführt und dominiert hat, ist charakterisiert durch einen autoritären, nicht jedoch despotischen Führungsstil. Arafat versteht sich als Vaterfigur an der Spitze der Nation. Die palästinensische politische Elite ist in der Ebene unterhalb seiner Führung angesiedelt. Er kooperiert mit ihr, lässt sich von ihr beraten und spielt sie oft gegeneinander aus: aber die letzte Entscheidung liegt immer in seiner Hand. Die palästinensische Gesellschaft muss dem von Arafat eingeschlagenen Kurs zustimmen, ihn legitimieren, an der Politik direkt teilnehmen soll sie nicht. Das heißt nicht, dass die palästinensische Öffentlichkeit keinen Einfluss hat. Das zeigt der politische Kurs der PLO von 1974 bis 1988, als Arafat erst auf der Grundlage der Erfolge der Intifada die Zustimmung zu seinem Staatsprojekt erhalten konnte. Vor allem aber zeigt dies die Entwicklung der Camp-David-Verhandlungen, wie oben beschrieben. Ohne die Zustimmung der palästinensischen Öffentlichkeit, ohne durch diese legitimiert zu sein, kann Arafat nicht handeln. Nur am Rande sei hier angemerkt, dass dieses politische System in den meisten arabischen Staaten heute zu beobachten ist. In der palästinensischen Version ist jedoch die Abhängigkeit der Führung, also Arafats, von der Gesellschaft am stärksten ausgeprägt.

Die Entwicklung der Intifada und die Rolle, welche die Fateh-Parteiorganisation (Tanzim) unter der Führung von Marwan Barghuti in den besetzten Gebieten in den Monaten seit Herbst 2000 gespielt hat, sind ein eindrucksvolles Beispiel dafür. Arafat kann zwar den Kurs vorgeben, vor Ort jedoch fällen lokale Führer immer wieder ihre eigenen Entscheidungen. Das trifft nicht zuletzt auch auf Barghuti zu. Gerade hier zeigt sich wieder, dass in der palästinensischen Version der arabischen Herrschaftssysteme sehr viel mehr innere Widersprüche auftreten als in anderen Staaten. Schließlich gibt es noch keinen palästinensischen Staat und ohne volle Souveränität kann sich weder ein volles System der Herrschaft noch, als Gegenpol, ein demokratisch politisches System und eine demo-kratische Gesellschaft herausbilden.

Arafat ist inzwischen 73 Jahre alt. Das politische Ziel der Palästinenser konnte er bis heute nicht erreichen. Nun wartet eine neue Generation von Palästinensern darauf, die Führung zu übernehmen. Aber während es für Nelson Mandela in Südafrika relativ leicht gewesen sein muss, nach dem Ende der Apartheid und den ersten freien Wahlen im neuen Staatswesen die Führung an die nächste Generation weiterzugeben, ist die Situation in Palästina eine grundsätzlich andere: Freiheit und Unabhängigkeit sind den Palästinensern bis heute verwehrt.

Nach dem Flugzeugabsturz am 8. April 1992 und den schweren Verletzungen, die er dabei erlitten hat, ist Arafat heute nicht mehr bei bester Gesundheit. Die erst sehr spät in seinem Leben geschlossene Ehe mit der viel jüngeren Suha Tawil scheint nicht sehr glücklich zu sein. Suha hält sich mit der gemeinsamen Tochter Zahwa meist in Paris auf.

Viele Probleme in der Palästinensischen Autorität konnten einer Lösung nie näher gebracht werden. Vor allem die weit verbreitete Korruption, die Teil des Systems Arafat, Teil der Mehrzahl der arabischen politischen Systeme ist, konnte nie auch nur annähernd eingedämmt werden. Arafat selbst hat daran wohl nie persönlichen Anteil gehabt, aber er war politisch auch nie bereit oder in der Lage, diese Korruption zu beenden. Schließlich ist es gerade die Korruption, über die er die Mitglieder der politischen Elite gegeneinander ausspielen und sie alle zusammen kontrollieren kann.

Die Frage nach seinen Beratern, die gerade in seinem System eine zentrale Rolle spielen, da letztlich nur durch sie ein Grad an Pluralismus hineingetragen werden kann, findet keine befriedigende Antwort. Arafat scheint gerade in den letzten Jahren bei der Auswahl seiner Berater keine allzu glückliche Hand gehabt zu haben. Die Frage, warum palästinensische Persönlichkeiten wie zum Beispiel der Jurist Raja Shehadeh, der politische Aktivist Dr. Mustafa Barghuti oder palästinensische Intellektuelle und Mitglieder der Wirtschaftselite aus der Diaspora in der politischen Entscheidungsfindung keine größere Rolle spielen können, muss erlaubt sein.

Doch die politische Situation, in die Palästina, die palästinensische Gesellschaft, Arafat als ihr politischer Repräsentant und ihr Präsident hineingestellt sind, erlaubt es ihm nicht, jetzt die Führung abzugeben und sich zurückzuziehen. Zu groß sind die Herausforderungen und zu wichtig ist noch die Rolle Arafats als Symbol des palästinensischen Nationalismus.

Die Rolle der internationalen Gemeinschaft

Die internationale Gemeinschaft hat sich vor allem seit Beginn der Intifada im September 2000 immer wieder eingeschaltet, um im Nahen Osten der Gewalt ein Ende zu setzen. Sie versucht, politische Verhandlungen wieder möglich zu machen, um am Ende doch noch zu einer politischen Lösung zu kommen. Ihre Bemühungen sind bis zum Frühjahr 2002 immer wieder gescheitert.

Der Bericht der Mitchell-Kommission vom 10. Mai 2001, der eine Einstellung der Gewalt, einen Stop im Siedlungsbau empfahl und den Schwerpunkt auf die Notwendigkeit des Angebots einer politischen Perspektive legte, wurde zwar sowohl von Israel als auch von Arafat und den Palästinensern angenommen, jedoch nie implementiert. Ein Ende der Gewalt wurde nicht durchgesetzt, Vertrauen konnte nicht wiederhergestellt werden. Israel setzte dem massiven Siedlungsbau in den besetzten Gebieten kein Ende und eine politische Lösung wurde immer wieder, vor allem von israelischer Seite, mit der Forderung nach einer absoluten Waffenruhe, blockiert.

Da die Mitchell-Empfehlungen nicht realisiert wurden, entwarf man den Tenet-Plan (14. Juni 2001). Dieser beschränkte sich auf den Versuch, einen Waffenstillstand durchzusetzen. Auch das war bis April 2002 noch nicht passiert.

Allein im März und April 2002 verabschiedete der UN-Sicherheitsrat vier Resolutionen:

Resolution 1397 am 12. März 2002 forderte einen sofortigen Waffenstillstand sowie die Wiederaufnahme des Friedensprozesses und benannte die abschließende politische Lösung zur Beendigung des Konflikts:

»Eine Vision einer Region, in der zwei Staaten, Israel und Palästina, Seite an Seite leben, innerhalb sicherer und anerkannter Grenzen.«

Resolution 1402 vom 30. März forderte zu einem sofortigen Waffenstillstand auf und zum Rückzug der israelischen Armee aus den palästinensischen Gebieten, die sie angegriffen hatte, gerade auch aus Ramallah.

Resolution 1403 vom 4. April sprach die Unterstützung der internationalen Gemeinschaft für den Besuch von US-Außenminister Colin Powell in der Region aus.

Und Resolution 1405 vom 19. April schließlich beschloss die Entsendung einer Untersuchungskommission der UN, die feststellen soll, was genau im Flüchtlingslager Jenin geschehen ist.

Keine der Resolutionen wurde bis heute von Israel, das der einzige handlungsfähige Akteur vor Ort geblieben ist, implementiert. Selbst die Entsendung der UN-Mission nach Jenin ist inzwischen in Israel sehr umstritten und stößt eher auf Ablehnung. Grund dafür ist zum einen die weit verbreitete Erwartung, dass die Untersuchungskommission zu dem Ergebnis kommen wird, dass die israelische Armee bei ihrem Angriff gegen Jenin und bei den Kämpfen im Flüchtlingslager von Jenin zumindest exzessive Gewalt angewandt hat. Und zwar gegen Bewaffnete und Zivilisten gleichermaßen. Und dass die Armee nicht nur keine medizinische und humanitäre Hilfsleistungen für die Verwundeten und Opfer der Kämpfe selbst geleistet oder zugelassen hat, sondern diese massiv behinderte. Zum anderen würde ein derartiger Bericht, so die Befürchtungen, die internationale Stellung Israels diskreditieren und damit weiter verschlechtern. Vor allem würde damit der Entscheidungsfreiraum der israelischen Regierung, die einen palästinensischen Staat entschieden ablehnt, international stark eingeschränkt werden. Das Memorandum eines juristischen Experten der israelischen Regierung, des Jura-Professors Daniel Bethlehem von der Universität Cambridge, verdeutlicht diese Position der israelischen Seite: »Ich bin bestürzt darüber, dass die politische Ebene einer solchen Prozedur zustimmen konnte (der Berufung einer UN-Kommission, Anmerkung von Ha'aretz), ohne vorher seine Offiziellen/Berater zu konsultieren (...). Anders als der Mitchell-Plan konzentriert sich diese Übung nicht darauf, einen Weg zurück an den Verhandlungstisch zu finden. Es ist eine Übung, die die Behauptung untersuchen soll, dass Kriegsverbrechen begangen worden sind. Betrachtet man sich die Art der Behauptungen, die gegen Israel erhoben werden, ist diese Untersuchung sehr viel ernster und enthält für Israel ein sehr viel größeres Risiko als die Mitchell-Untersuchung. (...) Wenn die Ergebnisse der Untersuchungen des Komitees die Behauptungen bestätigen – sogar mit schwachen Argumenten – wird dies die Dynamik zwischen der israelischen und der palästinensischen Führung grundlegend verändern. Damit kann Israel sich den Forderungen nach einer sofortigen Etablierung eines palästinensischen Staates sowie der gerichtlichen Anklage gegen die Personen, die sich dieser illegalen Handlungen schuldig gemacht haben, nicht mehr widersetzen. (...) Um es auf den Punkt zu bringen, Israel steht vor einer Untersuchung wegen Kriegsverbrechen. Israel hat die Schlacht in der Öffentlichkeit bereits verloren. Unabhängig davon, ob in Jenin wirklich, wie die Palästinenser behaupten, ein Massaker stattgefunden hat, ist die internationale Gemeinschaft weitgehend davon überzeugt, dass die israelische Anwendung von Gewalt in Jenin exzessiv, unangemessen und willkürlich war und dass sie mit dem Versäumnis einherging, humanitäre Hilfe im Anschluss an den Konflikt zu leisten oder zuzulassen. Selbst wenn man davon ausgeht, dass alle Tatsachen Israel entlasten werden, wird es schwierig, hier die Dinge wieder ins rechte Lot zu rücken.« (26. April 2002, www.haaretzdaily.com).

Weder die Vermittlungsversuche der Europäischen Union noch die Verabschiedung einer historisch zu nennenden arabischen Friedensinitiative am Vorabend des Kriegs (am 28. März 2002) hatten den geringsten Erfolg bei der Regierung Sharon.

In ihrer Friedensinitiative bot die gesamte arabische Welt Israel im Gegenzug zur Räumung der besetzten Gebiete und zur Zustimmung zu der Errichtung eines unabhängigen palästinensischen Staates den Frieden an.

Sharon wollte Krieg.

Da er nicht bereit war, auf die israelische Herrschaft und Kontrolle über das Westjordanland, Ost-Jerusalem und den Gaza-Streifen zu verzichten, wollte er die Palästinensische Autorität zerstören. Eine Chance für Frieden ist angesichts dieser Haltung eigentlich nicht mehr gegeben. Ganz im Gegenteil, noch am 22. April kam die trotzig- herausfordernde Erklärung, Israel werde nie die Siedlungen aufgeben, eingeschränkt nur durch den eher widerwilligen Zusatz, zumindest nicht bis zu den nächsten Wahlen.

Perspektiven für Nahost

Was sind die Perspektiven in dieser Situation, die durch Krieg und Gewalt bestimmt ist? Nur eine grundsätzliche Umkehr in der israelischen Politik wird einen Ausweg aus

dieser Katastrophe ermöglichen. Die israelische Friedensbewegung Gush Shalom (Friedensblock) hat dies klar erkannt und fordert seit Beginn des Jahres in immer neuen
und immer größeren Demonstrationen eben dies: »Die
Besatzung bringt uns um. Rache und Tod, Zerstörung
und Rache. Das ist Sharons politisches Programm. Seine
wichtigsten Etappen sind: Aushungern und Demütigung,
systematische Zerstörung, Tötung von Zivilisten und
Kriegsverbrechen.

Das ist sein Ziel:

Eine Situation herbeizuführen, die keine Wahl mehr
lässt, die Palästinenser zu besiegen, damit er vor qual-
menden Ruinen erklären kann: Es ist hier niemand, mit
dem ich verhandeln kann.

● Wir werden uns unsere Zukunft nicht durch Sharons
  Regierung verscherzen lassen.
● Wir werden zu den Verbrechen in Jenin nicht schweigen.
● Alle von uns werden den Preis der Besatzung zahlen
  müssen, besonders die Schwachen und Benachteiligten.
● Für unsere gemeinsame Zukunft werden wir aufste-
  hen, Juden und Araber, um den Horror zu stoppen
  und die Besatzung zu beenden.

Es gibt einen politischen Weg aus dem blutigen Kreislauf:
Antwortet auf die arabische Friedensinitiative: Vollständigen Frieden für das vollständige Land.

Etabliert einen unabhängigen palästinensischen Staat
in den Grenzen von 1967 (vor dem Juni-Krieg, Anmerkung der Autorin). Baut die Siedlungen ab.

Löst das Flüchtlingsproblem auf gerechte Weise, in
gegenseitigem Einvernehmen.

Es gibt einen Ausweg. Frieden zwischen Gleichberechtigten.« (Gusch Schalom, Aufruf zur Demonstration am
27. April 2002 in Tel Aviv, www.gush-shalom.org)

Aus der palästinensischen Gesellschaft kommt, unmittelbar nach dem Teilabzug der israelischen Armee aus dem Stadtgebiet von Ramallah, folgende Erklärung:

»Der Tag danach.

Von den Trümmern unserer Häuser, Arbeitsplätze, Städte und Lager stehen wir wieder auf, um den israelischen Besetzern zu verkünden: Ihr habt unseren Willen nicht gebrochen und werdet ihn auch niemals brechen!

Ihr habt getötet, gefangen genommen, gefoltert, gestohlen und zerstört, aber ihr werdet uns niemals unseren Willen nehmen, in Freiheit und Würde zu leben.

Hier, am Tag danach, sind wir immer noch ein Volk, das für eine gerechte Sache eintritt.

Wir erheben uns abermals, um einstimmig unseren einen Willen zu verkünden:

Erstens: Ihr, die ihr unserem Volk und den Menschen dieser Region Sicherheit und Frieden verwehrt habt, werdet keine Sicherheit und keinen Frieden finden, solange ihr euch nicht von den palästinensischen Gebieten in den Grenzen vom 4. Juli 1967 zurückzieht und solange es keinen palästinensischen Staat gibt, der volle Souveränität über sein Land, Wasser, seinen Luftraum und seine Grenzen hat und dessen Hauptstadt Jerusalem ist, und solange nicht alle kolonialen Siedler und Siedlungen wieder verschwunden sind und solange es keine gerechte Lösung für das palästinensische Flüchtlingsproblem gibt, die auf internationalem Recht, und speziell auf der UN-Resolution 194, basiert.

Zweitens: Niemand, egal wie groß oder klein, kann uns eine Führung aufzwingen. Wir sind keine Herde von Schafen, die darauf wartet, dass Sharon oder Bush oder irgendeine andere Figur unser Schicksal bestimmt. Wir entscheiden, und wir allein, wer uns führt und wer in unserem Namen verhandelt.

Drittens: Wir unterstützen die Forderung des UN-Generalsekretärs, internationale Truppen zu entsenden, die das palästinensische Volk schützen und die Besatzer davon abhalten, die palästinensische Gesellschaft und ihre Institutionen zu zerstören.

Viertens: Das palästinensische Volk hat das volle Recht, seine Besatzer mit allen Mitteln zu bekämpfen, die das internationale Recht erlaubt, solange die Besatzer und ihre Siedler unser Land nicht verlassen.«[29]

Und was ist die Position der palästinensischen Führung heute?

»Die palästinensische Mitte hat durch Oslo gelernt, dass dieser Waffenstillstand nicht zu einer gerechten Lösung in Form von Souveränität und gleichberechtigten Staaten führen wird und dass seine ureigenen Interessen auf dem Altar der Geopolitik geopfert wurden. Im Endeffekt stellten sich Verhandlungen als ein Geschäftsabschluss heraus, der die Gegebenheiten von Macht und Kontrolle widerspiegelte, ohne tatsächlich ein Weg zu sein, über den man zu irgend einer für beide Seiten akzeptablen Form von parallelen Staaten oder – was viele Palästinenser erwartet hatten – zu einer Lösung kommen könnte, die durch den Rückbezug auf internationales Recht herbeigeführt wird. Es ist wichtig, sich vor Augen zu führen, dass die Palästinenser bezüglich jedes einzelnen strittigen Verhandlungspunktes das internationale Recht auf ihrer Seite haben, und das schließt die Verpflichtung Israels, aus dem Land, das es während des Kriegs erobert hat, abzuziehen, ebenso ein wie die Illegalität der Siedlungen laut Artikel 49 (6) der Vierten Genfer Konvention, wie das Recht der Flüchtlinge, sicher in ihr Land zurückzukehren, aus dem sie unrechtmäßig vertrieben wurden und wie die allgemeine Unterstützung für ein Jerusalem, das jedem und niemandem gehört.« (Ri-

---

29 Originalaufruf, verfasst von Zakariya Mohammad, einem palästinensischen Dichter und Journalisten, unterschrieben und unterstützt von palästinensischen Intellektuellen in Ramallah und in ganz Palästina sowie von den Nationalen Kräften als Motto für die Demonstration am 24. April 2002 übernommen.

chard Falk, The Nation, 29. April 2002, www.thenation.
com).

Arafats Blick in die Zukunft in einem Brief-
interview mit der Autorin vom 25. April 2002

Selbst unter den extremen Bedingungen, unter denen
Yasir Arafat im Frühjahr 2002 in Ramallah lebt, wegge-
sperrt in einem zerstörten Regierungsgebäude, das von israelischen Soldaten abgeriegelt und bewacht wird, und
jeglicher Handlungsmöglichkeit beraubt, zeigte er sich
auf die Anfrage der Autorin hin bereit, in einem Briefinterview eine Stellungnahme zur aktuellen Situation abzugeben: »Wir, das palästinensische Volk also und ich
selbst, schauen mit Optimismus, offenem Geist und großer Hoffung in die Zukunft. Seit unserer politischen Initiative vom Dezember 1988 arbeiten wir mit all unseren
Kräften daran, sie Wirklichkeit werden zu lassen: Die Errichtung eines unabhängigen palästinensischen Staates
mit Al-Quds Asch-Scharif (die heilige Stadt Jerusalem,
also Ost-Jerusalem, Anmerkung der Autorin) als Hauptstadt und innerhalb der Grenzen vom 4. Juni 1967. Auf
diese Weise kann das palästinensische Volk in Sicherheit,
Freiheit, Frieden und guter Nachbarschaft, gerade auch
mit dem Staat Israel, leben. Darüber hinaus muss eine gerechte Lösung für das Flüchtlingsproblem entsprechend
UN-Resolution 194 gefunden werden.

Um dieses hehre Ziel zu verwirklichen, sind wir in den
Friedensprozess eingetreten und haben die Prinzipienerklärung von Oslo sowie alle darauf folgenden Vereinbarungen unterschrieben. Wir werden weiterhin daran arbeiten, unser Ziel mit friedlichen Mitteln zu erreichen,
trotz allem Schmerz, allen Schwierigkeiten und allem
Leid, dem unser Volk ausgesetzt ist. Das Recht der Palästinenser ist inzwischen weltweit anerkannt. Da unser

Recht sich von internationalen Beschlüssen sowie vom internationalen Konsens ableitet, wird es schließlich über die von Israel verfolgte Kanonen-, Panzer-, Besatzungs- und Siedlungspolitik siegen. Eine derartige Politik sollte in unserer heutigen Zeit obsolet geworden sein. Die israelische Besatzung ist das letzte Besatzungsregime, das es heute noch gibt auf der Welt.[30] Diese Besatzung muss beendet werden, wenn ein gerechter und gleichberechtigter Frieden in unserer Region verwirklicht und konsolidiert werden soll.

In einem Satz: Wir wollen in Frieden und gegenseitiger Achtung mit unseren israelischen Nachbarn leben, denn nur der Frieden kann das Wohl und die Interessen unserer Kinder und ihrer Kinder, der nachfolgenden Generationen und aller Völker und Länder der Region und der ganzen Welt garantieren.

Unsere Vorstellung von der Zukunft ist offen und voller Hoffnung. Sie ist das Gegenteil der Vorstellung der extremen Rechten in Israel, die eher finster und verschlossen ist. Die extreme Rechte in Israel hat die Zerstörung der nationalen Palästinensischen Autorität, die Zerstörung unserer wirtschaftlichen und institutionellen Strukturen, ja des gesamten Friedensprozesses zum Ziel. Sie wollen uns ihre Bedingungen aufzwingen und die Besatzung auf unserem heiligen Boden verewigen.

Die Vorstellung der extremen Rechten in Israel wurde deutlich, als Izchak Rabin, mein ehemaliger Partner im ›Frieden der Tapferen‹, ermordet wurde. Der ununterbrochene Krieg gegen uns und gegen den Frieden ist der beste Beweis für ihre aggressiven und verbrecherischen Absichten.« (Briefinterview der Autorin mit Yasir Arafat vom 25. April 2002).

Sharon aber und die von ihm angeführte Regierung beharren auf ihrer Verweigerungspolitik gegen jegliche

---

30 Wie viele Palästinenser übersieht auch Yasir Arafat, dass es noch andere Besatzungsregime in der Welt gibt.

politische Lösung. Dafür hatten sie im April 2002 über 70 Prozent der israelischen Öffentlichkeit hinter sich. Sharon ist weder zum Rückzug noch zu Verhandlungen noch zum Frieden bereit. Die Siedlungen und ein falsch interpretierter Sicherheitsbegriff, der auf Unterdrückung und Gewalt, nicht auf politische Lösungen setzt, sind ihm wichtiger. Land, nicht Frieden ist immer noch seine Devise.

Ohne entschiedenes internationales Eingreifen wird die Gewalt auch in Zukunft dieses Land mit den beiden Völkern beherrschen und schließlich zerstören. Gerade auch Europa ist gefordert, eine neue Rolle in der internationalen Politik einzunehmen und nicht alles den Vereinigten Staaten zu überlassen. Dabei reichen immer neue Aufrufe zu Waffenniederlegungen und kosmetischen Maßnahmen hier und da á la Mitchell und Tenet nicht mehr aus. Heute sind tief greifende Lösungen gefordert, die an die Wurzel des Problems der Besatzung, des Problems der verwehrten Unabhängigkeit und des Problems der Unterdrückung eines Volkes durch ein anderes gehen. Wir stehen vor einer nicht enden wollenden Tragödie. Sie könnte jedoch beendet werden, wenn die Bereitschaft zu entschiedenem Handeln vorhanden wäre.

Anhang

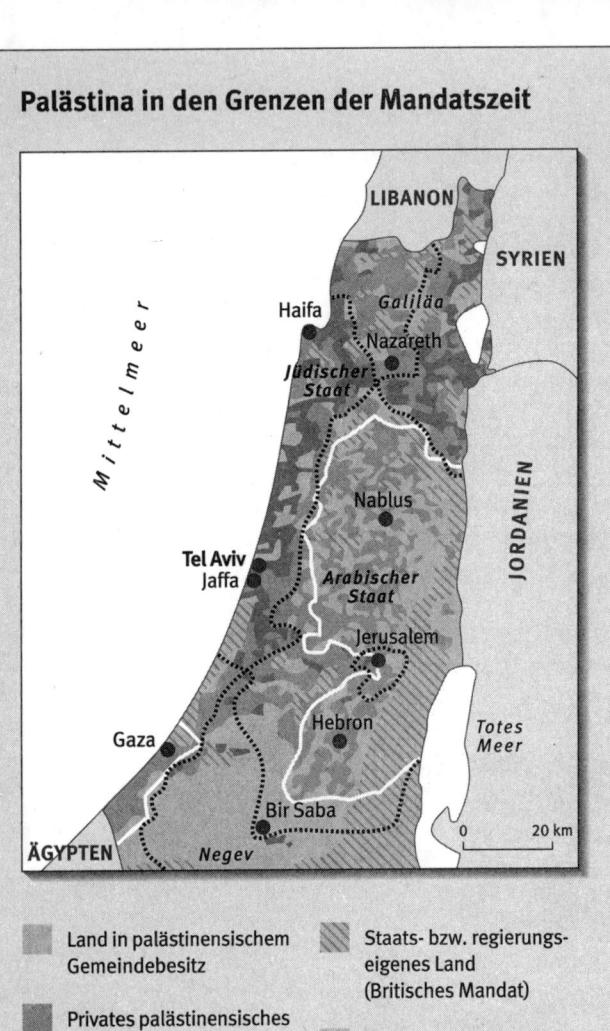

Palästina in den Grenzen der Mandatszeit

LIBANON

SYRIEN

Mittelmeer

Haifa

Galiläa

Nazareth

Jüdischer Staat

Nablus

Tel Aviv
Jaffa

Arabischer Staat

JORDANIEN

Jerusalem

Hebron

Totes Meer

Gaza

Bir Saba

0   20 km

ÄGYPTEN

Negev

Land in palästinensischem Gemeindebesitz

Privates palästinensisches Land

Land in jüdischem Besitz, 1948

Staats- bzw. regierungseigenes Land (Britisches Mandat)

Grüne Linie (1949)

•••••• Vorgesehene Grenzen des UN-Teilungsplans 1947

Der UN-Teilungsplan für Palästina (1947)

Jüdischer Staat

Internationale Zone

Palästinensischer Staat

Die 1948 und 1949 eroberten Gebiete

Libanon

Syrien

Haifa

Nazareth

2

Tel Aviv   Nablus

Jericho

Jerusalem
Bethlehem
Gaza   Hebron

1   Totes
Meer

Jordanien

Ägypten

Sinai

Eilat   Aqaba

■ Israel nach dem UN-Teilungsplan

Von Israel eroberte arabische Gebiete außerhalb der vom
UN-Teilungsplan festgelegten Grenzen

Verbleibende arabische Gebiete in Palästina

1 Unter ägyptischer Verwaltung

2 Unter jordanischer Verwaltung

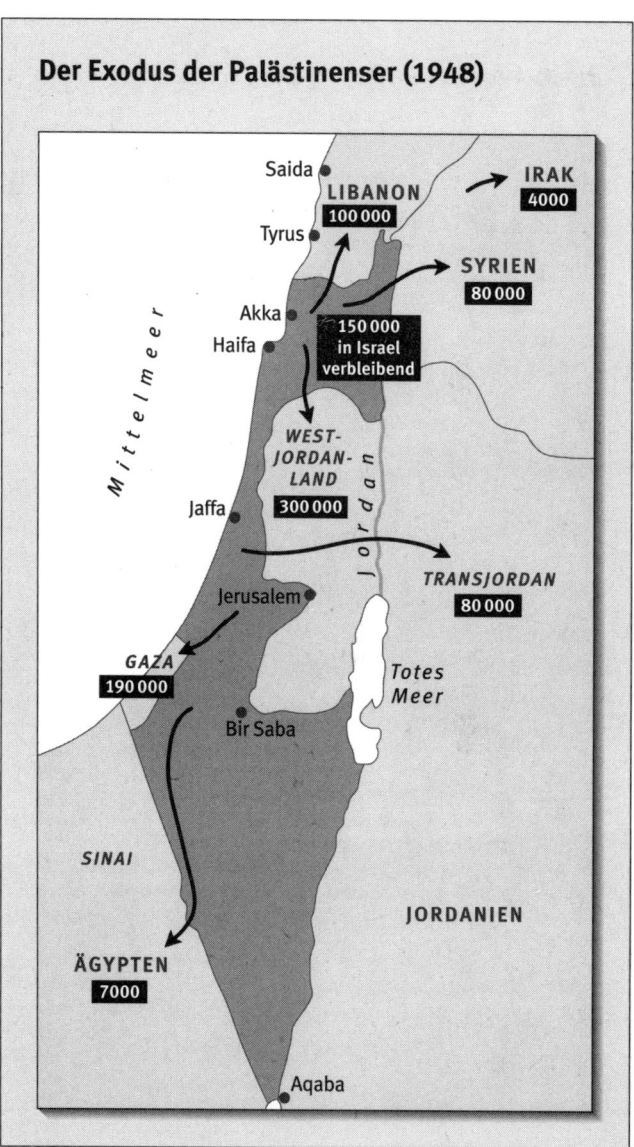

Der Exodus der Palästinenser (1948)

IRAK
4000

Saida

LIBANON
100 000

Tyrus

SYRIEN
80 000

Akka

150 000
in Israel
verbleibend

Haifa

Mittelmeer

WEST-
JORDAN-
LAND
300 000

Jordan

Jaffa

TRANSJORDAN
80 000

Jerusalem

GAZA
190 000

Totes
Meer

Bir Saba

SINAI

JORDANIEN

ÄGYPTEN
7000

Aqaba

Nach dem Juni-Krieg (1967)

Libanon
Syrien
Kuneitra
Golan
Haifa
Nazareth
Tel Aviv
Nablus
Jericho
Jerusalem
Bethlehem
Gaza
Hebron
Totes Meer
Jordanien
Ägypten
Sinai
Eilat
Aqaba

Israel

1967 von Israel eroberte Gebiete

Entsprechend des israelisch-ägyptischen Friedensvertrags (1979)

Israel

1967 von Israel eroberte Gebiete

Der palästinensische Flickenteppich nach Oslo (März 2000)

■ Palästinensische Autorität, A-Gebiete (volle zivile und Sicherheitskontrolle)

■ Palästinensische Autorität, B-Gebiete (volle zivile Kontrolle, gemeinsame israelisch-palästinensische Sicherheitskontrolle)

☐ C-Gebiete (volle israelische Kontrolle)

▲ Israelische Siedlungen

Prozentuale Aufteilung der Kontrolle im Westjordanland

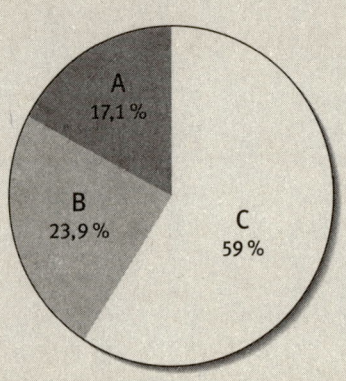

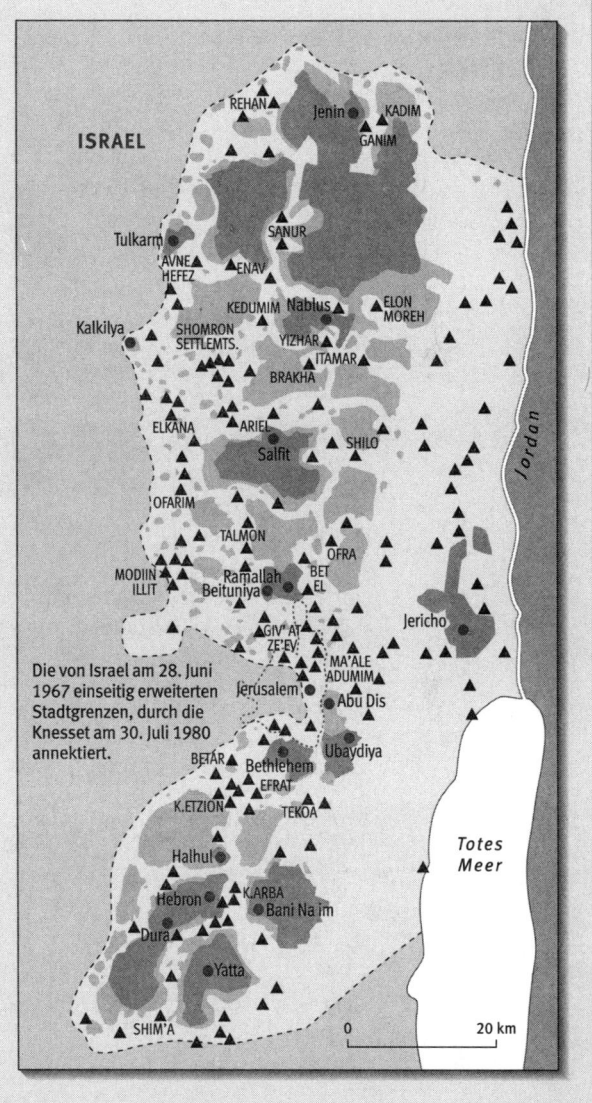

ISRAEL

REHAN

Jenin ● KADIM

GANIM

Tulkarm ●

SANUR

AVNE
HEFEZ

ENAV

KEDUMIM Nablus ▲ ELON
MOREH

Kalkilya ●

SHOMRON
SETTLEMTS.

YIZHAR

ITAMAR

BRAKHA

ELKANA

ARIEL

Salfit ● SHILO

OFARIM

TALMON

OFRA

MODIIN
ILLIT

Ramallah ● BET
EL

Beituniya ●

Jericho ●

GIV´AT
ZE´EV

MA´ALE
ADUMIM

Jerusalem ● Abu Dis ●

Die von Israel am 28. Juni
1967 einseitig erweiterten
Stadtgrenzen, durch die
Knesset am 30. Juli 1980
annektiert.

BETAR ▲ Ubaydiya ●

Bethlehem ●
EFRAT

K.ETZION

TEKOA

Halhul ●

Hebron ● K.ARBA

Bani Na´im ●

Dura ▲

Yatta ●

SHIM´A

Jordan

*Totes
Meer*

0   20 km

Die größten palästinensischen
Flüchtlingslager (1948–1991)

Homs

Nahar al Bard
Khan Askar

LIBANON

Gouraud
Wawel

Debayeh
Dekwaneh

Mar Elias
Jisr al Pasha
Burj al Barajneh
Shatilla

Ain al Hilwa
Anjar
Khan Danum
Khan esh Shih

Mieh Mieh

al Bass

Rashidiyya

SYRIEN

Irbid
Derra

Jenin
al Suf
Nur Shams
Jarash
Tulkarm
Askar
al Husan
No. 1
Balata
Dayr Ammar
al Bikah
Zarka
Jalazone
Karamah
Hussein
Kalandya
Amari
Marka
Aida
Ein es Sult
Dheishe
Mulaskar
Arrub
Aqabat Jabr
Talbiya

Gaza-
Streifen
Jabalya
Nusseirat
al Bureij
Dayr al
Balah
al Muazi
Beit Djibrin
Totes
al Ralah
Khan Yunis
Fawwar
Meer

JORDANIEN

ISRAEL

● Palästinensisches Flüchtlingslager
✪ Errichtet nach dem Juni-Krieg 1967

ÄGYPTEN

Mittelmeer

Das Exekutivkomitee der PLO

Politisches Department	Department für Gesundheit	Department für Volks-organisationen
Department für Erziehung	Department für Information und Koordination	Palästinensischer Nationalfond — Department für Finanzen
Department für nationale Beziehungen		Department für Angelegenheiten der besetzten Heimat

Exekutivkomitee (Kabinett)

Vorsitzender des Exekutivkomitees

Streitkräfte der Widerstands-organisation	Palästinensische Befreiungsarmee (PLA)	Milizen
Planungs-zentrum	Militär-department	Forschungs-zentrum

Die Struktur der PLO

Exekutiv-
komitee
(Kabinett)

Zentralrat
ca. 100 Mitglieder

Palästinensischer Nationalrat
Parlament
ca. 600 Mitglieder

Zeittafel

1878: Gründung der ersten jüdischen Kolonie in Palästina.

1882–1903: Erste jüdische Einwanderungswelle (erste Aliya) aus Russland nach Palästina.

1897: Baseler Kongress: Gründung der zionistischen Bewegung.

1904–1914: Zweite jüdische Einwanderungswelle aus Russland und Polen (zweite Aliya) nach Palästina.

1916: Großbritannien und Frankreich teilen in dem geheimen Sykes-Picot-Abkommen das Gebiet des Fruchtbaren Halbmondes (heute: Naher Osten) unter sich auf.

1917: Balfour-Erklärung. Großbritannien verspricht, sich für die Errichtung einer jüdischen nationalen Heimstätte in Palästina einzusetzen.

1921: Großbritannien trennt Transjordanien vom Mandatsgebiet Palästina ab.

1929: Provokationen der zionistischen Jugendorganisation Betar an der Westmauer in Jerusalem. Ein arabischer Mob in Hebron verübt ein Massaker an Juden. Die Auseinandersetzungen fordern 87 Tote bei den Arabern und 120 Tote bei den Juden. Arafat in Kairo geboren.

1932–1938: Im Rahmen der fünften Aliya kommen bis 1938 etwa 200 000 deutsche und polnische Juden nach Palästina.

1935: Scheich Izzedin al-Qassam beginnt den Bewaffneten Kampf gegen die britische Kolonialmacht und wird dabei getötet.

1936–1939: Palästinensischer Generalstreik und anschließend arabische Revolte gegen die britische Kolonialmacht und gegen die zionistischen Einwanderer. Die britische Niederschlagung des Aufstands ist brutal und massiv. Die Palästinenser erleiden schlimme Verluste mit zwischen 3000 und 6000 Toten. Tausende von Häusern werden zerstört.

1937: Zum ersten Mal werden von jüdischen Untergrundorganisationen Granaten in palästinensische Cafés geworfen.

1937–1939: Der jüdische Untergrund führt Anschläge auf arabische Busse aus. Minen werden auf Marktplätzen gezündet. Dabei werden in diesem Zeitraum etwa 500 arabische Zivilisten getötet.

1945: Gründung der Arabischen Liga.

1946: Ende des britischen Mandats über Transjordanien. Die jüdische Untergrundorganisation IZL (Etzel) sprengt das King-David-Hotel (Britisches Hauptquartier) in Jerusalem in die Luft. Es gibt 200 Tote und Verletzte.

1947: UN-Sonderausschuss UNSCOP legt einen Mehrheitsvorschlag zur Teilung Palästinas und einen Minderheitsvorschlag gegen die Teilung Palästinas vor. Am 29. November wird in der UNO-Vollversammlung die Teilung Palästinas beschlossen.

1947–1948: Gezielte Anschläge durch den jüdischen Untergrund mit Bombenattentaten und Angriffen auf arabische Busse mit einer hohen Zahl von Todesopfern.

1948: Massaker von Deir Yassin durch die jüdischen Untergrundorganisationen IZL und LHI (Lehi) im April mit etwa 200 Toten. Dieses Massaker setzt eine landesweite Fluchtbewegung von Palästinensern in Gang. Von 1947 bis 1948 Flucht und Vertreibung von etwa 750 000 Palästinensern. David Ben Gurion proklamiert den Staat Israel am 15. Mai. Der Erste Israelisch-Arabische Krieg beginnt am 15. Mai mit dem Einmarsch von jordanischen, syrischen und ägyptischen Truppen, um die Teilung Palästinas zu verhindern. Im Krieg werden von der israelischen Armee 400 von insgesamt 475 arabischen Dörfern zerstört. Im November werden die palästinensischen Dörfer Ikrit und Biram angegriffen und die Bewohner vertrieben. Bis heute dürfen sie trotz einer Entscheidung des Obersten Gerichtshofs in Israel nicht zurückkehren. UN-Resolution 194 im Dezember: Rückkehrrecht der palästinensischen Flüchtlinge oder Kompensation.

1949: Waffenstillstand zwischen Israel und den arabischen Nachbarstaaten. Gründung des UN-Hilfswerks für palästinensische Flüchtlinge, UNRWA.

1950: Ben Gurion erklärt Jerusalem zur Hauptstadt Israels entgegen den Beschlüssen der UN. Jordanien annektiert Ost-Jerusalem und das Westjordanland.

1951: Israel beginnt die Auseinandersetzung mit Syrien im Gebiet der demilitarisierten Zone. Es geht um Grenzverschiebungen und -erweiterungen.

1954: Die erste Flugzeugentführung im Nahen Osten: Israel zwingt eine syrische Passagiermaschine zum Landen, um den Austausch von Soldaten, die in Syrien gefangen sind, durchzusetzen.

1955: Israel greift den Gaza-Streifen an: 38 Palästinenser werden getötet.

1956: Fida'iyun-Krieg, von Ägypten unterstützt, aus dem

Gaza-Streifen gegen Israel. 14 Israelis werden getötet. Der Sinai-Krieg von Großbritannien, Frankreich und Israel gegen Ägypten.

1957: Ultimativer Druck sowohl aus den USA als auch aus der Sowjetunion zwingt Israel zum Rückzug aus dem Sinai und dem Gaza-Streifen.

1958–1964: Bau eines Atomreaktors und einer unterirdischen Plutoniumgewinnungsanlage in Dimona, Israel.

1964: Der erste Palästinensische Nationalrat tagt in Ost-Jerusalem. Gründung der PLO unter Ahmad Shuqairi als Präsident (1964–1967).

1965: Fateh beginnt den Bewaffneten Kampf gegen Israel im Januar.

1967: Juni-Krieg. Nach der Sperrung der Straße von Tiran durch Ägypten greift Israel Ägypten, Syrien und Jordanien an und besetzt die Sinaihalbinsel, das Westjordanland und die Golanhöhen. Ost-Jerusalem wird annektiert. Arabische Gipfelkonferenz von Khartum im August/September beschließt: Nein zum Frieden, Nein zur Anerkennung Israels, Nein zu Verhandlungen. Im November verabschiedet der UN-Sicherheitsrat die Resolution 242: Israel muss sich aus (den) besetzten Gebieten zurückziehen. 1967: Gründung der PFLP unter George Habasch.

1968: Schlacht von Karame im Februar: Fateh wird zur Massenbewegung mit dem Motto des Bewaffneten Kampfs. Arafat wird Sprecher der Fateh. Neue PLO-Charta auf der PNR-Sitzung in Kairo.

1969: Arafat wird PLO-Präsident. Gründung der DFLP unter Nayef Hawatme infolge einer Abspaltung von der PFLP. Rogers Plan wird angeboten.

1968–1970: Ägyptisch-Israelischer Abnutzungskrieg an der Front am Suezkanal.

1970: Der Schwarze September: bürgerkriegsähnliche Kämpfe zwischen der jordanischen Armee und dem palästinensischen Widerstand in Amman. Den Auftakt bildeten spektakuläre Flugzeugentführungen durch die PFLP.

1971: Erneute Kämpfe in Jordanien zwischen Armee und Widerstand bei Jerash und Ajlun. Der palästinensische Widerstand wird aus Jordanien vertrieben.

1972: Geiselnahme von israelischen Sportlern durch den palästinensischen »Schwarzen September« bei den Olympischen Spielen in München.

1973: Im Oktober-Krieg greifen Ägypten und Syrien Israel an. Ein neuer Verhandlungsprozess zur Lösung des Nahostkonflikts beginnt als Folge des Kriegs. UN-Sicherheitsrat verabschiedet Resolution 338, in der die Implementierung von Resolution 242 (1967) gefordert wird.

1974: Arabische Gipfelkonferenz von Rabat anerkennt die PLO als einzig legitime Vertretung der Palästinenser. Yasir Arafat hält seine historische Rede vor der UN-Vollversammlung in New York: »Ölzweig und Gewehr«.

1975: Beginn des Bürgerkriegs im Libanon.

1976: Tag des Bodens in Galiläa in Israel. Demonstrationen gegen Landenteignungen der Palästinenser. Die israelische Armee erschießt sechs Palästinenser. Kommunalwahlen im Westjordanland mit Wahlerfolg der PLO-Kandidaten.

1977: Spektakuläre Rede des ägyptischen Präsidenten Anwar al-Sadat vor der Knesset in Jerusalem.

1978: Die israelische Armee besetzt den Süd-Libanon (Operation Litani), um den palästinensischen Widerstand dort zu zerschlagen. Der UN-Sicherheitsrat fordert in Resolution 425 den Rückzug Israels.

Israel und Ägypten unterzeichnen die beiden Camp-David-Abkommen. Sadat und Begin erhalten den Friedensnobelpreis.

1979: Erste Einladung Arafats durch einen westlichen Regierungschef: Besuch Arafats bei dem österreichischen Regierungschef Bruno Kreisky in Wien. Ägypten und Israel schließen einen Friedensvertrag. Israel zieht aus den 1967 besetzten ägyptischen Gebieten (Sinaihalbinsel) ab.

1980: EU-Erklärung von Venedig unterstützt das Selbstbestimmungsrecht der Palästinenser. Bei einem palästinensischen Anschlag in Hebron werden sechs Siedler getötet. Israel deportiert die palästinensischen Bürgermeister von Hebron und der Nachbarstadt Halhul. Jüdische Siedler verüben Anschläge gegen palästinensische Bürgermeister in Nablus, Ramallah und el-Bireh. Die Knesset verabschiedet das Jerusalem-Gesetz: »Jerusalem, vereint und in seiner Gesamtheit, ist die Hauptstadt Israels«.

1981: Israel bombardiert den im Bau befindlichen irakischen Atomreaktor Osirak. In den besetzten Gebieten wird die israelische Militärverwaltung durch eine Zivilverwaltung abgelöst. Israel annektiert die syrischen Golanhöhen formal-juristisch.

1982: Einmarsch der israelischen Armee in den Libanon (Operation »Frieden für Galiläa«). Die PLO wird aus dem Libanon vertrieben. Der »erste Krieg Sharons gegen die Palästinenser«. Massaker von Sabra und Schatila durch christliche libanesische Milizen vor den Augen der israelischen Armee. Größte Friedensdemonstration in der Geschichte Israels gegen den Libanon-Krieg. Die PLO zieht sich nach Tunesien zurück.

1983: Uri Avnery, Matti Peled und Ya'akov Arnon vom »Israelischen Rat für israelisch-palästinensischen Frieden« treffen Arafat in Tunis, obwohl Treffen von Israelis mit PLO-Mitgliedern damals strafbar sind.

1987: Im Dezember Beginn der ersten Intifada (1987 bis 1993). Unmittelbarer Anlass ist ein Autounfall im Gaza-Streifen, bei dem vier Palästinenser getötet werden.

1988: Jordanien verzichtet im Juli auf seine Souveränitätsansprüche über das Westjordanland und Ost-Jerusalem. Im November proklamiert der Palästinensische Nationalrat in Algier den unabhängigen Staat Palästina.

1991: Zweiter Golfkrieg der von den USA angeführten Koalition gegen den Irak, nachdem der Irak im August 1990 Kuwait besetzt hat. Die Madrider Friedenskonferenz beginnt im Oktober unter Teilnahme einer jordanisch-palästinensischen Delegation ohne die PLO.

1992: Israel deportiert nach einer Serie von palästinensischen Anschlägen auf Israelis über 400 Hamas-Mitglieder und -Anhänger in den Libanon.

1993: Die Washingtoner Verhandlungen, aufgenommen nach Abschluss der Madrider Konferenz, zwischen Israel und der palästinensischen Delegation enden ergebnislos nach zehn Verhandlungsrunden. Beginn der geheimen Osloer Verhandlungen zwischen Israel und der PLO. Unterzeichnung der Osloer Prinzipienerklärung am 13. September in Washington mit dem historischen Handschlag zwischen Arafat und Rabin.

1994: Massaker in Hebron durch den jüdischen Siedler Baruch Goldstein in der Abrahams-Moschee. Im Anschluss daran Beginn einer Serie von palästinensischen Selbstmordattentaten. Arafat kehrt nach 27-jährigem Exil in den Gaza-Streifen zurück. Die Palästinensische Autorität wird schrittweise aufgebaut. Unterzeichnung des Pariser Protokolls (Wirtschaftsabkommen zwischen der PLO und Israel) im April. Unterzeichnung des Kairoer Abkommens über den israelischen Rückzug aus Jericho und Gaza in Kairo im Mai. Israel und Jordanien schließen im Oktober einen Friedensvertrag, den zweiten Friedensvertrag zwischen Israel und einem arabischen Staat.

1995: Unterzeichnung des zweiten Osloer Abkommens im September in Washington. Im November wird Izchak Rabin durch einen rechtsradikalen Israeli in Tel Aviv bei einer Friedenskundgebung ermordet.

1996: Im Januar werden die ersten freien politischen palästinensischen Wahlen im Westjordanland sowie in Ost-Jerusalem und im Gaza-Streifen durchgeführt. Yasir Arafat wird zum ra'is (Vorsitzenden, Präsidenten) der Palästinensischen Autorität gewählt. 88 Abgeordnete werden in den palästinensischen Legislativrat gewählt.

1997: Unterzeichnung des Hebron Protokolls, nach dem Hebron in H1 und in H2 aufgeteilt wird. Die jüdische Siedlung mitten in der Stadt bleibt erhalten.

1998: Abschluss des Wye River Abkommens, um den überfälligen israelischen Rückzug aus Teilen des Westjordanlandes durchzuführen.

1999: Unterzeichnung des Scharm el-Scheich Memorandums, ebenfalls zur – jedoch nicht erfolgten – Implementierung des israelischen Rückzugs.

2000: Camp David II: Gescheiterte Friedensgespräche im Juli zwischen Arafat, Barak und Clinton. Ende September, nach der Provokation Sharons durch seinen »Besuch« auf dem Haram asch-Scharif und der blutigen Niederschlagung palästinensischer Demonstrationen durch die israelische Armee, beginnt die zweite Intifada.

2001: Die israelische Armee ermordet gezielt Dutzende von palästinensischen Aktivisten. Hamas beginnt mit einer neuen Serie von brutalen Selbstmordattentaten (Sprengstoffgürtel). Im Dezember schneidet Sharon Yasir Arafat von der Außenwelt ab und hält ihn in dessen Amtssitz in Ramallah fest.

2002: Ende März beginnt der zweite Krieg Sharons gegen die Palästinenser mit der Wiederbesetzung der meisten palästinensischen Städte und Dörfer im Westjordanland durch die israelische Armee. Weitreichende und überaus brutale Zerstörungen vor allem im Flüchtlingslager Jenin und in der Altstadt in Nablus. Während Sharon vorgibt, eine terroristische Infrastruktur zerstören zu wollen, wird in Wirklichkeit die staatliche und zivile Infrastruktur der Palästinensischen Autorität zerschlagen. Verhaftung von Tausenden von Palästinensern.

1. Mai: Der Generalsekretär der UN, Kofi Annan, kündigt dem Sicherheitsrat an, dass er die UN-Untersuchungskommission für Jenin wegen der israelischen Verweigerung der Kooperation auflösen werde.

2. Mai: Nach 34 Tagen der Belagerung durch die israelische Armee und fast fünf Monaten des Hausarrestes kann Arafat seinen Regierungssitz in Ramallah verlassen. Er besucht in Ramallah zerstörte Ministerien sowie das

Krankenhaus der Stadt. Laut offiziellen israelischen Angaben darf Arafat von nun an wieder frei reisen, sowohl innerhalb der palästinensischen Gebiete als auch ins Ausland. Gleichzeitig kündigt Sharon an, dass er eine Rückkehr Arafats von eventuellen Auslandsreisen nicht unter allen Umständen garantieren könne.

Die israelischen Premierminister

1948–1954: David Ben Gurion
1954–1955: Moshe Sharett
1955–1963: David Ben Gurion
1963–1969: Levi Eschkol
1969–1974: Golda Meir
1974–1977: Yitzhak Rabin
1977–1983: Menachem Begin
1983–1984: Yitzhak Schamir
1984–1986: Shimon Peres
1986–1992: Yitzhak Schamir
1992–1995: Yitzhak Rabin
1995–1996: Shimon Peres
1996–1999: Benjamin Netanjahu
1999–2001: Ehud Barak
seit 2001: Ariel Sharon

Literaturliste

ABBAS, MAHMUD (ABU MAZEN): Through Secret Channels. The Road to Oslo. Garnet Publishing, Reading, UK, 1995.
ABU, IJAD (MIT ERIC ROULEAU): Heimat oder Tod. Der Freiheitskampf der Palästinenser. Econ Verlag. Düsseldorf, 1979.
ASHRAWI, HANAN: This Side of Peace. A Personal Account. Simon and Schuster. New York, 1995.
DT. AUSGABE: ASHRAWI, HANAN: Ich bin in Palästina geboren. Ein persönlicher Bericht. Goldmann. München, 1997.
ASSEBURG, MURIEL: Blockierte Selbstbestimmung. Palästinensische Staats- und Nationenbildung während der Interimsperiode. Nomos

(Aktuelle Materialien zur Internationalen Politik 65). Baden-Baden, 2002.

DIES.: Palästina auf dem Weg zum Staat: Determinanten, Entwicklungen, Szenarien. Stiftung Wissenschaft und Politik. Ebenhausen, 1999.

AVNERY, URI: My Friend, the Enemy. Zed Books. London, 1986.

DT. AUSGABE: AVNERY, URI: Mein Freund, der Feind. Dietz. Bonn, 1988.

BAUMGARTEN, HELGA: Palästina: Befreiung in den Staat. Die palästinensische Nationalbewegung seit 1948. Edition Suhrkamp. Frankfurt a. M., 1991.

BEAUGÉ, FLORENCE: »A nouveau i' oubli dur les territoires occupés«. In: LeMonde diplomatique 446 (Mai 1996), S. 12–13.

BECK, MARTIN: Friedensprozess im Nahen Osten: Rationalität, Kooperation und politische Rente im Vorderen Orient. Westdeutscher Verlag. Wiesbaden, 2002.

BEILIN, YOSSI: Touching Peace. From the Oslo Accord to a Final Agreement. Weidenfeld and Nicolson. London, 1999.

BLACK, IAN AND BENNY MORRIS: Israel's Secret Wars. A History of Israel's Intelligence Services. Futura. London, 1991.

COBBAN, HELENA: The Palestinian Liberation Organization. People, Power and Politics. Cambridge University Press. Cambridge, 1984.

DRUCKER, RAVIV (AUF HEBRÄISCH): Harakiri. Ehud Barak. The Failure. Yedioth Ahronoth Books. Tel Aviv, 2002.

FALK, RICHARD: »Ending the Death Dance«. In: The Nation, 29. April 2002. Zugänglich über: www.thenation.com

FREEDMAN, LAWRENCE AND EFRAIM KARSH: The Gulf Conflict 1990–1991. Faber and Faber. London, 1993.

GRESH, ALAIN: »Les Palestiniens dans le grand jeu«. In: Le Monde Diplomatique 445 (1991), S. 1 und 10ff.

GOWERS, ANDREW AND TONY WALKER: Behind the Myth: Yasser Arafat and the Palestinian Revolution. Corgi Books. London, 1991 (1990).

DT. AUSGABE: Arafat. Hinter dem Mythos. Europäische Verlagsanstalt. Hamburg, 1994.

HANIYYEH, AKRAM: The Camp David Papers. Al-Ayyam. Ramallah, 2000.

HARKABI, YEHOSHAFAT: Das palästinensische Manifest und seine Bedeutung. Seewald Verlag. Stuttgart-Degerloch, 1979.

HART, ALAN: Arafat. Terrorist or Peacemaker. Sidgwick and Jackson. London, 1984.

HIRST, DAVID: The Gun and the Olive Branch. The Roots of Violence in the Middle East. Futura. London, 1983 (1977).

HÖPP, GERHARD (Hrsg.): Mufti-Papiere. Briefe, Memoranden, Reden und Aufrufe Amin al-Husainis aus dem Exil, 1940–1945. Klaus Schwarz Verlag. Berlin, 2001.

KARL, TERRY L. und PHILIPPE C. SCHMITTER: »What Democracy is ... and is not«. In: Journal of Democracy 2, 3 (summer), S. 75–88.

KLEIN, UTA: Militär und Geschichte in Israel. Campus Verlag. Frankfurt a. M., 2001.

LOWI, MIRIAM R.: Water and Power. The politics of a scarce resource in the Jordan River basin. Cambridge University Press. Cambridge, 1995 (1993).

MATTES, NORBERT: »Wir sind die Herren und ihr unsere Schuhputzer«. Der Nahe Osten vor und nach dem Golfkrieg. Dagyeli Verlag. Frankfurt a. M., 1991.

MORRIS, BENNY: Righteous Victims. A History of the Zionist-Arab Conflict, 1881–1999. Alfred Knopf. New York, 1999.

DERS.: The Birth of the Palestinian Refugee Problem, 1947–1949. Cambridge University Press. Cambridge, 1987.

PAPPE, ILAN: »Von Lausanne nach Oslo. Zur Geschichte des israelisch-palästinensischen Konflikts«. In: Aus Politik und Zeitgeschichte, Band 14, 27. März 1998, S. 30–38.

DERS.: The Making of the Arab-Israeli Conflict, 1947–1949. I. B. Tauris. London, 1992.

PASSIA: 100 Years of Palestinian History: A 20th Century Chronology. Palestinian Academic Society for the Study of International Affairs (PASSIA). Jerusalem, 2001.

PASSIA: Palestinian Assessments of the Gulf War and its Aftermath. PASSIA. East Jerusalem, 1991.

QUANDT, WILLIAM B.: Peace Process: American Diplomacy and the Arab-Israeli Conflict since 1967. University of California Press. Berkeley, 1993.

RUF, WERNER (Hrsg.): Vom Kalten Krieg zur Heißen Ordnung. Der Golfkrieg – Hintergründe und Perspektiven. Lit Verlag. Münster, 1991.

SAID, EDWARD: Peace and Its Discontents. Essays on Palestine in the Middle East Peace Process. Vintage Books. New York, 1996.

SAVIR, URI: The Process. 1100 Days that changed the Middle East. Random House. New York, 1998.

SAYIGH, YEZID: Armed Struggle and the Search for State. The Palestinian National Movement, 1949–1993. Clarendon Press. Oxford, 1997.

SCHIFF, ZE'EV AND EHUD YA'ARI: Intifada. The Palestinian Uprising – Israel's Third Front. Simon and Schuster. New York, 1990.

DIES.: Israel's Lebanon War. Simon and Schuster. New York, 1984.

SEALE, PATRICK: Abu Nidal. A Gun for Hire: The Secret Life of the World's Most Notorious Arab Terrorist. Hutchinson. London, 1992.

SHEHADEH, RAJA: From Occupation to Interim Accords. Kluwer International. The Hague, 1997.

DERS.: Occupier's Law. Israel and the West Bank. Institute for Palestine Studies. Washington D. C., 1985 (Neuauflage 1988).

SHLAIM, AVI: The Iron Wall. Israel and the Arab World. Norton. New York, 2000.

DERS.: The Politics of Partition. King Abdullah, the Zionists and Palestine. 1921–1951. Oxford University Press. Oxford, 1990. (Zuerst publiziert 1988 unter dem Titel: Collusion across the Jordan).

STEIN, GEORG (Hrsg.): Nachgedanken zum Golfkrieg. Palmyra Verlag. Heidelberg, 1991.

TAMARI, SAMLIM: »The Next Phase. Problems of Transition.« In: PASSIA: Palestinian Assessments 1991.

TIMM, ANGELIKA: Israel. Geschichte des Staates seit seiner Gründung. Bouvier Verlag. Bonn, 1998 (dritte Auflage).

ZUCKERMANN, MOSHE: Perspektiven der Holocaust-Rezeption in Israel und Deutschland. In: Aus Politik und Zeitgeschichte, Band 14, 27. März 1998, S. 19–29.

Wichtige Zeitschriften

FBJS: Foreign Broadcast Information Service.

INAMO Informationsprojekt Naher und Mittlerer Osten. Erscheint viermal jährlich in Berlin. Website: www.inamo.de

Journal of Palestine Studies (JPS). Erscheint viermal jährlich in Washington D. C. Website: www.ipsjps.org

Palestine Report. Erscheint 14-tägig in Jerusalem. Website: www.palestinereport.org

Wichtige Websites

Internationale Websites

Electronic Intifada: http://electronicIntifada.net

Foundation for Middle East Peace: www.fmep.org

Besondere Website zum Nahen Osten von The Nation: www.thenation.com/special/2002middleeast.mhtml

Palästinensische Websites:

Badil – Resource Center for Palestinian Residency and Refugee Rights, geleitet von Ingrid Grassner Jaradat: www.badil.org

Birzeit Universität: (über Birzeit Zugang zu: Surf Palestine): www.birzeit.edu

Health, Development, Information and Policy Institute (HDIP), geleitet von Dr. Mustafa Barghuti: www.hdip.org

Israel/Palestine Center for Research and Information (IPCRI), geleitet von Zakaria Al-Qaq und Dr. Gershon Baskin: www.ipcri.org

Jerusalem Media and Communication Center (JMCC), Jerusalem, geleitet von Ghassan al-Khatib: www.jmcc.org

LAW – The Palestinian Society for the Protection of Human Rights and the Environment, geleitet von Khader Shqeirat: www.lawsociety.org

Palestinian Initiative for the Promotion of Global Dialogue and Democracy (Miftah), geleitet von Dr. Hanan Ashrawi: www.miftah.org

Palestinian Academic Society for the Study of International Affairs (PASSIA), geleitet von Dr. Mahdi Abdel Hadi: www.passia.org

Palestine Monitor. The Voice of Civil Society: www.palestinemonitor.org

Israelische Websites

Alternative Information Center, ein israelisch-palästinensisches Projekt, von dem u. a. die Zeitschrift »News From Within« herausgegeben wird: www.alternativenews.org

Israelische Menschenrechtsorganisation B'Tselem: www.btselem.org

Gush Shalom, geleitet von Uri Avnery: www.gush-shalom.org

Die liberale israelische Zeitung Ha'aretz mit ihrer ins Englische übersetzten Druckausgabe sowie ständig aktualisierten Meldungen: www.haaretzdaily.com

Offizielle Website des israelischen Außenministeriums, auf der u. a. auch die offiziellen Texte von Verträgen einzusehen sind: www.israel-mfa.gov.il

Tami Steinmetz Zentrum an der Universität Tel Aviv Projekt: Peace Index: www.tau.ac.il